Helmut et Manfred Tornsdorf

BIEN DEBUTER

MICROSOFT ®

MS-DOS®

jusqu'à la version 6.22

MICRO APPLICATION

Auteurs Helmut et Manfred Tornsdorf

Traducteur Jean Philippe Elie

ISBN : 2-7429-0305-4
DB : 440688

Préface

Vous étiez depuis quelques temps convaincu qu'un PC était l'outil idéal pour répondre à vos besoins. Aujourd'hui le voilà sur votre bureau, fraîchement déballé et si bien connecté que vous procédez fièrement à sa mise en route. Parfait. Mais voilà que le temps se gâte et qu'apparaissent les premières difficultés : "Mais que signifie ce symbole à l'écran ?" ; "Comment puis-je recopier cette disquette sur le disque dur ?" ; "Pourquoi ce message persistant à chaque fois que j'introduis ma disquette dans le lecteur ?" ; etc.

Rassurez-vous, nous connaissons bien ces problèmes pour les avoir rencontrés alors que nous n'étions que de pâles débutants.

Car le PC n'est pas si simple qu'on le dit. On ne peut se contenter de travailler avec les quelques logiciels acquis avec un PC, sans maîtriser la machine elle-même. Tout comme un artiste ne saurait éternellement jeter ses huiles sur la toile sans savoir affûter ses crayons, préparer ses couleurs, ou dissoudre la peinture de ses brosses.

Las ! Il y a des circonstances où l'on souhaiterait vivement la présence d'un ami à ses côtés, d'un spécialiste éclairé qui dispense ses conseils pour nous aider à franchir sans encombre les premiers écueils de l'apprentissage. Mais de pareils individus sont plus rares que pluies en été, et pour peu que l'on en connaisse, ils ont généralement bien d'autres choses à faire que de nous assister patiemment en expliquant les choses une à une.

Ce présent ouvrage est précisément la conséquence de ces navrantes réalités. Avec lui, nous vous aiderons à maîtriser le mieux possible et le plus rapidement votre ordinateur en vous évitant un apprentissage par trop douloureux et pénible. Mais par dessus tout, nous nous efforcerons à ce que vous y arriviez vite et facilement, et tant qu'à faire, en vous divertissant.

Comment y parviendrons-nous ?

1. Vous progresserez pas à pas

Cela signifie que nous ne vous présenterons pas d'un seul jet toutes les opérations permettant d'obtenir un seul et même résultat. Vous apprendrez en premier lieu à mémoriser une tâche élémentaire, et ce, jusqu'à ce que vous la maîtrisiez parfaitement. Par la suite, nous vous montrerons d'autres variantes qu'il vous sera plus aisé d'assimiler. Vous prendrez conscience de votre réussite au moment où vous vous direz : "ça, je le connais déjà !". En outre, nous procéderons au fil des pages à de fréquents rappels, de manière à bien consolider vos acquis.

2. Vous profiterez d'un enseignement pratique...

Au lieu de vous ennuyer avec de longues explications théoriques, nous pensons que seule la pratique vous familiarisera rapidement avec votre ordinateur. De fait, lorsque vous volerez de vos propres ailes, il y aura peu de cas d'utilisation concrets que vous n'aurez déjà rencontrés au fil de ces pages. Les exemples présentés suivent un ordre de difficulté croissante. Prenez soin de bien les suivre. C'est, croyez-nous, un sérieux gage de réussite pour l'avenir.

Afin que vous ne perdiez pas courage dès l'apparition du premier message d'erreur, nous avons élaboré un guide sous la forme de questions/réponses. Vous pouvez le consulter dès lorsqu'un programme ou une commande ne produit pas le résultat escompté. Nous y avons répertorié les erreurs caractéristiques du débutant. Cette liste ne prétend pas à l'exhaustivité, mais néanmoins nous espérons qu'elle vous assurera une progression soutenue sans trop d'embûches.

3. ... et de références

En suivant pas à pas l'apprentissage de MS-DOS, vous rechercherez certainement de votre chef quelques informations complémentaires, histoire de satisfaire votre curiosité. A la fin de ce livre, vous est proposé un lexique alphabétique qui expose en détail l'ensemble des possibilités offertes par les fonctions de MS-DOS 6 (version 6.22 incluse), accompagnées de courtes explications.

Par ailleurs, nous essaierons de vous familiariser avec le langage informatique sans pour autant renier le langage courant. Si un technicien peut comprendre aisément le terme *directory*, un utilisateur courant lui préférera le mot *répertoire*. Pour une meilleure compréhension, le lexique tient compte de ces dénominations usuelles.

Quelques remarques préliminaires autour de MS-DOS 6 (version 6.22 comprise).

MS-DOS, depuis la version 4.0, possède une dualité fondamentale, en la présence d'une interface conviviale, DOS SHELL, et d'un interpréteur de commandes (le fameux **C:**). Un grand nombre de tâches peuvent être réalisées indistinctement par l'un de ces deux outils, DOS Shell possédant l'avantage de la simplicité. Toutefois certaines opérations ne peuvent pas être exécutées à l'aide de DOS Shell, c'est pourquoi il nous paraît indispensable de vous présenter dans son intégralité l'interpréteur de commandes de MS-DOS 6.

De plus, DOS SHELL n'est plus fourni automatiquement à partir de MS-DOS 6.2. Raison de plus de connaître les commandes du DOS pour ne pas avoir obligatoirement recours au Gestionnaire de fichiers de Windows.

Il ne nous reste plus qu'à vous souhaiter beaucoup de plaisir avec ce livre, votre PC, et MS-DOS 6.

sommaire

1. Généralités

Comme nous, vous vous êtes laissé convaincre que l'un de ces PC, qui ont conquis l'univers des bureaux, des bureaux d'études privés, des chemins de fer et des transports aériens, pouvait simplifier votre travail. Vous avez également entendu parler d'un certain MS-DOS, invariablement associé à ces mêmes PC.

Toutefois le problème était le suivant : dès que vous questionniez quelqu'un, votre question était aussitôt *ensevelie* sous une avalanche de termes techniques tels que *système d'exploitation* ou *compatible*. Ce livre est donc fait pour vous, car il vous propose ce que nous n'avions pas trouvé à l'époque : un ouvrage d'initiation (à cet univers quelque peu étrange au premier abord) aisément compréhensible.

Il se peut également que vous vous soyez déjà servi d'un PC, pour rédiger par exemple votre correspondance professionnelle ou privée sur un traitement de texte. Toutefois vous rencontriez des difficultés que d'autres résolvaient sans aucun problème.

Lorsque vous ne parveniez pas à retrouver vos lettres dans des répertoires sans fin, des experts vous proposaient, en hochant de la tête, de *créer tout simplement des sous-répertoires*. Par ailleurs, comme vous faisiez partie de ceux qui étaient terrifiés par de possibles pertes de données sur leur disque dur, on vous conseillait d'effectuer un *backup complet*. Vous aviez alors le sentiment que des notions importantes relatives au PC vous faisaient défaut. Cet ouvrage est donc précisément fait pour vous car il vous présente, outre certains programmes PC, de nombreuses possibilités qui vous permettront de vous sentir plus sûr de vous et de surmonter les problèmes.

Une fois votre initiation MS-DOS terminée, vous pourriez prêter ce livre à un débutant. Ne faites pas cadeau de votre propre exemplaire, d'une part en raison de bons souvenirs (espérons-le) d'apprentissage, d'autre part parce que vous pourriez en avoir besoin lors de consultations ultérieures (vous trouverez en fin d'ouvrage un lexique MS-DOS qui peut s'avérer fort utile).

1.1. Qu'est-ce que MS-DOS ?

MS-DOS est l'abréviation de MicroSoft Disk Operating System. Seuls les trois derniers mots ont une signification : dans le cas de MS-DOS il est question d'un *système d'exploitation* (les disquettes ou tout autre support de données classique ayant un grand rôle à jouer).

Le système d'exploitation MS-DOS

L'ordinateur est, en règle générale, un outil totalement étranger à l'univers du commun des mortels et pourtant il peut rendre de nombreux services aux non-informaticiens. C'est la raison pour laquelle une passerelle doit être créée entre le PC et l'utilisateur.

Autrefois il n'existait qu'une liste de commandes comprises par l'ordinateur (nous les étudierons dans cet ouvrage). Ces commandes sont en réalité de petits programmes que l'ordinateur exécute à sa guise, mais pour notre plus grande satisfaction.

Depuis cette époque les informaticiens ont réussi à occulter ces désagréables mots de commandes. En effet, des utilitaires particuliers, appelés *interfaces* et affichant sur l'écran les différentes options de travail et les fonctions du système d'exploitation, furent développés de manière à ce que l'utilisateur n'ait qu'à effectuer des sélections. Fort heureusement MS-DOS dispose d'un tel utilitaire, et c'est précisément avec lui que nous commencerons. Nous vous épargnerons ainsi l'apprentissage des mots-clés.

Mais préoccupons-nous en premier lieu des fonctions les plus importantes du système d'exploitation.

Sont concernés :

- les caractères/lettres qui sont saisis par l'intermédiaire du clavier. Ils sont examinés afin que l'ordinateur sache s'il doit les interpréter comme une commande ou comme des données (par exemple un texte).
- la sauvegarde des données sur un support d'information (disquette/disque dur).
- la lecture des données enregistrées sur un support d'information (cela signifie avant tout : pouvoir les retrouver).
- les procédures permettant la duplication (copie), la suppression de groupes de données (les fichiers) sur un support de masse, etc...
- l'enregistrement de la date et de l'heure, puis leur sauvegarde avec les fichiers.
- et bien plus...

Ceci pourrait être clairement exprimé de la manière suivante : un ordinateur ne peut pas fonctionner sans système d'exploitation ! Mais ce dernier ne représente quc le point de départ pour de multiples applications pratiques. Nous vous en reparlerons dans ce livre.

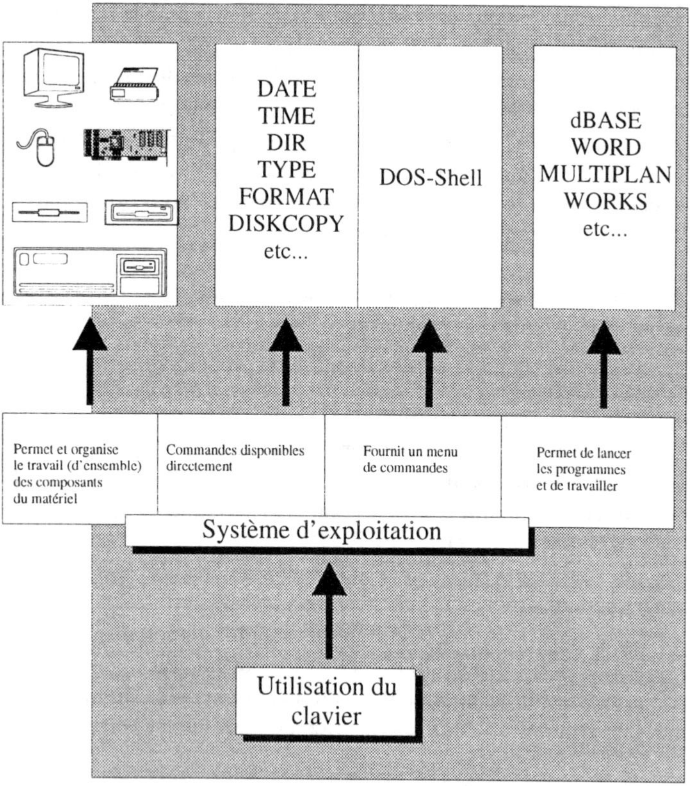

Qu'est-ce qu'un système d'exploitation ?

L'illustration présente les fonctions principales d'un système d'exploitation du point de vue de l'utilisateur.

En règle générale ce dernier doit s'acquitter d'une tâche importante lorsque quelque chose ne fonctionne pas : le système d'exploitation veille à ce que la coopération entre les diverses composantes d'un système PC s'effectue sans heurts. Cela signifie qu'une entrée clavier ou un déplacement de la souris tout en étant visibles sur l'écran provoquent en même temps une réaction de l'ordinateur.

L'utilisateur est beaucoup plus en contact avec les possibilités particulières du système d'exploitation. Celles-ci sont présentes dans MS-DOS sous deux formes : vous pouvez d'une part entrer des commandes à l'aide du clavier, et sélectionner d'autre part à partir d'un menu certaines fonctions dans une interface graphique.

Le système d'exploitation permet le lancement de programmes (par exemple un traitement de texte). Il disparaît pendant toute la durée de l'exécution du programme, tout en travaillant pour ainsi dire à l'arrière-plan. Il réapparaît ensuite lorsque le programme s'est terminé normalement.

La société Microsoft et les débuts du MS-DOS

Intéressons-nous à présent au premier mot composant MS-DOS : MICROSOFT. Il s'agit tout simplement d'un célèbre éditeur de logiciels qui décrocha un important contrat en 1981. En août de cette année-là un petit ordinateur, conçu pour un utilisateur non informaticien (contrairement aux systèmes employés jusqu'à cette date dans l'industrie), fut présenté par le géant de l'informatique IBM. Le nouveau produit fut par conséquent baptisé PERSONAL COMPUTER (PC). Personne ne soupçonna à cette époque qu'un nom de produit désignerait un certain type d'ordinateurs. Et surtout, aucun ingénieur d'IBM ne pressentit que la plupart de ces PC ne seraient pas vendus par IBM quelques années plus tard, mais par de nombreuses autres sociétés.

Revenons maintenant à MICROSOFT. IBM avait besoin en ce temps-là d'un système d'exploitation pour son nouvel ordinateur et il accepta donc le projet de MICROSOFT.

L'évolution ultérieure : différentes versions de MS-DOS

Les choses ont beaucoup changé depuis 1981. Peut-être avez-vous été intrigué par les étranges chiffres placés derrière MS-DOS. A l'heure actuelle nous en sommes par exemple au numéro 6.22. Celui-ci désigne le numéro de version. Plus ce nombre est élevé, plus la version est récente. Dans une certaine mesure nous pouvons le comparer au numéro d'édition d'un livre. Plus le numéro est élevé, plus l'ouvrage est récent (toutefois dans le monde de la littérature certaines rééditions ne sont pas modifiées, ce qui n'est pas le cas des systèmes d'exploitation).

La première version (DOS 1.0) fut distribuée en 1981 avec le PC d'IBM. A cette époque vous ne pouviez utiliser que des disquettes, les disques durs n'existant pas. Ceux-ci furent présentés pour la première fois par IBM en mars 1983 avec le nouveau PC/XT. Ils pouvaient contenir 10 millions de caractères (une disquette ne pouvant enregistrer que 360000 signes). La division en sous-répertoires (en particulier pour les nouveaux disques durs) apparut dès la version 2.0.

Les versions 3.0 et 3.1 virent le jour fin 1984. Elles pouvaient être installées sur le nouveau grand frère du PC, l'AT (voir le lexique). Celui-ci était en mesure d'écrire sur des disquettes *haute densité* et de gérer des disques durs plus volumineux. Les deux versions suivantes 3.2 et 3.3 apportèrent de petites améliorations, par exemple la reconnaissance des disquettes 3,5". MS-DOS 3.3 fit figure de standard pendant longtemps.

Lors de la présentation du successeur du MS-DOS, le nouveau système d'exploitation OS/2 (pour Operating System 2), de nombreuses personnes crurent à la disparition du DOS. Mais ce dernier fut enterré trop vite. En effet, il s'avéra rapidement qu'OS/2 exigeait beaucoup du système PC ; de fait il fut inutilement onéreux pour de nombreux domaines d'utilisation. C'est ainsi qu'apparut en 1988 contre toute attente une nouvelle version du MS-DOS, la 4.0. Ce nouveau DOS pouvait gérer des disques durs d'une capacité supérieure à 32 Mo et une mémoire dépassant 640 Ko. Il reçut également pour la première fois une nouvelle interface utilisateur, le **DOS Shell** qui simplifia sensiblement l'utilisation du PC. A la vérité cette nouvelle version 4.0 avait aussi certains inconvénients. La mémoire de travail disponible pour les programmes était moins importante, ce qui conduisait dans certains cas à des problèmes considérables.

Par conséquent MS-DOS 4.0 ne suscita que des réticences. La plupart des PC continuèrent ainsi à être vendus avec MS-DOS 3.3. Il apparut également que la recherche s'orientait beaucoup plus en direction de Windows (programme complémentaire à MS-DOS, avec de nombreuses et intéressantes options). Mais survint ensuite une heureuse surprise :

Digital Research venait de développer une version concurrente très performante et conviviale (DR DOS 5.0). Un perfectionnement de MS-DOS devenait donc indispensable. Les premières versions test furent disponibles à l'automne 1990, MS-DOS 5.0 en été 1991. Ce nouveau système d'exploitation a surtout été amélioré dans les domaines de la gestion de la mémoire et de l'emploi du DOS Shell (l'interface utilisateur). Il remplaça lentement la version 3.3 encore largement répandue.

Apparut ensuite sur le marché une nouvelle version 6.0 qui s'efforçait de simplifier encore plus le travail des utilisateurs à l'aide de quelques programmes conviviaux. MS-DOS 6.0 fournissait aussi un programme de compression de disque dur.

Quelques mois après la diffusion sur le marché de la version 6.0 de MS-DOS, Microsoft annonça et distribua MS-DOS 6.2. Microsoft semblait surtout vouloir répondre rapidement aux nombreuses critiques formulées par les clients à l'égard du programme DoubleSpace de MS-DOS 6.0. MS-DOS 6.2 permettait ainsi de corriger les erreurs constatées dans la version 6.0, de fidéliser aussi la confiance des utilisateurs MS-DOS, et quelque part de continuer à conserver le leadership dans le marché des systèmes d'exploitation pour PC.

Enfin, Microsoft diffuse actuellement la version 6.22 de MS-DOS. MS-DOS 6.22 est en tous points comparables à MS-DOS 6.2, si ce n'est que Microsoft y fournit un doubleur de disque dur appelé DriveSpace au lieu du doubleur DoubleSpace de MS-DOS 6.2.

Si vous souhaitez obtenir un premier aperçu des propriétés des versions 6.2 et 6.22 (parce que vous travaillez déjà avec une ancienne version et que vous connaissez certaines caractéristiques et termes importants), nous avons répertorié les nouveautés essentielles dans le sous-chapitre suivant "1.2 les améliorations de MS-DOS 6.2/6.22". Mais si vous ne savez pas encore précisément ce qu'est MS-DOS, nous préférons vous présenter un certain nombre de termes fondamentaux.

La compatibilité

Nous en avons terminé avec l'histoire de MS-DOS. Nous souhaitons maintenant vous présenter l'objet de notre passion commune. On comprend mieux quelque chose lorsque l'on sait comment elle est devenue ce qu'elle est aujourd'hui. Mais il existe également une seconde raison plus importante. Vous devez en effet, tenir compte des remarques suivantes :

- Vous ne pouvez pas mélanger les versions du DOS. Si vous avez installé la version 6.22 du DOS sur votre ordinateur, vous devez l'utiliser jusqu'à l'arrêt de votre PC. L'appel d'anciennes commandes éventuellement présentes sur le disque dur affichera un message d'erreur.
- La compatibilité du MS-DOS est croissante. Cela signifie que tous les programmes fonctionnant avec le DOS 3.3 pourront être utilisés avec le DOS 6.22. Toutefois l'inverse n'est pas forcément vrai. Si vous possédez une ancienne version du DOS, vous devez tenir compte des informations concernant les programmes proposés.
- Comme nous l'avons déjà expliqué, MS-DOS 6.22 respecte la compatibilité croissante. Toutefois ce principe n'est plus aussi rigoureux. Vous pouvez par exemple effectuer les mêmes procédures qu'auparavant, mais quelques détails ont changé au profit de la convivialité.

Que peut faire MS-DOS ?

Les débutants ont toujours de grandes difficultés à estimer à leur juste valeur les propriétés principales d'un système d'exploitation. Or cette appréciation influe sur l'utilisation fonctionnelle de votre PC. Pour cette raison nous voulons vous présenter les caractéristiques importantes (sans prétendre à l'intégralité) et approfondir en même temps ce que nous avons déjà vu brièvement.

Que réalise un système d'exploitation ?

En fait un système d'exploitation met à votre disposition les outils indispensables au fonctionnement de l'ordinateur. Il examine par exemple les éléments de l'ordinateur et refuse les échanges entre les diverses composantes s'il survient de sérieux problèmes. Certains paramétrages fondamentaux peuvent être entrepris une fois pour toutes ou effectués manuellement lors de la session. La définition de la date et de l'heure en est un exemple, de même que la modification des couleurs de l'écran.

Le véritable travail est ensuite réalisé par d'autres programmes (un traitement de texte par exemple). Toutefois ces opérations ne sont possibles que dans la mesure où le système d'exploitation met une partie du cerveau de l'ordinateur (la RAM) à votre disposition. En outre, les applications doivent respecter, lors de leur exécution, les règles du système d'exploitation, même si en tant qu'utilisateur vous ne vous en apercevez pas toujours directement. Vous pouvez par exemple le remarquer en examinant les noms singulièrement courts des fichiers (une caractéristique "typiquement" MS-DOS). Vous pourriez ainsi nommer ASSUVIE1.DOC une lettre pour une assurance-vie. A l'inverse "Première lettre pour l'assurance-vie" ne conviendrait pas.

La gestion de la mémorisation des données représente la tâche la plus importante d'un système d'exploitation. Les supports d'information sont préparés par MS-DOS, les fichiers (un texte par exemple) peuvent être recherchés, copiés, renommés, effacés, etc.

Cela sort des attributions d'un système d'exploitation

Il faut insister sur le fait qu'un système d'exploitation tel que MS-DOS ne peut pas être utilisé directement pour des applications pratiques. Il ne peut pas rédiger des documents, gérer des adresses ou rechercher un nombre premier. C'est la raison pour laquelle des programmes particuliers furent développés afin de proposer des solutions concrètes aux problèmes posés.

Nous pouvons résumer cette particularité (surprenante au début) de la manière suivante : un PC ne peut pas fonctionner tout seul. Après la mise sous tension l'ordinateur refuserait toute collaboration. Vous l'avez sans doute constaté dans un magasin lorsque vous ne pouviez résister à la tentation d'essayer l'un des ordinateurs exposés : le plus souvent il ne se passe rien, excepté la demande d'insertion d'une disquette de démarrage.

Quand vous disposez d'un système d'exploitation, vous pouvez faire fonctionner l'ordinateur. Toutefois vous ne possédez pas les outils nécessaires à l'exécution d'une tâche précise. Celle-ci ne peut être réalisée qu'à l'aide de programmes appropriés (traitement de texte, gestion de données, etc).

Lors du lancement d'un programme, il est essentiel que MS-DOS lui cède totalement le contrôle. A cet instant précis, ce livre pour débutant n'est plus d'aucune utilité, car nous ne connaissons pas les programmes à votre disposition. Lorsque l'application se termine, MS-DOS prend le relais, et vous pouvez à nouveau vous plonger dans cet ouvrage.

Vous pouvez vous procurer des livres concernant de nombreux programmes. De fait, une fois un ouvrage terminé, vous pouvez passer au suivant. Par conséquent, lorsque vous allumez l'ordinateur (en vous aidant d'un livre pour débutants traitant de MS-DOS), réglez l'heure et la date, contrôlez le disque dur avec SCANDISK, puis chargez WORD. Dans "Bien débuter WORD 6" apprenez ensuite à saisir et à modifier un texte, à le mettre en forme, à l'imprimer et à le sauvegarder. Vous apprendrez également à quitter WORD et à retourner dans le système d'exploitation. Dans "Bien débuter MS-DOS" vous apprendrez en outre à sauvegarder le document sur disquette et à éteindre finalement l'ordinateur.

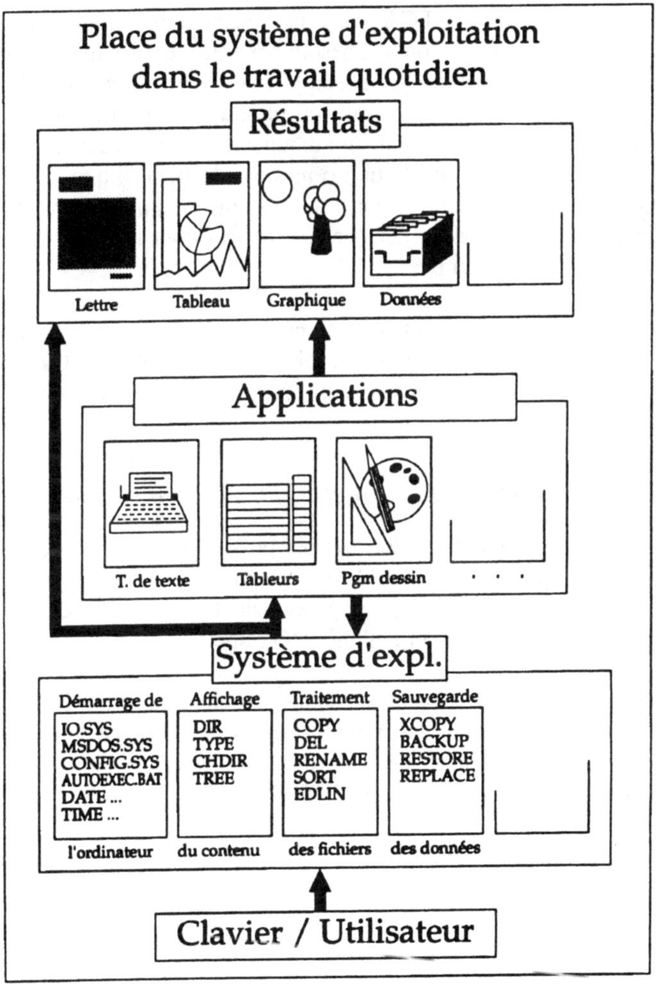

l'importance du système d'exploitation

L'utilisateur initialise le PC à l'aide du système d'exploitation, puis il charge le programme dont il a besoin pour réaliser une application (l'élaboration d'une lettre par exemple). Le système d'exploitation semble ensuite s'effacer au profit du programme. L'utilisateur ne remarque pas en règle générale (ou uniquement à certains moments, par exemple lors de l'attribution d'un nom de fichier) que le programme a constamment recours au système d'exploitation. Il a simplement l'impression (dans ce cas) de travailler avec un traitement de texte par exemple.

Lorsque le résultat escompté est obtenu, le programme est généralement interrompu, et le système d'exploitation reprend le contrôle de l'ordinateur. Ensuite la lettre est par exemple sauvegardée sur une disquette.

Distinction DOS Shell et interpréteur de commande

Après ce petit tour d'horizon sur les possibilités offertes par un système d'exploitation tel que MS-DOS, nous souhaitons brièvement vous présenter la différence principale existant entre l'interpréteur de commande et l'interface graphique (DOS Shell).

L'interpréteur de commande et l'interface graphique (DOS Shell) représentent deux aspects différents d'une seule et même chose. En effet, ils permettent la saisie de commandes MS-DOS, toutefois la manière d'opérer est totalement différente.

Une brève rétrospective historique vous aidera peut-être à mieux comprendre :

Autrefois, lorsque vous souhaitiez communiquer avec un ordinateur, vous deviez lui donner des ordres précis. Par exemple, si vous vouliez examiner le répertoire actif, vous deviez connaître la commande DIR.

Pour copier sur une disquette un fichier enregistré sur le disque dur, vous deviez saisir la commande COPY FICHIER A:. Vous ne pouviez entrer dans l'univers de MS-DOS qu'en mémorisant des termes particuliers.

Pourtant il existait depuis fort longtemps un autre concept informatique. La société Apple s'était engagée sur un tout autre chemin. Elle avait en effet, inventé "l'interface graphique intuitive" (ou elle contribua du moins à sa percée), l'écran de l'ordinateur représentant une sorte de bureau. L'univers technique de l'ordinateur ainsi que ses langages compliqués sont relégués au second plan au profit d'une nouvelle interface se montrant plus humaine et compréhensible "intuitivement" (ne demandant que peu de réflexion et de raisonnement). Des objets et des outils, très explicites quant à leur fonction, vous permettent de travailler sans aucun problème. Pour manipuler ces éléments, vous utilisez une souris (un périphérique qui permet de déplacer un pointeur sur l'écran). Vous pouvez ainsi choisir certains objets et sélectionner différentes options. Tout utilisateur s'oriente donc facilement et "intuitivement" sur la surface de travail de l'ordinateur.

Revenons à la commande COPY FICHIER A: difficilement mémorisable. Lorsque vous utilisez l'interface graphique d'Apple, il vous suffit simplement de choisir le fichier à l'aide de la souris, puis de le positionner à un autre endroit de l'écran - sur une icône reconnaissable immédiatement (le lecteur de disquettes). Cette manière de procéder s'avère fort simple.

Ce qui n'est pas le cas avec MS-DOS ! Pendant de longues années, la société Microsoft fit peu d'effort pour structurer plus simplement son système d'exploitation. Toutefois des programmes particuliers, s'engageant sur le chemin tracé par Apple, furent développés. A partir de la version 4.0 du MS-DOS une interface utilisateur (peu conviviale) apparut dans le système d'exploitation. En ce qui concerne la version abordée dans cet ouvrage, l'initiation au MS-DOS ne pose plus de problème comme vous le constaterez bientôt.

- Le DOS Shell de MS-DOS 6 affiche sur l'écran, d'une manière ordonnée aisément compréhensible, les différentes données du PC. Vous pouvez modifier (c'est-à-dire copier, effacer, etc) ces données à l'aide de commandes (visibles dans des listes prédéfinies) ou de la souris. Par ailleurs le DOS Shell permet désormais le "déplacement d'un fichier à l'aide de la souris sur une nouvelle zone cible".
- Mais MS-DOS 6 vous propose également le "vieil" interpréteur de commande qui vous permet de donner des ordres précis au PC. Les inconvénients liés à l'utilisation de cet interpréteur sont nombreux : vous devez connaître les mots-clés exacts, l'orthographe d'une commande peut être incorrecte, vous pouvez faire des erreurs de paramétrage lors de la saisie de la ligne de commande, etc. Néanmoins vous disposez d'un nombre d'options supérieur à celui du DOS Shell, surtout lorsqu'il est question d'opérations complexes.
- MS-DOS 6.2 et MS-DOS 6.22 ne fournissent plus de base le programme DOS SHELL. Néanmoins on peut continuer à utiliser le DOS SHELL des version antérieures.

Comparaison du travail entre l'interpréteur de commandes et l'interface utilisateur

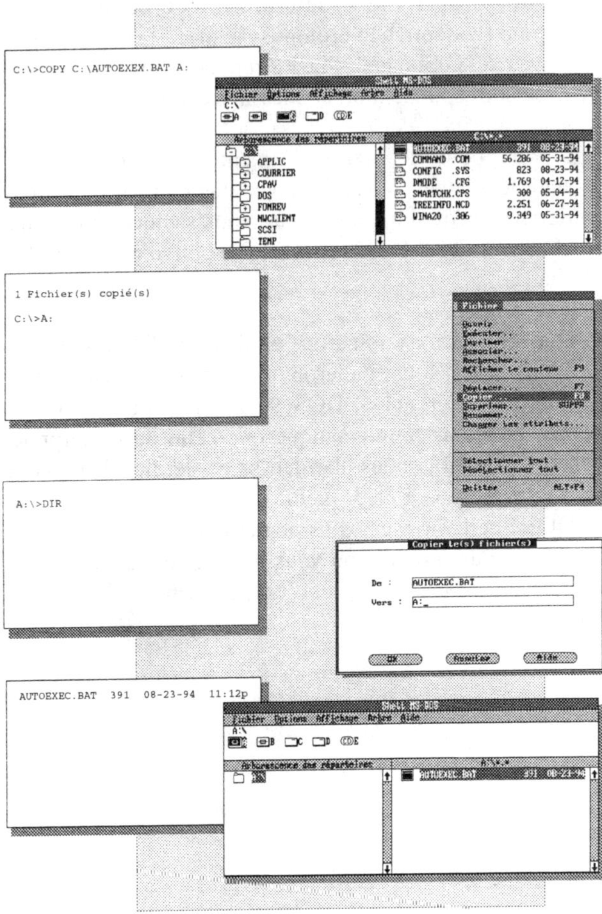

l'interpréteur de commande et l'interface graphique (DOS Shell)

Le schéma présente les deux variantes du système d'exploitation :

A gauche vous apercevez l'interpréteur de commande qui se compose pour l'essentiel du prompt système, à la suite duquel vous pouvez entrer des commandes. Le PC répond en affichant le message d'exécution correspondant ou un message d'erreur.

A droite vous pouvez observer la même opération réalisée avec l'interface DOS Shell. Vous ne devez pas connaître de mots-clés particuliers. Il suffit simplement que vous sachiez sélectionner un fichier et activer la barre de menus afin de pouvoir y choisir l'opération souhaitée.

Par conséquent nous examinerons en détail le DOS Shell dans les premiers chapitres. Nous étudierons tous les éléments fondamentaux et procédures concernant ce DOS Shell car son utilisation s'avère plus facile et moins problématique que celle de l'interpréteur de commande. Toutefois nous aborderons ce dernier dans un second temps car il représente tout de même un outil de travail plus puissant que le DOS Shell. De plus, vous ne perdrez réellement votre statut de débutant qu'au moment où vous maîtriserez les instructions de l'interpréteur de commande - et c'est précisément dans ce but que vous avez acheté cet ouvrage.

1.2. Les améliorations de MS-DOS 6.2/6.22

Si vous connaissez déjà le MS-DOS (4.0 ou 5.0), nous souhaitons vous présenter dans un premier temps et rapidement les innovations les plus importantes apportées à la version MS-DOS 6.0.

Thème	Commande	Windows
Mémoire		MS-DOS 6.0 collabore plus étroitement avec Windows. Certains utilitaires sont proposés dans des versions DOS et Windows.
Mémoire	MEMMAKER	MS-DOS 6.0 gère mieux la mémoire du PC.
Sauvegarde des données	MSBACKUP	MS-DOS 6.0 propose un programme de sauvegarde très performant qui vous permet de sauvegarder très simplement les données du disque dur sur disquettes.
Protection des données	UNDELETE	MS-DOS 6.0 est capable de récupérer des fichiers supprimés par inadvertance. Vous pouvez même définir différents niveaux de protection.
Disque dur	DEFRAG	au bout de quelques temps, les fichiers sont toujours stockés d'une manière désordonnée sur un disque dur. Avec MS-DOS 6.0 vous pouvez réorganiser ce dernier et ainsi accélérer votre travail avec l'ordinateur.

Thème	Commande	Windows
Anti-virus	MSAV/VSAFE	MS-DOS 6.0 peut détecter et détruire des virus informatiques.
Disque dur	DOUBLESPACE	la capacité d'un disque dur est toujours limitée. MS-DOS peut la doubler en compressant automatiquement les données.
Disque dur	SMARTDRV	un programme cache amélioré accélère sensiblement la vitesse des échanges avec le disque dur. Ce programme est particulièrement bien adapté à MS-DOS 6.0 et Windows 3.1.
Configuration du système		MS-DOS 6.0 propose un menu de configuration qui peut être appelé dès le lancement de CONFIG.SYS, après la mise sous tension de l'ordinateur.
Démarrage "forcé"		MS-DOS 6.0 peut ignorer, si vous le souhaitez, des fichiers systèmes erronés.
Aide	HELP	MS-DOS dispose d'une aide performante avec laquelle vous pouvez rechercher et imprimer des informations.
Echange de données	INTERLNK	MS-DOS 6.0 peut échanger des données entre deux ordinateurs.

Voici maintenant les modifications intervenues entre les versions 6.0 et 6.2. Sachez aussi que MS-DOS 6.22 est identique à MS-DOS 6.2 à part que le doubleur DoubleSpace est remplacé par le doubleur de disque DriveSpace :

- Commandes COPY, XCOPY et MOVE améliorées. Si le fichier cible existe déjà, un message de sécurité est posé avant écrasement du fichier lors d'une copie.
- DoubleSpace (DriveSpace pour MS-DOS 6.22) est un programme qui permet de doubler la capacité de votre disque dur. Par exemple, il transforme votre disque de 120 Mo en un disque dur de 240 Mo ! Avec MS-DOS 6.2, Microsoft intègre une nouvelle technologie dans Doublespace pour fournir une meilleure sécurité des données compressées. Lorsque vous lancez DoubleSpace pour la première fois pour compresser les données du disque dur, le programme effectue une analyse préventive de la surface du disque dur. DoubleSpace se fait seconder dans cette tâche par un programme spécialisé appelé SCANDISK. Ce dernier vérifie tous les clusters du disque et renvoie les informations à DoubleSpace. DoubleSpace peut alors décider de compresser les données ou au contraire d'annuler toutes les procédures si l'état du disque n'est pas jugé satisfaisant.
- DoubleSpace intègre une nouvelle technologie appelée DOUBLEGUARD. DoubleGuard est chargé d'assurer l'intégrité des tampons utilisés par DoubleSpace avant de décharger les données sur le disque dur. Ces tampons étaient jusque-là à la merci de n'importe quel programme résident qui pouvait y accéder en écriture au moment même où DoubleSpace les rapatriait sur le disque dur. Pour éviter un tel concours de circonstance malheureux, DoubleGuard effectue un checksum sur le contenu de ces tampons. Toutefois, DoubleGuard contrôle aussi régulièrement l'intégrité du code DoubleSpace chargé en mémoire et de ce fait, utilise une infime partie des ressources machine. C'est pourquoi vous pouvez désactiver ce système de sécurité si vous estimez que cela grève les performances de votre système.
- DoubleSpace peut être entièrement désinstallé de votre disque dur. Mais vous devez évidemment disposer de suffisamment de place libre pour pouvoir y accueillir les données décompressées.

- DoubleSpace supporte maintenant le principe de l'automounting. Par ce terme, on entend le fait que des disquettes compressées (ou d'autres volumes compressés) sont automatiquement reconnues et montées sous DOS ou même Windows.

1.3. Connaissez-vous votre PC ?

Examinons maintenant notre ordinateur plus précisément. Nous sommes déjà confrontés à un premier problème. PERSONAL COMPUTER ne désigne plus un nom de produit, mais une catégorie de machines. Nous devons donc nous limiter à des généralités :

Qu'est-ce qu'un PC ?

Le terme PERSONAL COMPUTER est employé en partie pour désigner différents ordinateurs. Dans le cadre de cet ouvrage ne sont concernés par cette dénomination que les ordinateurs qui répondent essentiellement à une norme qui fut instaurée par IBM en 1981. La compatibilité représentant la caractéristique principale des PC, nous parlerons donc de PC compatibles IBM. Toutefois il existe de très grandes différences quant à leur puissance et leur équipement :

Il peut être par exemple question d'un PC/XT. Celui-ci est caractérisé par un processeur 8088 ou 8086 (le processeur désignant la puce électronique qui effectue le traitement des données). Le numéro est choisi par la société INTEL.

Vous avez ensuite l'AT (également appelé 286) qui existe depuis 1984 et qui est équipé d'un processeur 80286. Certains détails (les disquettes, la date, l'heure, etc) ont changé. De nos jours, on trouve plus souvent des ordinateurs 80386 ou 80486. Enfin, la majorité des constructeurs proposent maintenant dans leur catalogue des ordinateurs à base de processeur Pentium.

Ces distinctions n'ont aucune incidence sur les explications suivantes, car ces machines (répondant à une norme unique) utilisent toutes le MS-DOS. Pour simplifier nous parlerons généralement de "PC" (nous signalerons naturellement les petites différences qui pourraient exister).

Résumons-nous : votre ordinateur peut provenir d'une petite société du Limousin (très rare) ou d'une grande firme d'Extrême-Orient (le cas le plus fréquent). Il doit être compatible IBM et avoir le MS-DOS pour système d'exploitation. Par ailleurs tous les programmes (leur nombre étant conséquent) élaborés pour un PC IBM fonctionnent sur votre machine.

Toutefois de petites limitations sont apparues par le passé. Par conséquent si vous voulez être satisfait de votre achat, vous devriez poser quelques questions à votre revendeur et obtenir des garanties.

Préoccupons-nous maintenant des éléments individuels, en nous limitant à des généralités à la portée de tous. Nous préférons bannir les détails techniques de cet ouvrage pour débutant.

L'ordinateur proprement dit

L'unité centrale (se composant d'un micro-processeur, d'un ou plusieurs lecteurs de disquettes, et presque toujours d'un disque dur) représente le coeur d'un système PC. Vous reconnaissez les lecteurs de disquettes à leurs fentes caractéristiques. Par contre le disque dur est fréquemment placé dans l'unité centrale, une diode de contrôle étant à la rigueur la seule preuve de sa présence.

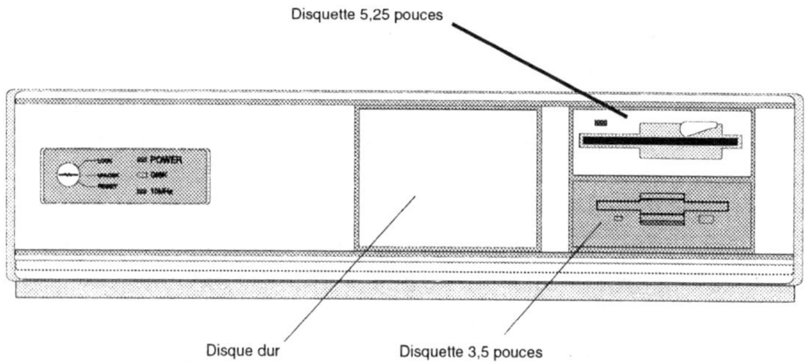

Unité centrale et lecteurs

Le schéma représente la face avant d'un PC de bureau classique.

Deux diodes électroluminescentes sont visibles dans la partie supérieure gauche. Elles signalent d'une part la mise en route du système, et d'autre part l'accès au disque dur.

Vous apercevez en-dessous l'indicateur de la fréquence d'horloge active. Vous connaissez ainsi la vitesse de travail de l'ordinateur.

Un interrupteur, qui vous permet d'allumer et d'éteindre la machine, est ensuite visible. Le moniteur est fréquemment activé en même temps.

Utilisez la clé placée sur le côté gauche pour verrouiller le clavier. Vous pouvez ainsi éviter une utilisation non autorisée de l'ordinateur.

Le commutateur situé à droite permet la modification de la vitesse d'exécution de l'ordinateur. Le bouton Reset réinitialise le système.

Vous apercevez totalement à droite deux lecteurs de disquettes, le premier au format 5,25", le second au format 3,5". Vous ne pouvez pas accéder au disque dur de l'extérieur.

Les supports de données

Il existe différents supports de données. Intéressons-nous en premier lieu aux lecteurs de disquettes : vous pouvez les comparer à un électrophone. Toutefois il n'est pas question de musique, mais de la lecture et de la sauvegarde d'informations. Les disquettes peuvent être de différents formats : 5,25" (les grandes disquettes) et/ou 3,5". Vous pouvez les reconnaître aux dimensions des fentes des lecteurs visibles sur le devant de l'unité centrale. Nous examinerons en détail les disquettes un peu plus tard.

Outre les lecteurs de disquettes, les disques durs installés en règle générale dans l'unité centrale (ils ne sont donc pas visibles) jouent un rôle important. Ils sont très performants, travaillent plus vite, peuvent sauvegarder des millions de caractères, mais leur prix est plus élevé et ils sont surtout sensibles aux chocs. Cependant, si vous souhaitez manipuler un nombre conséquent de données (gestion des clients, élaboration d'un livre...), vous ne pouvez les ignorer. Ils peuvent en règle générale stocker 80 à 120 Megaoctets, ce qui correspond à environ 80-120 millions de caractères (ce nombre représente 60000 pages dactylographiées ; à titre de comparaison une disquette ne peut contenir que 360 pages environ, soit 720000 caractères).

Les plus heureux disposent maintenant d'un lecteur CD-ROM. Celui-ci est généralement capable de lire des CD informatiques (contenant des fichiers informatiques) et des CD audio (CD de musique).

Vous avez besoin de disquettes vierges pour travailler avec cet ouvrage. Pensez à vous en procurer, car si vous vous plongez par exemple dans ce livre en fin de semaine, vous ne pourrez pas comprendre certains exemples si vous n'avez pas de disquettes.

Le moniteur

La lecture, la sauvegarde et le traitement des données n'ont guère d'intérêt si nous ne pouvons pas visualiser ces opérations. C'est la raison pour laquelle un moniteur est en règle générale connecté au PC. L'écran peut être monochrome - différentes teintes sont disponibles : vert, ambre ou paperwhite (noir sur blanc) - ou couleur. Les détails ne nous intéressent pas pour le moment.

Le clavier

La visualisation des données sur l'écran ne suffit pas. Nous n'irions pas au-delà du message d'initialisation si nous ne pouvions pas communiquer avec notre PC par l'intermédiaire du clavier. Celui-ci est quasiment identique à celui d'une machine à écrire (il dispose toutefois de quelques touches supplémentaires).

En ce qui concerne la disposition des touches, les claviers peuvent différer les uns des autres. Par conséquent nous nous limiterons à une description générale des différentes parties du clavier.

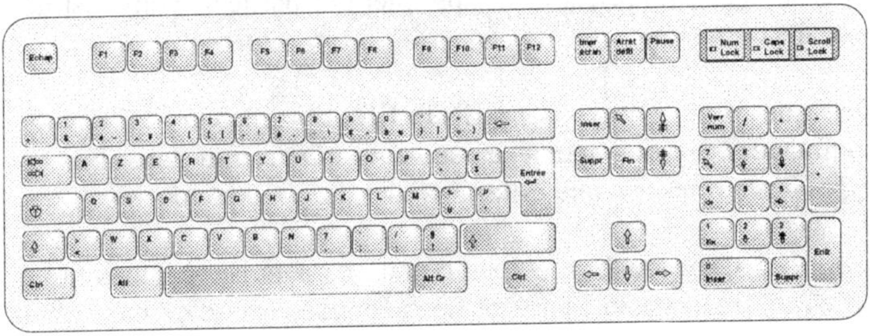

le clavier principal d'un PC

Vous pouvez en premier lieu apercevoir dix ou douze touches caractérisées par un numéro précédé d'un **F**. Elles sont appelées *touches de fonction*" (nous les étudierons un peu plus tard). Un pavé numérique, séparé du corps principal du clavier, est visible à droite. Vous pouvez en outre observer quatre flèches pointées vers la droite, la gauche, le haut et le bas : il s'agit des touches de direction qui permettent de déplacer le curseur (un caractère brillant) sur l'écran.

Nous devons encore vous présenter quatre touches particulières :

La touche ENTREE

La grande touche située à droite du clavier alphanumérique est la plus importante. Sur une machine à écrire il s'agit de la touche de retour chariot. Dans le cas du PC elle permet également le passage à la ligne suivante. Mais elle a en outre une autre fonction beaucoup plus importante. Nous l'appellerons ENTREE. Toute entrée clavier, que votre PC doit interpréter comme une commande, doit être confirmée par une pression sur ENTREE. Avant cette validation vous pouvez procéder à des modifications, supprimer une partie de votre instruction, etc.

Dès que vous appuyez sur ENTREE, l'ordinateur traite votre commande. Si vous apercevez sur votre clavier ou dans d'autres livres des termes tels que **Enter**, il s'agit de la même touche.

Cette touche n'est pas toujours caractérisée par un intitulé, mais parfois par une flèche coudée. Cette dernière symbolise le passage du curseur à la ligne suivante.

Vous devez également connaître les trois touches suivantes car elles sont employées dans la première partie de ce livre.

Les touches CTRL et ALT

Les touches **CTRL** et **ALT** se trouvent à gauche de la barre d'espacement. Ces deux touches peuvent être pressées en même temps que d'autres touches, ce qui vous permet de disposer de nombreuses combinaisons supplémentaires (lesquelles seront détaillées ultérieurement). Par ailleurs **ALT** joue un rôle important lors de la saisie de commandes dans le DOS Shell.

La touche ECHAP

Vous pouvez apercevoir la touche **ECHAP** dans le coin supérieur gauche du clavier (ou sur le pavé numérique). Elle permet l'interruption de l'exécution de nombreux programmes.

Nous étudierons le DOS Shell dans les chapitres suivants. Vous aurez par exemple besoin de touches comme **TAB** (touche de tabulation).

Cette touche est très souvent caractérisée par deux flèches horizontales de sens contraire. Nous l'examinerons en détail en temps voulu. Si vous ne parvenez pas à localiser sur votre clavier une touche précédemment citée, consultez notre lexique. Nous y avons répertorié les touches les plus importantes.

Si vos touches ont des appellations différentes des nôtres, vous pouvez examiner le tableau suivant afin de trouver les correspondances adéquates. Les compatibles IBM respectent le plus souvent la terminologie employée par le "grand frère".

Description du clavier IBM :

Clavier étendus	PC/XT	PC/AT
Control	CTRL	Control
ALT/ALTGR	ALT	ALT
Supprime	SUPPR	SUPPR
ECHAP/ECHAP	ECHAP	ECHAP
Pause	Break	Pause
Verr Num	NumLock	Verr Num
Maj	MAJ	Maj
Insère	Ins	Inser
Début	Home	Début
Fin/End	End	Fin
PgDn	PgDn	PgDn
Impression	PrtSc	Impr Ecran
Défilement	Scroll Lock	Arrêt défil

La souris

Vous pouvez également posséder une souris. Ce terme désigne un petit boîtier rectangulaire caractérisé par deux ou trois boutons. Les déplacements sur l'écran sont plus rapides avec une souris. Celle-ci est assurément l'outil idéal lorsque vous vous trouvez dans le DOS Shell, mais elle ne sert à rien lors de la saisie d'instructions dans l'interpréteur de commande.

Par ailleurs il ne suffit pas que la souris soit connectée au PC pour pouvoir l'utiliser. Un utilitaire particulier (un *driver* livré en règle générale avec la souris) est en effet indispensable au bon fonctionnement du périphérique. Il doit être chargé lors de la mise en route de l'ordinateur. A cet effet, il est préférable de lancer le programme (MOUSE.COM) à partir du fichier AUTOEXEC.BAT. Si cette opération devait vous poser des problèmes, reportez-vous au chapitre "11.2 En cas de problèmes" pour obtenir une solution adéquate.

L'imprimante

Nous devons maintenant vous présenter un périphérique usuel : l'imprimante. Vous pouvez vous en passer, mais vous constaterez bientôt qu'un PC sans imprimante représente un véritable casse-tête. Qui prendrait plaisir à recopier à la main ce qui est affiché sur l'écran (par exemple le contenu d'une disquette) ?

Il est important que l'imprimante soit correctement connectée. En outre, certaines imprimantes ne peuvent pas être reliées à votre PC. Ces deux conditions doivent être respectées - dans le cas contraire vous seriez contraint de recopier les données affichées sur l'écran.

Si vous rencontrez des difficultés, adressez-vous à votre revendeur.

1.4. Premières hypothèses

Après ce premier exposé, nous souhaitons aborder brièvement les conditions préalables nécessaires à un travail optimal avec cet ouvrage.

Le PC avec un disque dur

Nous partons d'un système PC classique, à savoir un ordinateur équipé d'un disque dur et d'un lecteur de disquettes. Toutes les commandes et opérations se rapportent à un tel PC. Cela n'a aucune espèce d'importance si vous possédez un PC/XT, AT, 386, 486 ou Pentium. Cela n'influera en aucune mesure sur nos exemples.

Se retrouver seul avec un nouvel ordinateur ou un système inconnu

PC représente l'abréviation de "Personal Computer". Cela signifie littéralement que vous possédez un ordinateur "personnel", et que par conséquent vous pouvez en faire ce que bon vous semble. Mais en réalité ce n'est pas toujours le cas. Vous souhaitez peut-être vous initier avec un ordinateur aimablement prêté par un ami. Peut-être disposez-vous d'un ordinateur de bureau dans votre entreprise. Dans les deux cas le concept "d'ordinateur personnel" n'est plus une réalité en soi, car vous devez manipuler prudemment le PC mis à votre disposition. Cette remarque concerne non seulement l'aspect technique de la machine, mais également les données enregistrées.

Demandez au propriétaire de l'ordinateur (ou au responsable) quelles sont les limites de vos prérogatives. Vous pourriez par exemple effectuer vos essais et vos exercices sur une disquette de travail et non sur le disque dur.

D'autres situations se présentent encore plus fréquemment : de nombreuses petites sociétés ou professions libérales ont acquis un système "clé en main". Vous pouvez donc utiliser le PC pour d'autres tâches, ou vous souhaitez tout simplement apprendre à maîtriser les applications existantes. Si c'est effectivement votre cas, faites preuve de prudence car vous ne pouvez pas vous permettre de détériorer les données présentes.

Vous pouvez effectuer vos premiers pas sur une disquette et non sur le disque dur. Vous devriez en outre procéder à une sauvegarde des données. La plupart des systèmes "clé en main" possèdent une option capable de reproduire les données sur disquettes et d'enregistrer la configuration active. De plus vous devez toujours être prudent lorsque les expressions "Attention" et "Perte de données" apparaissent dans ce livre. Ne suivez les exemples que si vous êtes totalement sûr du résultat.

L'installation est indispensable

MS-DOS est enregistré sur un certain nombre de disquettes que vous ne pouvez pas utiliser immédiatement. Si le nouveau système d'exploitation n'est pas encore installé sur votre ordinateur ou si une ancienne version (par exemple 4.0) est déjà présente, vous devez procéder à l'installation. A cette occasion les données et les programmes sont *décompressés* (les fichiers se trouvant sur les disquettes sont stockés sous une forme plus compacte nécessitant moins de place), puis copiés sur le disque dur.

Par conséquent, si MS-DOS n'est pas encore installé sur votre ordinateur, effectuez l'installation avant de poursuivre votre travail (voir chapitre 11.1).

En cas de problème : notre "service dépannage"

Une dernière remarque préliminaire : connaissez-vous notre service dépannage ? (Nous en avons brièvement parlé dans l'avant-propos).

Naturellement vous ne pouvez pas joindre un service téléphonique d'assistance. Mais les auteurs d'un ouvrage s'adressant à des débutants redoutent avant tout les méprises et confusions, dont ils seraient indirectement responsables.

Parce que nous ne sommes pas infaillibles et parce que les erreurs d'impression échappent à notre contrôle, nous avons établi quelques "règles de premier secours". Vous pourrez les suivre tôt ou tard si besoin est. Nous espérons que tout se déroulera parfaitement.

2. MS-DOS : la clé de votre PC

MS-DOS est installé sur votre système ? Nous pouvons commencer. Dans cette section, il sera question :

- de la mise sous tension d'un PC et de son fonctionnement.
- du chargement automatique du DOS Shell, lequel s'adresse tout particulièrement aux débutants.
- de la sauvegarde de données (textes, adresses, nombres) avec un PC.
- du stockage des données dans des zones particulières (les répertoires) et de l'activation des lecteurs.

Nous ne procéderons pas encore à des modifications dans ce chapitre, mais nous examinerons les éléments existants.

Vous rencontrerez sans doute des difficultés si vous vous asseyez pour la première fois devant un PC et si vous êtes un véritable débutant. Vous n'êtes peut-être pas encore familiarisé avec des termes tels que lecteur, disque dur, répertoires, fichiers, programmes, etc. C'est la raison pour laquelle nous commençons par un court chapitre introductif, traitant des concepts fondamentaux et de l'organisation d'un PC.

Même si les notions fondamentales n'ont plus de secrets pour vous, vous pouvez tout de même parcourir brièvement ce chapitre afin qu'il n'y ait plus aucun problème de compréhension.

2.1. Comparons l'ordinateur à une entreprise

Dans les sections suivantes, vous découvrirez les termes les plus importants du MS-DOS : support de données, répertoire, fichier, programme, etc. L'expérience prouve en effet qu'ils sont à l'origine des difficultés des débutants.

Des définitions auraient pu étayer notre démonstration, mais nous avons choisi une autre solution. Nous essaierons d'expliquer les éléments les plus importants d'un système PC en nous appuyant sur l'exemple d'une entreprise.

Considérons donc l'acquisition du PC comme étant la création de la société PersComp. Cette dernière se compose essentiellement d'une grande usine, la fabrication de certains produits étant son activité principale. Nous prenons l'ordinateur à titre d'exemple, car d'une manière ou d'une autre c'est bien de lui dont il est question. Nous découvrons l'entreprise en examinant le plan de construction.

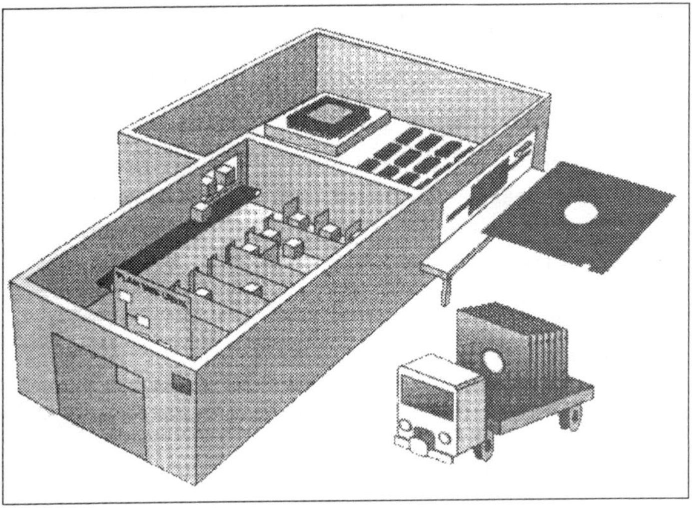

le PC est une véritable entreprise

Le schéma décrit la gestion d'une grande quantité de données par MS-DOS. L'ordinateur, qui traite les informations, est véritablement comparé à une usine.

Il accède constamment à une grande halle de dépôt (le disque dur), dans laquelle un poste central (le répertoire principal) vous permet d'obtenir une vue d'ensemble sur les stocks. Par ailleurs cette halle est divisée en plusieurs zones (= sous-répertoires) qui sont elles-mêmes subdivisées en pièces individuelles (= sous-sous-répertoires).

Ces dernières peuvent être encore compartimentées, etc. Nous y renonçons dans notre exemple et nous stockerons les caisses (représentant les fichiers) dans différentes pièces.

Nous comparons le lecteur de disquettes (lequel transmet directement les données à l'ordinateur ou au disque dur) à une sorte de plate-forme de chargement permettant le transport du fret vers les camions ou les wagons de marchandises.

Le hall de production est véritablement le coeur de l'usine. Les éléments électroniques sont représentés symboliquement tels que vous pouvez les voir lors de l'ouverture d'un PC. Ces composants (caractérisés par des broches) désignent donc les machines.

Celles-ci transforment ensuite les produits non manufacturés en produits finis. Les produits sont comparables aux données d'un ordinateur. Ces dernières ne sont jamais livrées sous forme de pièces détachées, mais toujours sous forme de groupes (pour ainsi dire d'une seule pièce). Nous nous imaginons ainsi qu'elles sont stockées dans une caisse. La machine ouvre la caisse, en modifie le contenu, puis la referme.

La question est maintenant la suivante : comment déterminer la provenance et la destination de ces caisses de données. Deux solutions s'offrent à nous :

Les caisses de données peuvent provenir de l'extérieur. Dans notre hypothèse, il existe une plate-forme permettant par exemple le chargement de camions. Dans la réalité cette tâche est allouée aux lecteurs (un camion représentant une disquette).

Cela signifie que vous pouvez insérer une disquette dans un lecteur de la même manière que vous pouvez guider un camion vers une plate-forme de chargement. Les caisses de données sont ensuite transportées et traitées dans le hall de fabrication.

Par la suite, vous pouvez recharger le même camion et le conduire hors de l'entreprise (dans une boîte de disquettes) ou le céder à un associé pour un nouvel usinage.

L'autre solution consiste à entreposer une grande quantité de caisses de données dans un grand hall situé à côté du local de production. Une caisse est transportée de la halle de dépôt vers l'atelier de fabrication, elle y est traitée puis elle est de nouveau stockée. Le disque dur de votre PC représente un tel hall de stockage.

Lorsque vous adoptez cette seconde solution, vous vous trouvez rapidement confronté à une première difficulté. Les dimensions d'un tel hangar ne facilitent pas la gestion des stocks. Pour remédier à ce problème, les informaticiens ont développé un système de division du disque dur.

Le hall a donc été divisé en zones. Les écrans sont par exemple stockés dans une zone, les claviers et les imprimantes dans une autre, etc. Toutefois cette répartition n'est pas suffisante : en effet ce serait absurde de stocker pêle-mêle des écrans noir et blanc, ambre et couleur.

Pour cette raison les zones individuelles ont été subdivisées en sous-zones (les pièces). Nous obtenons ainsi une organisation un peu plus rationnelle.

Si cela ne suffisait pas, vous pourriez facilement partager une pièce à l'aide d'une cloison : les moniteurs couleurs bas de gamme seraient stockés dans la première sous-pièce, les versions plus onéreuses dans la seconde, etc.

L'emploi d'un plan d'ensemble (un poteau indicateur), garantissant une orientation correcte dans le hall de stockage, est important. Un tel plan est placé en règle générale immédiatement derrière l'entrée. Il ressemble à un arbre, ce qui autorise des descriptions d'itinéraires particulièrement simples et compréhensibles :

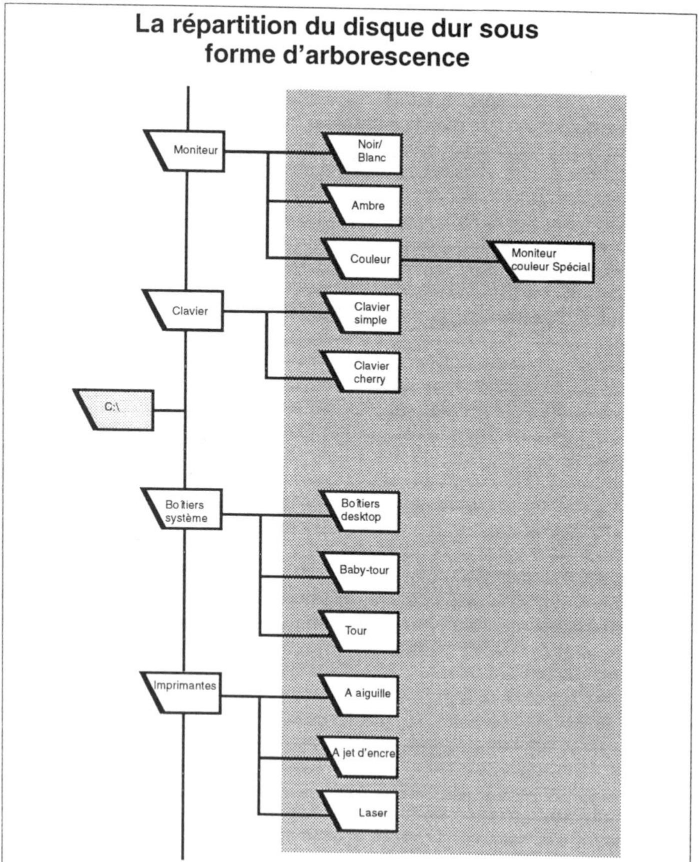

le partage d'un disque dur représenté sous forme d'arbre

Le schéma illustre le partage d'un disque dur en s'appuyant sur l'exemple d'une société qui produit des ordinateurs et des accessoires.

L'ensemble est représenté schématiquement sous la forme d'une structure arborescente, dans laquelle vous pouvez reconnaître la division générale en pièce principale, zones des moniteurs, des claviers, des unités centrales, etc.

Par ailleurs dans notre schéma, l'arbre connaît une croissance vers la droite et non vers le ciel comme le veut la coutume. Ceci est dû au fait que dans la pratique l'affichage s'effectue le plus souvent de cette manière. Mais avec un peu d'imagination vous pouvez vous représenter un arbre.

L'entrée (y compris l'antichambre) représente le point de départ. Elle peut être comparée à la racine de l'arbre. A partir de là, vous pouvez vous rendre dans les zones particulières (pour les moniteurs, les claviers, les imprimantes). Le tracé se ramifie ensuite en sous-zones/pièces (pour les moniteurs monochromes, les écrans couleurs, etc). Il est en outre indiqué s'il existe un compartiment particulier dans une telle pièce (par exemple pour les moniteurs couleurs particulièrement onéreux). Si vous souhaitez maintenant préciser le lieu de stockage d'une caisse déterminée, vous pouvez définir une sorte d'itinéraire, un *chemin* :

- rends-toi de la pièce principale du hangar de stockage.
- dans la zone "moniteur",
- puis dans la sous-zone/pièce "moniteur couleur".
- et de là dans le secteur/compartiment "moniteur couleur spécial".
- Cherche ensuite la caisse "moniteurs multisynchrones".

Un tel chemin se présentera par la suite de la manière suivante :

```
\moniteur\moniteur couleur\moniteur couleur
spécial\caisse multisync.
```

Il semble évident que ce système permet de définir incontestablement l'emplacement de toute caisse de produit. Nous souhaitons à présent vous habituer peu à peu aux termes techniques originaux caractérisant tout élément :

L'atelier de fabrication représente le processeur avec sa RAM "éphémère". Cela signifie : lorsque vous éteignez la lumière dans l'usine, l'atelier de production ne doit plus contenir de caisses de données, sinon vous risquez d'y semer la *pagaille*. Cette remarque est également valable pour l'ordinateur. Toutes les données stockées dans cette zone sont irrémédiablement perdues après l'arrêt du PC. Le hangar de stockage désigne le disque dur. Les données enregistrées sur celui-ci ne sont pas détruites après l'interruption.

Le répertoire principal correspond à l'antichambre, y compris le plan d'ensemble. Ce dernier est l'élément le plus important car personne ne pourrait s'orienter sur le disque dur s'il n'existait pas. Quelques caisses de données sont également stockées dans ce répertoire racine (imaginez par exemple la présence d'un ordinateur central de contrôle et/ou d'un extincteur). Tous ces éléments doivent être rapidement accessibles, ils sont donc placés immédiatement derrière l'entrée.

Les zones individuelles (pour les moniteurs, les claviers, etc) sont appelées *répertoires* en langage informatique. Lorsque nous parlons d'un répertoire particulier contenant tous les textes, cela signifie qu'il existe une zone spéciale dans laquelle sont stockées toutes les caisses de texte. S'il s'agit d'un premier sous-répertoire, vous pouvez directement l'activer à partir du répertoire principal. Il se trouve donc immédiatement derrière l'entrée.

Lorsque d'autres répertoires se greffent sur un tel répertoire, ceux-ci sont appelés sous-répertoires (ou sous-répertoires de second niveau).

Et cette ramification peut se poursuivre. Il est donc important de connaître précisément l'emplacement d'un répertoire. A cet effet, il est préférable de définir un chemin qui détaille l'itinéraire à emprunter à partir du répertoire principal (antichambre) pour parvenir dans la zone cible.

Ces répertoires ne sont en fait que des pièces. Les machines (le processeur) ne peuvent rien produire avec ces seuls répertoires. Elles ont en effet, besoin de caisses de matériaux appelées *fichiers* en informatique. Ces caisses proviennent du hangar de stockage central (le disque dur) ou de la plate-forme de déchargement des camions (les disquettes).

Pour conclure notre exemple d'usine, préoccupons-nous maintenant des caisses de données qui représentent véritablement le centre d'intérêt en informatique. Nous devons distinguer deux types fondamentaux :

Il existe en premier lieu les caisses de données. Il peut s'agir d'une lettre, d'un tableau statistique, d'une image (graphique), etc. Ces caisses sont comparables, pour ainsi dire, à des produits finis que nous devons créer.

Pour parvenir à ce résultat nous devons utiliser des programmes, par conséquent des traitements de texte (WORD...), des tableurs (EXCEL...), des applications graphiques (PAINTBRUSH...) ou des bases de données (DBASE...). Vous pouvez non seulement créer des produits finis (particulièrement intéressants pour les utilisateurs PC), mais également les modifier ultérieurement (par exemple ajouter des adresses, remanier une lettre, etc).

Dans notre exemple, outre les caisses de données (lettre, tableau, etc), il est question de caisses de programmes que nous pouvons comparer à des machines.

Ces deux types de caisses ont de nombreux points communs. Les noms sont par exemple structurés de la même manière : ils se composent d'une sorte de "prénom" (huit caractères au maximum), d'un point et d'un "nom de famille" (trois caractères au maximum).

Par exemple WORD.EXE est un fichier programme du traitement de texte est WORD. Le "nom de famille" placé après le point indique qu'il s'agit d'un programme. Tous les documents élaborés à l'aide de cette application appartiennent à la famille DOC (vous disposez de huit caractères pour le prénom).

ASSUVIE1.DOC, ASSUVIE2.DOC, ASSUVIE3.DOC, etc, désigneraient ainsi différentes lettres concernant votre assurance-vie (les chiffres permettant de les distinguer).

Il ne vous resterait plus qu'à inclure la définition du chemin (la description de l'itinéraire que vous devez suivre pour trouver la caisse de données) dans le nom du fichier. Dans le cas du traitement de texte WORD l'exemple pourrait être le suivant :

```
C:\PROG\WORD\WORD.EXE
```

Cela signifie que le fichier WORD.EXE est stocké dans le hangar C. Vous devez en premier lieu vous rendre dans la zone PROG (pour programmes) avant d'accéder à la sous-zone WORD. Les lettres concernant l'assurance-vie pourraient être enregistrées dans la zone

TEXTES, bureau PRIVE, tiroir ASSURAN. Le nom de fichier complet serait donc le suivant :

```
C:\TEXTES\PRIVE\ASSURAN\ASSUVIE1.DOC
```

Si vous êtes effrayé par cette succession de mots, ne vous inquiétez pas. En pratique, il suffit de préciser le nom du fichier ou de "cliquer" sur l'enregistrement souhaité (nous verrons cela un peu plus tard).

Pour conclure nous pouvons vous signaler une autre propriété commune aux fichiers de données et fichiers programmes : la taille du fichier, la date et l'heure de sa création (ou de la dernière sauvegarde) sont toujours précisées.

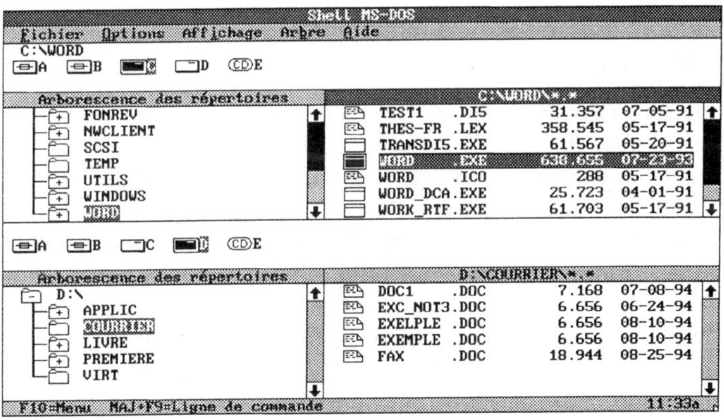

Exemple de fichiers de données et de fichiers programmes

Le schéma représente deux zones d'un disque dur :

Il est question dans le premier cas d'une zone particulière réservée à un programme, à savoir le traitement de texte WORD. Dans cette zone sont stockées toutes les données nécessaires au fonctionnement du logiciel (le programme proprement dit, les utilitaires, les dictionnaires, etc).

Il s'agit dans le second exemple d'une zone dans laquelle sont stockés les fichiers créés avec WORD. Son aspect et son contenu dépendent de la personne qui utilise le traitement de texte.

Les fichiers de données et les fichiers programmes peuvent être également copiés, détruits, renommés, etc. La distinction principale réside dans le fait que les fichiers programmes, à la différence des fichiers de données, ne peuvent pas être modifiés par l'utilisateur.

2.2. Allumez le PC

Une fois terminée la présentation théorique de ces éléments, nous devons nous intéresser à l'aspect concret de leur utilisation. A cet effet, nous devons naturellement allumer le PC. Si vous possédez un disque dur, vous devez retirer la disquette éventuellement présente dans le lecteur pour faire fonctionner l'ordinateur. Allumez ensuite le PC à l'aide de l'interrupteur adéquat.

Si besoin est, activez auparavant le moniteur. Vous ne devrez l'éteindre à la fin de votre travail que si son alimentation électrique est indépendante de celle du PC.

Après la mise en route de la machine, quelques lignes d'information apparaissent sur l'écran. Par exemple :

```
ROM-BIOS (C) 1991 American Megatrends INC
```

Des nombres défilent ensuite sur l'écran (dans notre cas jusqu'à 4096 Ko). cela signifie que le PC examine la taille de la mémoire disponible (en règle générale 640 Ko ou plus). Ko est l'abréviation de kilooctets, ce qui correspond à peu près à mille caractères dans un document. D'autres lignes d'information devraient encore vraisemblablement apparaître, pour céder finalement la place au DOS Shell (reconnaissable à la ligne de titre *Shell MS-DOS*).

Si le prompt de l'interpréteur de commande (un C ou un A suivi le cas échéant d'autres caractères) apparaît à la place de l'écran de travail du DOS Shell, vous devez lancer ce dernier à l'aide d'une commande particulière. A cet effet, entrez DOSSHELL et validez par **ENTREE**. Si votre installation s'est effectuée correctement, le DOS Shell devrait être chargé lors de chaque initialisation.

Nous pouvons commencer à travailler en étudiant dans la section suivante les informations affichées sur l'écran.

Toutefois, si des messages d'erreur devaient apparaître, ce pourrait être dû à différentes raisons.

- DOS SHELL n'est plus fourni systématiquement dans les disquettes DOS à partir de MS-DOS 6.2. Vous pouvez néanmoins utiliser le DOS SHELL d'une version antérieure ou en demander un exemplaire au Support technique Microsoft.
- Il se peut naturellement que vous n'ayez pas encore installé le système d'exploitation sur votre ordinateur. Si tel est le cas, consultez le chapitre 11.1.
- Un message d'erreur est affiché alors que MS-DOS est déjà installé. Vérifiez si une disquette est insérée dans votre lecteur. Si c'est le cas, enlevez-la et appuyez sur une touche quelconque.
- Si vous n'avez pas installé le système d'exploitation sur le disque dur, vous devez insérer la disquette de démarrage avant la mise en route de votre ordinateur. Vous éviterez ainsi l'appa-

rition d'un message d'erreur. Insérez ensuite la disquette intitulée SHELL dans le lecteur, puis entrez la commande DOSSHELL. Appuyez sur **ENTREE** pour charger le DOS Shell.

2.3. L'écran du DOS Shell

Avant d'examiner les données présentes *dans l'ordinateur*, vous devez évidemment comprendre les informations affichées.

Curseur et zones de travail

Un nouvel écran, au centre duquel est affichée pour un bref instant une *fenêtre* (on désigne ainsi de telles zones délimitées sur l'écran), apparaît après l'appel du DOS Shell. Il est ainsi signalé à l'utilisateur que d'importantes informations sont lues sur la disquette ou sur le disque dur ("Le support de données est examiné..."). Le nombre de fichiers (les caisses de données et de programme) et de répertoires présents (les différentes zones du hangar de stockage) est également précisé. Les détails ne sont pas intéressants : vous devez simplement savoir que le PC dresse pour ainsi dire un inventaire des ressources disponibles.

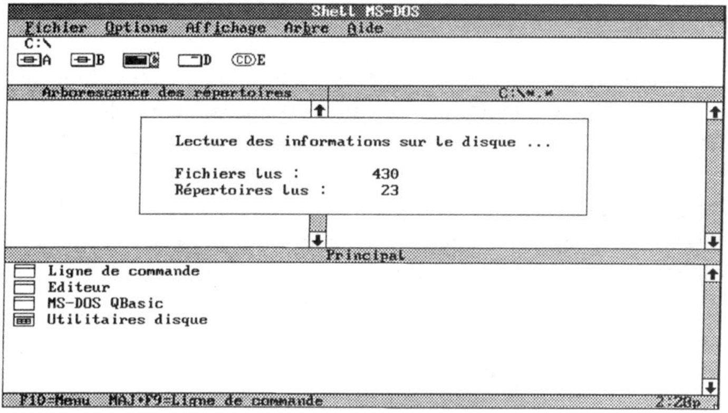

le DOS Shell obtient des informations

Une fois cette opération terminée, la fenêtre disparaît au profit d'un écran réorganisé (écran sur lequel nous souhaitons par ailleurs nous attarder). Nous devons en premier lieu nous familiariser avec l'écran du Shell MS-DOS :

La barre de titre et la barre de menus

Une barre de titre est visible sur le bord supérieur de l'écran ("Shell MS-DOS"). Vous apercevez en-dessous une barre de menus (Fichier, Options, Affichage, Arbre et Aide) vous proposant différentes options de travail. Nous y reviendrons plus en détail par la suite.

Remarque : Il se peut que la barre de menus ne contienne que quatre options ("Arbre" n'étant pas visible). Il faut en effet, savoir que l'écran est divisé en différentes zones, l'aspect du DOS Shell se modifiant alors en fonction de la zone active. Mais pour le moment cela n'a aucune importance.

La ligne des lecteurs

Sous la barre des menus apparaît en premier lieu la lettre du lecteur actif. Par lecteurs on désigne en informatique des lieux de stockage de données. Il peut être question d'un hangar de stockage spécifique au PC (le disque dur) ou d'une plate-forme de chargement (un lecteur de disquettes). Le lecteur actif a été utilisé pour l'initialisation du PC : il s'agit en règle générale du disque dur C:\. Tous les lecteurs disponibles sont ensuite déclarés sur la ligne suivante : outre le C, un A désigne le lecteur de disquettes. D'autres lettres peuvent également apparaître : un B représente un second lecteur de disquettes, toute lettre supérieure à C signale la présence d'un disque dur supplémentaire.

La zone de travail du gestionnaire de fichiers

Le *gestionnaire de fichiers* est situé dans la zone centrale de l'écran du DOS Shell. Il permet la visualisation du çontenu d'un support de données (dans cet exemple : le disque dur C:). Dans la partie gauche vous apercevez *l'arborescence des répertoires.*

Devant chaque nom de répertoire sont placés des crochets [] ou une icône (symbolisant un dossier). Les fichiers enregistrés dans le répertoire actif sont affichés à droite. Vous pouvez apercevoir des termes tels que AUTOEXEC.BAT ainsi que des valeurs numériques. Il s'agit en fait des noms et des attributs des fichiers. Vous reconnaissez les particularités du MS-DOS : huit caractères maximum pour le nom principal, trois pour le "nom de famille", etc.

Lorsque vous sélectionnez une autre zone du disque dur dans l'arbre des répertoires, les informations affichées à droite sont automatiquement modifiées. Procédons à un essai :

L'arborescence des répertoires du gestionnaire de fichiers

Vous devez en premier lieu appuyer sur la touche **TAB** pour activer l'arborescence des répertoires. Cette procédure entraîne le déplacement d'un sélecteur (une sorte de barre brillante) sur l'écran, ainsi que la sélection de l'une des quatre zones rectangulaires.

Nous aimerions à présent que vous activiez l'arborescence des répertoires. Une fois cette opération effectuée, vous pouvez placer le sélecteur sur un nom de répertoire à l'aide des touches ↑ et ↓. Vous devriez au moins apercevoir le *répertoire racine* C:\ ainsi qu'un répertoire DOS contenant les fichiers les plus importants du système d'exploitation.

Si plusieurs personnes travaillent sur votre ordinateur, il se peut que l'arbre des répertoires ait une apparence quelque peu différente. Les éléments caractérisés par un signe "+" peuvent être "déroulés" (un signe "-" étant alors affiché). Nous apprendrons par la suite à activer ces options.

La liste des fichiers du gestionnaire de fichiers

Lorsque vous êtes dans l'arbre des répertoires, appuyez une nouvelle fois sur **TAB** pour sélectionner la zone dans laquelle les fichiers sont répertoriés. Ces derniers représentent, comme nous l'avons vu précédemment, le véritable contenu d'un support de données. Un texte est par exemple enregistré dans un fichier, un programme se compose également d'un ou plusieurs fichiers.

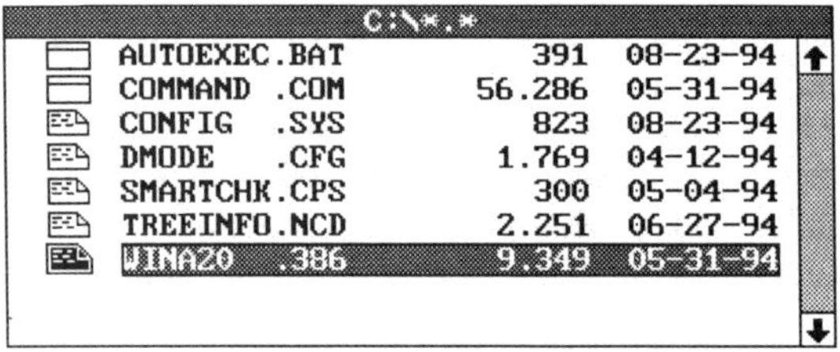

la liste des fichiers

Après avoir appuyé sur **TAB**, vous pouvez vous déplacer dans la liste des fichiers à l'aide des touches de direction I et ↓. Le fichier sélectionné est représenté en vidéo inverse. Vous pouvez constater ici que le nom du fichier se compose effectivement de deux éléments (huit caractères au maximum devant le point, trois après le point). La taille du fichier ainsi que la date de la dernière sauvegarde sont également affichées.

Peut-être avez-vous remarqué, lors du déplacement du sélecteur à l'intérieur de l'arborescence des répertoires (ou de la liste des fichiers), que la zone d'écran ne permet pas la visualisation de toutes les informations. Lorsque la barre de sélection "dépasse" les limites de la fenêtre, le contenu de cette dernière défile : on parle alors de "scrolling". Par ailleurs, la position du repère visible dans la barre de défilement située sur le bord droit de la "fenêtre" change également. Nous étudierons en détail ces opérations un peu plus tard.

La zone de travail du gestionnaire de programmes

Le gestionnaire de programmes occupe la partie inférieure de l'écran. Il est particulièrement intéressant car il met quatre programmes spéciaux à votre disposition (Ligne de commande, Editeur, MS-DOS

QBasic et Utilitaires disque). Vous pourrez ultérieurement définir d'autres options.

Activez cette zone à partir de la liste des fichiers en appuyant une nouvelle fois sur **TAB**. Vous pouvez ensuite sélectionner l'une des options proposées à l'aide des touches I et ↓. Nous reviendrons sur le gestionnaire de programmes un peu plus tard. Nous nous limiterons pour le moment à une brève présentation.

Les applications proposées par le gestionnaire de programmes

Ligne de commande vous permet de donner des ordres au PC par l'intermédiaire de certaines commandes. Vous devez quitter le DOS Shell pour exécuter les opérations souhaitées, mais vous pouvez le rappeler à tout moment à l'aide de la commande EXIT.

L'option *Editeur* vous permet de charger un "petit" traitement de texte. Vous l'utiliserez principalement pour modifier certains fichiers indispensables au bon fonctionnement du MS-DOS. Pour la rédaction de vos lettres, employez de préférence un véritable traitement de texte.

La ligne suivante *MS-DOS QBasic* appelle une application très conviviale qui vous permet d'élaborer de petits programmes personnels.

Si vous choisissez le dernier point *Utilitaires disque*, vous pouvez faire appel au système d'exploitation pour exécuter certaines tâches particulières : le formatage d'une disquette par exemple ou la duplication de disquettes. Sélectionnez le point le plus élevé ("Principal") pour retourner dans le groupe principal du gestionnaire de programmes.

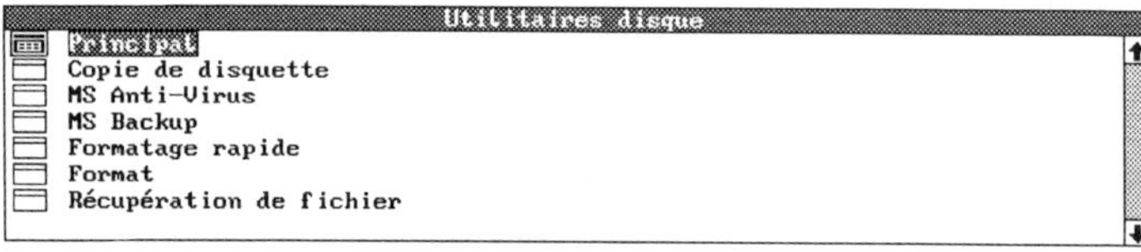

Le groupe "Utilitaires disque"

La barre des menus

Nous vous avons présenté les quatre zones d'écran du DOSellla ligne des lecteurs répertoriant les lecteurs disponibles (supports de données), l'arborescence des répertoires et la liste des fichiers dans le gestionnaire de fichiers, la liste des applications dans le gestionnaire de programmes. Nous vous avons également parlé d'un élément très important que nous n'avons jamais activé. Il s'agit de la barre des menus.

Par *menu*, on désigne en informatique une liste d'options permettant l'exécution d'une commande. Il vous suffit simplement de choisir un point déterminé (comme sur la carte des menus dans un restaurant) pour qu'il soit ensuite exécuté. Vous pouvez par exemple sélectionner un fichier (une lettre), puis effectuer une copie ou une suppression à l'aide d'un menu. Vous pouvez donc constater que ces menus sont d'une importance primordiale dans le DOS Shell. C'est la raison pour laquelle nous souhaitons les aborder maintenant.

La touche **ALT** (ou **F10**) vous permet d'activer la barre de menus. Le premier point (FICHIER) est ensuite sélectionné. Suite à cela vous pouvez ouvrir un menu avec ↓ ou **ENTREE**. Les options proposées sont fréquemment appelées *sous-menus*. Le contenu des menus dépend essentiellement de la zone de l'écran à partir de laquelle vous avez activé la barre de menus (par exemple à partir du gestionnaire de fichiers ou du gestionnaire de programmes).

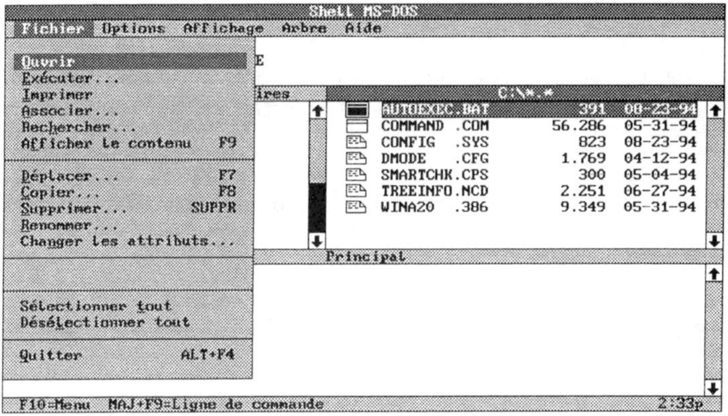

Le menu Fichier

Vous pouvez vous déplacer dans la barre de menus à l'aide des deux touches de direction ← et →. Appuyez une fois sur → pour passer de **Fichier** à **Options**. Pressez à nouveau cette touche pour sélectionner **Affichage**, etc. I vous permet de revenir en arrière. Vous pouvez également, à partir d'un menu déroulant (par exemple sous **Fichier**), vous positionner avec → sur le sous-menu correspondant d'**Options** et de **Vue**.

Vous pouvez déplacer le sélecteur entre les différentes options d'un menu à l'aide des touches ↑ et ↓ . Appuyez ensuite sur **ENTREE** pour exécuter la commande sélectionnée. Si vous voulez sortir d'un menu, utilisez la touche **ALT**. Vous pouvez également appuyer sur **ECHAP**, ce qui interrompt généralement l'opération en cours.

C'est encore plus simple avec la souris

Vous pouvez facilement déplacer une sélection ou une flèche sur l'écran à l'aide de la souris. Pour le moment vous ne remarquez rien de particulier. Appuyez sur le bouton gauche de la souris (on dit également *cliquer*, bien qu'il ne se produise aucun bruit) pour activer le DOS Shell.

La souris autorise une exécution beaucoup plus rapide des procédures énoncées précédemment. Vous évitez surtout les pénibles déplacements du sélecteur avec **TAB**.

Pour sélectionner un élément, positionnez le pointeur de la souris à l'endroit souhaité (par exemple sur un répertoire ou un nom de fichier). Appuyez ensuite sur le bouton gauche de la souris : l'élément et la zone de l'écran correspondante sont activés.

Pour activer une zone, sans pour autant sélectionner un élément, vous devez *cliquer* sur la barre de titre de la zone concernée (pour sélectionner l'arborescence des répertoires, cliquez par conséquent sur *Arborescence des répertoires*).

Vous pouvez également activer les menus à l'aide de la souris. Placez le pointeur sur l'un des points de menu, puis appuyez sur le bouton gauche de la souris pour dérouler le menu correspondant. Vous pouvez ensuite choisir l'une des options. Vous ne pouvez pas ouvrir un autre point de menu sans l'avoir préalablement sélectionné. Lorsque vous souhaitez sortir d'un menu, cliquez sur une zone inoccupée de l'écran.

Déplacer le contenu d'une fenêtre

Peut-être avez-vous déjà remarqué que le DOS Shell affiche un grand nombre d'informations sur l'écran. Toutefois, chaque zone n'occupe qu'une petite partie de cet écran (fenêtre) - il vous suffit de jeter un oeil sur l'arborescence des répertoires ou sur la liste des fichiers pour vous en convaincre. De fait, il se peut que de temps en temps les éléments ne puissent pas être intégralement affichés dans une fenêtre. Vous devez donc faire défiler (scrolling) le contenu de la fenêtre afin d'avoir accès aux autres informations.

Les touches de direction ↑ et ↓ vous permettent de déplacer le contenu d'une fenêtre, lorsque tous les éléments ne peuvent pas être visualisés simultanément. Une fois sélectionné le dernier élément visible, appuyez sur ↓ pour décaler le contenu de la fenêtre d'une ligne vers le haut et afficher un nouvel enregistrement.

Répétez cette opération jusqu'à ce que le dernier élément de la fenêtre soit édité. Inversement, vous pouvez déplacer le sélecteur avec ↑ jusqu'à ce que le premier élément de la liste apparaisse dans la fenêtre.

La barre de défilement sur le bord de la fenêtre

Il existe sur le bord droit de chaque zone une barre de défilement qui vous permet de déterminer immédiatement la position active de la fenêtre. Le repère placé à l'intérieur de cette barre indique non seulement la taille, mais également la position de l'extrait (visible dans la fenêtre) par rapport à l'intégralité de la liste.

Plus ce repère est petit, plus la liste est volumineuse. Plus il est haut, plus vous êtes proche du début de liste. Lorsque toutes les données sont visibles, le repère se confond avec la barre de défilement.

La souris facilite considérablement le défilement des fenêtres. Vous pouvez en premier lieu utiliser les flèches situées aux deux extrémités de la barre de défilement. Cliquez sur la flèche pointée vers le bas (vers le haut) pour vous rapprocher de la fin (du début) de la liste.

La souris vous permet même d'agir directement sur la position du repère (et par conséquent sur la position de la fenêtre). Cliquez en-dessous (au-dessus) du repère dans la barre de défilement pour faire défiler le contenu de la fenêtre vers le bas (vers le haut). Vous pouvez également cliquer directement sur le repère et, tout en maintenant le bouton gauche de la souris enfoncé, le positionner à l'endroit souhaité. Si vous possédez une souris, procédez simplement à des essais. Vous comprendrez mieux en voyant immédiatement le résultat sur l'écran. Vous pouvez effectuer ces opérations sans aucune appréhension car elles ne prêtent pas à conséquence.

Mode texte ou mode graphique

Jusqu'à présent, nous ne nous sommes pas préoccupés de l'affichage qui peut varier en fonction de l'équipement employé. En mode texte, le PC ne peut afficher que des caractères sur l'écran. A cet effet, il dispose de 256 caractères (des caractères spéciaux comme les cadres et les flèches sont également présents). Toutefois la capacité d'affichage est évidemment limitée à ces 256 signes.

Décimal	Hexadécimal	Caractère	Décimal	Hexadécimal	Caractère	Décimal	Hexadécimal	Caractère	Décimal	Hexadécimal	Caractère	Décimal	Hexadécimal	Caractère	Décimal	Hexadécimal	Caractère	Décimal	Hexadécimal	Caractère
32	20		64	40	@	96	60	`	128	80	Ç	160	A0	á	192	C0	└	224	E0	α
33	21	!	65	41	A	97	61	a	129	81	ü	161	A1	í	193	C1	┴	225	E1	ß
34	22	"	66	42	B	98	62	b	130	82	é	162	A2	ó	194	C2	┬	226	E2	Γ
35	23	#	67	43	C	99	63	c	131	83	â	163	A3	ú	195	C3	├	227	E3	π
36	24	$	68	44	D	100	64	d	132	84	ä	164	A4	ñ	196	C4	─	228	E4	Σ
37	25	%	69	45	E	101	65	e	133	85	à	165	A5	Ñ	197	C5	┼	229	E5	σ
38	26	&	70	46	F	102	66	f	134	86	å	166	A6	ª	198	C6	╞	230	E6	µ
39	27	'	71	47	G	103	67	g	135	87	ç	167	A7	º	199	C7	╟	231	E7	τ
40	28	(	72	48	H	104	68	h	136	88	ê	168	A8	¿	200	C8	╚	232	E8	Φ
41	29	)	73	49	I	105	69	i	137	89	ë	169	A9	⌐	201	C9	╔	233	E9	Θ
42	2A	*	74	4A	J	106	6A	j	138	8A	è	170	AA	¬	202	CA	╩	234	EA	Ω
43	2B	+	75	4B	K	107	6B	k	139	8B	ï	171	AB	½	203	CB	╦	235	EB	δ
44	2C	,	76	4C	L	108	6C	l	140	8C	î	172	AC	¼	204	CC	╠	236	EC	∞
45	2D	-	77	4D	M	109	6D	m	141	8D	ì	173	AD	¡	205	CD	═	237	ED	φ
46	2E	.	78	4E	N	110	6E	n	142	8E	Ä	174	AE	«	206	CE	╬	238	EE	ε
47	2F	/	79	4F	O	111	6F	o	143	8F	Å	175	AF	»	207	CF	╧	239	EF	∩
48	30	0	80	50	P	112	70	p	144	90	É	176	B0	░	208	D0	╨	240	F0	≡
49	31	1	81	51	Q	113	71	q	145	91	æ	177	B1	▒	209	D1	╤	241	F1	±
50	32	2	82	52	R	114	72	r	146	92	Æ	178	B2	▓	210	D2	╥	242	F2	≥
51	33	3	83	53	S	115	73	s	147	93	ô	179	B3	│	211	D3	╙	243	F3	≤
52	34	4	84	54	T	116	74	t	148	94	ö	180	B4	┤	212	D4	╘	244	F4	⌠
53	35	5	85	55	U	117	75	u	149	95	ò	181	B5	╡	213	D5	╒	245	F5	⌡
54	36	6	86	56	V	118	76	v	150	96	û	182	B6	╢	214	D6	╓	246	F6	÷
55	37	7	87	57	W	119	77	w	151	97	ù	183	B7	╖	215	D7	╫	247	F7	≈
56	38	8	88	58	X	120	78	x	152	98	ÿ	184	B8	╕	216	D8	╪	248	F8	°
57	39	9	89	59	Y	121	79	y	153	99	Ö	185	B9	╣	217	D9	┘	249	F9	∙
58	3A	:	90	5A	Z	122	7A	z	154	9A	Ü	186	BA	║	218	DA	┌	250	FA	·
59	3B	;	91	5B	[	123	7B	{	155	9B	¢	187	BB	╗	219	DB	█	251	FB	√
60	3C	<	92	5C	\	124	7C	¦	156	9C	£	188	BC	╝	220	DC	▄	252	FC	ⁿ
61	3D	=	93	5D	]	125	7D	}	157	9D	¥	189	BD	╜	221	DD	▌	253	FD	²
62	3E	>	94	5E	^	126	7E	~	158	9E	₧	190	BE	╛	222	DE	▐	254	FE	■
63	3F	?	95	5F	_	127	7F	⌂	159	9F	ƒ	191	BF	┐	223	DF	▀	255	FF	

Les caractères disponibles sur PC

En mode texte, le DOS Shell se sert naturellement des caractères à sa disposition (la représentation est beaucoup plus simple qu'en mode graphique) :

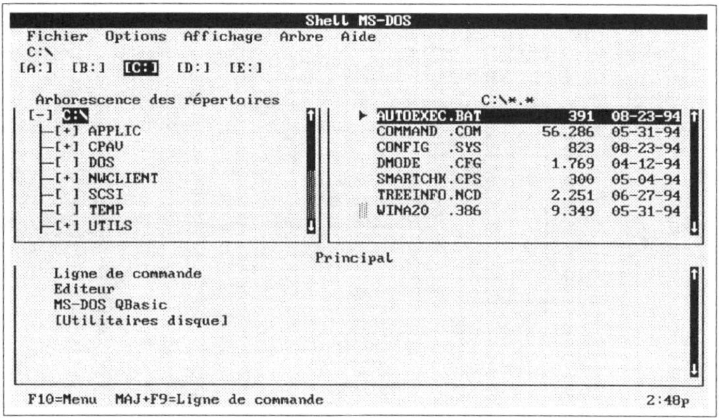

Le DOS Shell en mode texte

A l'inverse, en mode graphique les lettres et les chiffres se composent de points. Le DOS Shell dispose ainsi de possibilités d'affichage extrêmement souples.

En mode texte un lecteur de disquettes est symbolisé par une lettre placée entre crochets. En mode graphique vous pouvez apercevoir la fente du lecteur. Par ailleurs, vous pouvez clairement différencier un disque dur d'un lecteur de disquettes en mode graphique.

Ces remarques s'appliquent également à l'affichage des fichiers dans la liste des fichiers. En mode graphique, ces derniers sont caractérisés par différents symboles (placés devant le nom) qui précisent s'il s'agit de données ou de fichiers directement exécutables (programmes).

L'affichage en mode graphique dépend essentiellement de votre ordinateur. Nous étudierons un peu plus tard ce mode, car il s'avère beaucoup plus précis et détaillé. Lorsque vous activez le mode graphique du DOS Shell, l'affichage est quelque peu différent :

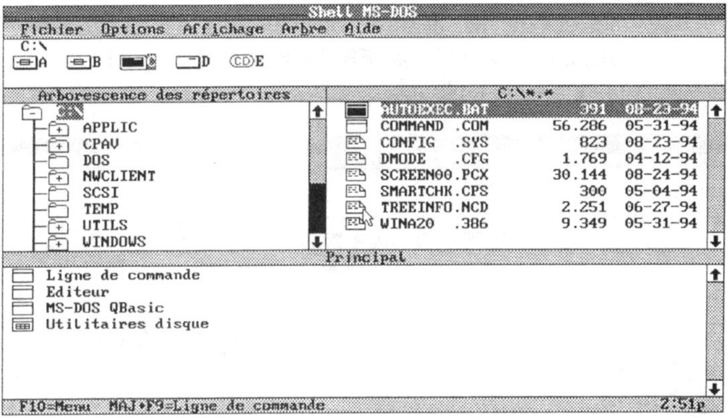

Le DOS Shell en mode graphique

Comment activer le mode texte/graphique

Les deux illustrations précédentes devraient vous permettre de déterminer sans problèmes le mode d'affichage actif sur votre ordinateur.

Si vous souhaitez modifier le paramétrage, procédez de la manière suivante :

- Appuyez sur la touche **ALT**. La barre de sélection est placée sur **Fichier** dans la ligne de menus.
- Positionnez le sélecteur sur **Options** à l'aide de →.
- Déroulez le menu correspondant avec ↓, puis placez la sélection sur **Ecran**. Appuyez sur **ENTREE** pour activer la commande.

- Une fenêtre, dans laquelle sont proposés différents affichages, apparaît. Les options dépendent de votre ordinateur. Le mode actif est sélectionné.
- A l'aide des touches de direction choisissez le mode graphique 25 lignes, puis validez par **ENTREE**. Le DOS Shell est maintenant en mode graphique.

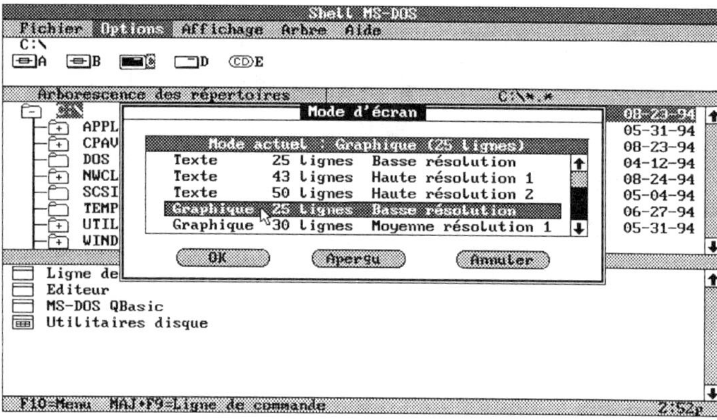

Modes d'affichage proposés

Si vous travaillez sur un PC qui est également utilisé par d'autres personnes, l'affichage peut être différent de celui présenté ici. D'autres lignes peuvent être visibles dans la partie inférieure de l'écran. Cette dernière peut être subdivisée en une liste de programmes et une liste d'applications "actives".

Nous en sommes arrivés à ce stade

Vous connaissez les différentes zones d'affichage du DOS Shell ainsi que les deux éléments fondamentaux de cette interface (le gestionnaire de fichiers et le gestionnaire de programmes). Vous savez en outre ce qu'est un *menu* et vous avez saisi une première commande.

Les sections suivantes vous présenteront l'ordinateur ainsi que la manière d'accéder aux informations. Lorsque vous voulez interrompre le travail et éteindre le PC, appelez la commande **Quitter** du menu **Fichier**. A cet effet, activez la barre des menus en appuyant sur **ALT** et déroulez le menu avec **ENTREE**. Placez la sélection sur la dernière option **Quitter** avec ↓, puis validez par **ENTREE**. L'écran du DOS Shell disparaît au profit de l'interpréteur de commande. Ce dernier est reconnaissable à l'invite système, tel que C:\ ou C:\>. Vous pouvez maintenant éteindre le PC.

2.4. Nous sommes dans le bâtiment principal : le disque dur C

Ce premier tour d'horizon étant terminé, nous voulons maintenant étudier en détail la structure de notre (hypothétique) usine.

Les différents secteurs de la société PersComp

Lors de la mise en service du hangar de stockage de notre entreprise, les maîtres mots furent dès le début "organisation" et "vue d'ensemble". Il était évident que dans un tel hall les informations ne pouvaient pas être trouvées rapidement. Par conséquent, le hangar de stockage fut tout d'abord divisé en différentes zones. Il fut en outre prévu que chaque zone soit subdivisée en secteurs au gré des données et des nécessités.

Afin d'obtenir un aperçu général sur la division active de l'entreprise, un plan d'ensemble plus détaillé fut installé dans le hall d'entrée. En examinant ce plan (ou poteau indicateur), vous pouvez à tout moment déterminer la position d'une zone.

Le plan d'ensemble du PC : l'arbre des répertoires

Le DOS Shell dispose d'un tel plan d'ensemble. Celui-ci est visible dans la moitié gauche de l'écran (il est placé sous le titre "Arborescence des répertoires"). Pour mémoire : vous devez faire une distinction entre la division en différents répertoires (hangars de stockage) et sa représentation graphique (l'arbre des répertoires). Vous pouvez ainsi modifier l'affichage de ce plan (obtenir plus de détails) sans que cela n'influe sur la division effective du hall. A l'inverse, vous pouvez modifier l'agencement des différentes zones du hangar de stockage et oublier d'actualiser le plan d'ensemble. Ces deux opérations peuvent être effectuées dans le DOS Shell (nous en reparlerons ultérieurement).

Le plan d'ensemble représente donc une source de renseignements sur le contenu général du disque dur. Toutefois ce n'est pas suffisant. Vous devez en effet examiner minutieusement les pièces individuelles. Dans notre exemple de la société PersComp les caisses de marchandises y sont stockées (en informatique ces "groupes d'informations" sont appelés des *fichiers*).

2.5. Le contenu des pièces individuelles : les fichiers

Les débutants sont souvent désespérés parce qu'à l'exception du formatage des supports de données, de la création de répertoires, de la copie ou de la suppression de fichiers, ils ne peuvent pas véritablement "créer" quelque chose. Ce n'est plus totalement vrai avec la version 6, car celle-ci dispose de certaines ressources permettant la création d'un fichier. En fait le problème est tout autre : MS-DOS a pour tâche principale de stocker des fichiers sur disquettes, de les ranger dans différents répertoires, de les copier, de les renommer et même de les effacer.

Mais qui élabore les fichiers qui sont enregistrés sur le disque dur ou sur les disquettes ? La réponse est la suivante : cela dépend des programmes qui sont utilisés sur le PC. Par exemple, lorsque des lettres sont créées à l'aide d'un traitement de texte, les produits finis sont sauvegardés sous forme de fichiers.

Par conséquent vous ne pouvez pas dire en règle générale quels sont les fichiers présents sur un PC, cela dépend des tâches de l'ordinateur. Toutefois, il existe certains fichiers qui sont indispensables au bon fonctionnement de l'ordinateur.

Quels sont les fichiers stockés dans le répertoire racine du disque dur ?

Arrêtons-nous en premier lieu dans le hall d'entrée (le répertoire racine). Normalement ce répertoire principal devrait être actif. Vous pouvez aisément le vérifier en examinant la ligne d'information située en-dessous de la barre de menus (Fichier, Options, etc). Si **C:** est visible, nous nous trouvons dans le hall d'entrée de l'usine.

Par contre, si vous apercevez par exemple **C:\DOS**, vous vous trouvez au coeur du hangar de stockage. Pour retourner dans le hall d'entrée, l'arbre des répertoires doit être activé et le sélecteur placé sur **C:**.

Appuyez sur **TAB** jusqu'à ce que la première ligne de l'arborescence des répertoires soit sélectionnée. Positionnez ensuite le sélecteur sur le premier enregistrement (le répertoire racine) avec I.

A quoi reconnaît-on des fichiers ?

De nombreux débutants éprouvent de grandes difficultés pour distinguer fichiers et répertoires. Dans notre exemple de la société Pers-Comp, la distinction est très facile : les répertoires sont représentés par les pièces individuelles du hangar de stockage, les fichiers par les caisses. Dans une certaine mesure cette comparaison est également valable pour MS-DOS. Et à la vérité, c'est encore plus simple dans le DOS Shell : l'arbre des répertoires, comme son nom l'indique, affiche les répertoires (les fichiers étant quant à eux édités dans la partie droite de l'écran).

Lorsque le répertoire racine est sélectionné dans l'arbre des répertoires, vous devriez au moins apercevoir un fichier (présent sur chaque PC) dans la liste des fichiers à droite : le fichier AUTOEXEC.BAT.

Nom et extension de fichier

Examinons le nom du fichier : vous pouvez constater la présence d'un point dans cette définition. Comme nous l'avons déjà souligné plusieurs fois, le nom proprement dit est placé à gauche du point (il se compose de huit caractères au maximum). Certains noms de fichiers étant plus courts, le DOS Shell insère des espaces de manière à ce que les points soient toujours alignés les uns en-dessous des autres.

Vient ensuite l'extension qui se compose de trois caractères. Elle est fréquemment utilisée pour caractériser un fichier. Nous avions alors parlé d'un "nom de famille". Vous apercevez ici des extensions telles que COM, BAT ou SYS. Par la suite vous pourriez par exemple attribuer l'extension DOC à vos textes.

Le nom d'un fichier se compose donc de huit premiers caractères, d'un point de séparation et d'une extension (trois signes au maximum) définissant le type du fichier. Vous pouvez d'ailleurs vous contenter d'un nom de fichier de huit caractères. Voici des exemples (fictifs) de noms de fichiers :

LETTASSU.DOC	Une lettre destinée à votre assurance
LETTASSU.BAK	Le fichier de secours créé par le traitement de texte
LETTASS1.DOC	Une version particulière pour l'impression
LETTASS1.BAK	Le fichier de secours créé par le traitement de texte

Prenons quelques exemples de fichiers DOS :

DOSSHELL.VID	Fichier spécial d'affichage sur l'écran (VIDéo)
DOSSHELL.COM	Fichier de commande partie 1
DOSSHELL.EXE	Fichier exécutable partie 2
DOSSHELL.GRB	Configuration de l'écran
DOSSHELL.HLP	HELP - fichier contenant les textes d'aide
DOSSHELL.INI	Initialisation - le DOSSHELL enregistre les données particulières de votre ordinateur

D'autres informations concernant les fichiers

La taille du fichier est précisée dans la colonne suivante. Les nombres sont exprimés en *octets*. Un octet représente une lettre (dans le cas de textes). Dans notre exemple le fichier AUTOEXEC.BAT contient donc 402 caractères. Cette valeur peut être différente sur votre PC.

La dernière information contenue dans la ligne est particulièrement intéressante : il s'agit de la date de la dernière sauvegarde du fichier (dans notre exemple 04.02.93). Dans peu de temps, vous apercevrez dans la liste des fichiers la date de création de vos propres fichiers.

Remarque

Normalement, l'heure est également sauvegardée en même temps que la date de création du fichier. Or elle n'est pas affichée dans le DOS Shell. Vous pourrez l'examiner ultérieurement grâce à une commande particulière.

Le contenu du fichier AUTOEXEC.BAT

Après avoir examiné en détail les informations concernant le fichier AUTOEXEC.BAT, nous voulons à présent afficher son contenu. A cet effet, vous devez activer la liste des fichiers (**C:*.*** devrait être visible dans la barre de titre de la liste).

Si vous avez suivi nos directives, le répertoire racine (le hall d'entrée) doit être actif. Appuyez sur **TAB** pour sélectionner la liste des fichiers. Le sélecteur doit être positionné sur la ligne AUTO-EXEC.BAT. Si ce n'est pas le cas, déplacez-le à l'aide des touches I et ↓. Pour afficher le contenu du fichier sur l'écran, vous devez sélectionner un menu. Pour cela activez en premier lieu la barre des menus avec **ALT**. Le premier point de menu est sélectionné. Vous devez appuyer sur **ENTREE** pour ouvrir le menu **Fichier**. Placez ensuite le sélecteur sur la sixième option **Afficher le contenu**. Validez par **ENTREE**.

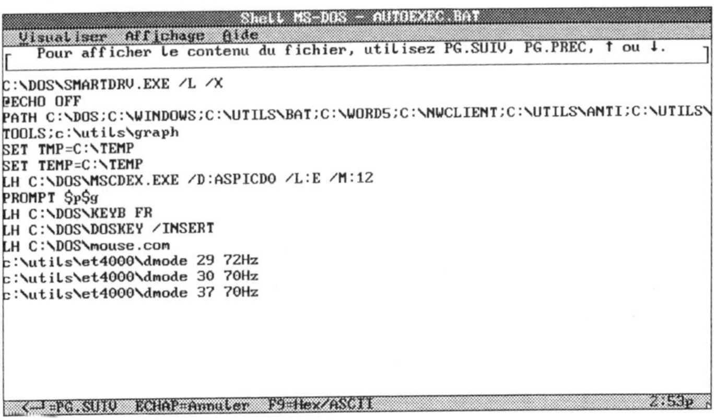

Le contenu de AUTOEXEC.BAT

Un nouvel écran intitulé "MS-DOS Shell - AUTOEXEC.BAT" apparaît. Vous pouvez apercevoir en-dessous une ligne de menu avec de nouvelles options (Visualiser, Affichage, et Aide). Elle concerne donc le nouvel affichage (du contenu du fichier).

Sous la ligne de menu sont indiquées les touches autorisées. Lorsque le fichier contient plus d'informations qu'il ne peut en être affiché sur l'écran, vous pouvez utiliser ces touches pour modifier l'affichage. ↑ / ↓ vous permet de passer à la ligne suivante/précédente, **PgPréc / PgSuiv** à la page d'écran précédente/suivante.

Pour l'instant, il importe que le fichier AUTOEXEC.BAT ait un nom, une taille, une date de création et surtout un contenu. Dans le cas présent ce dernier n'est pas une lettre, ni une liste d'adresses ou un tableau numérique : il est question ici de tâches que le PC doit effectuer après la mise sous tension.

Résumé

Retenons :

De la même manière qu'une caisse est caractérisée par une étiquette sur laquelle sont inscrites une indication de poids et une date de fabrication, un fichier possède un nom, une taille, une date et une heure de création (ou de modification). L'extension d'un fichier donne le plus souvent des informations sur son *type*. Les trois caractères BAT de AUTOEXEC.BAT proviennent du mot anglais BATCH (=lot de marchandises). Ils indiquent que ce fichier contient des instructions (ligne par ligne) pour le PC.

Cependant ces informations ne concernent que l'aspect "extérieur" d'un fichier. Le contenu est également important. Vous pourriez par exemple rédiger une lettre pour Monsieur Dupont à l'aide d'un traitement de texte et l'appeler par mégarde DURAND.DOC. Le contenu n'en serait toutefois pas modifié pour autant.

Par ailleurs le contenu de certains fichiers est totalement illisible. Si vous ne nous croyez pas, procédez à titre d'exemple à un essai avec le fichier COMMAND.COM. Vous constaterez rapidement qu'il se compose pour l'essentiel de "caractères confus et étranges". Les informations sont en outre divisées en deux catégories : à gauche des chiffres, à droite des caractères et/ou du texte. Cette remarque concerne tous les fichiers caractérisés par une extension EXE ou COM.

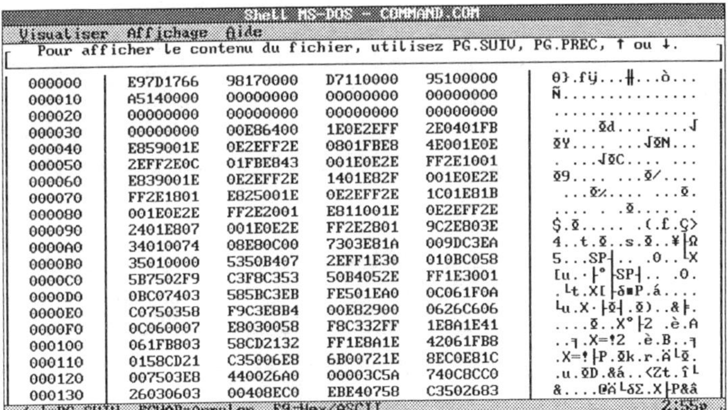

De nombreux fichiers ne sont pas lisibles

Les fichiers sont "presque" uniques

Concluons nos propos par une dernière remarque :

Un fichier doit être unique pour MS-DOS. Cela signifie que le système d'exploitation distingue les fichiers en fonction de leurs noms et de leurs extensions. Dans un répertoire (par conséquent une pièce de l'entreprise), un fichier ne doit exister qu'en un seul exemplaire. Vous comprendrez plus facilement si vous comparez (exceptionnellement) le PC à une localité avec des rues et des numéros d'habitation. Le facteur différencie les numéros d'habitation 12, 16 et 16 bis. De la même manière, MS-DOS distingue les fichiers AUTOEXEC.BAT, CONFIG.SYS ET CONFIG.BAK.

Dans une même, rue il ne peut y avoir deux numéros 12 (mais ce numéro apparaît sans doute dans de nombreuses autres rues de la ville). C'est exactement le même principe pour MS-DOS : il ne peut exister un second fichier AUTOEXEC.BAT que dans un autre répertoire.

Que peut-il se produire si l'on essaie de créer un second fichier caractérisé par un nom déjà réservé ? La réponse est simple : MS-DOS remplace l'ancien fichier par le nouveau. Le contenu du premier fichier est donc irrémédiablement perdu.

Résumé

Nous souhaitons récapituler les particularités les plus importantes :

- Le contenu d'un fichier ne peut être déterminé dans de nombreux cas qu'à l'aide de votre PC ; vous seul connaissez le contenu du disque dur (chacun configure son ordinateur en fonction de ses besoins).

- Vous devez manipuler le fichier AUTOEXEC.BAT avec prudence. Cependant un simple examen de son contenu ne peut pas provoquer de catastrophes.
- Vous devez sélectionner un fichier pour en examiner le contenu. Activez ensuite la barre de menus avec **ALT**, puis choisissez l'option **Afficher le contenu** du menu **Fichier**.
- Vous pouvez visualiser le contenu de nombreux fichiers. Toutefois cela n'a aucun intérêt lorsque vous ne pouvez pas comprendre ou lire les informations proposées. Nous utilisons le fichier AUTOEXEC.BAT en connaissance de cause, ses données étant compréhensibles.
- Les fichiers doivent être uniques. Vous ne pouvez donc pas utiliser deux fois un même nom de fichier dans un répertoire. A ce propos MS-DOS tient compte du nom de fichier et de l'extension.

2.6. Modification du plan d'ensemble : répertoires et sous-répertoires

Nous vous avons déjà signalé que le plan d'ensemble, tel qu'il est représenté actuellement, est modifiable. Vous pouvez ainsi obtenir des informations plus détaillées. Toutefois un nombre trop important de détails peut nuire à la lisibilité du plan d'ensemble.

En temps normal l'arborescence des répertoires n'affiche que les répertoires de premier niveau. Comme ces derniers font directement partie du répertoire principal, ils sont également appelés sous-répertoires du répertoire racine. En reprenant l'exemple du hangar de stockage et du hall d'entrée, vous n'apercevez par conséquent que les portes qui conduisent à l'intérieur du bâtiment. Vous n'avez donc aucune idée de la pièce (ou du couloir) qui pourrait se tenir derrière une telle porte.

C'est la raison pour laquelle le DOS Shell assigne une marque de reconnaissance aux portes qui mènent à d'autres "couloirs", à d'autres sous-répertoires (en langage PC). Elles sont caractérisées dans l'arbre des répertoires par un signe "+".

Examinons l'arbre des répertoires. Le répertoire COURRIER est caractérisé par un "+", il contient donc d'autres sous-répertoires.

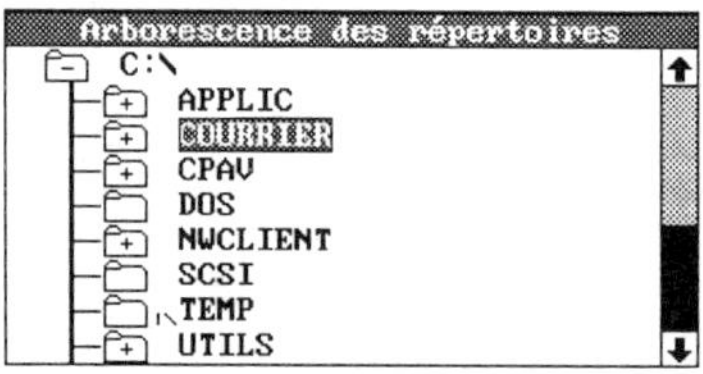

Structure arborescente

De la même manière que vous pouvez ouvrir chacune de ces portes dans l'antichambre du hangar de stockage, vous pouvez également activer les répertoires dotés d'un signe "+". A cet effet, dans l'arbre des répertoires, placez le sélecteur sur le répertoire souhaité à l'aide des touches de direction. Appuyez ensuite sur **+**. Vous pouvez également activer le menu **Arbre** et appeler la commande **Développer un niveau**. Mais c'est plus rapide en pressant la touche **+**.

L'activation du menu **Arbre** n'a d'intérêt que lorsqu'un signe "+" est visible.

L'affichage se modifie, les sous-répertoires sont représentés sur l'écran. L'arborescence des répertoires pourrait donc avoir l'aspect suivant :

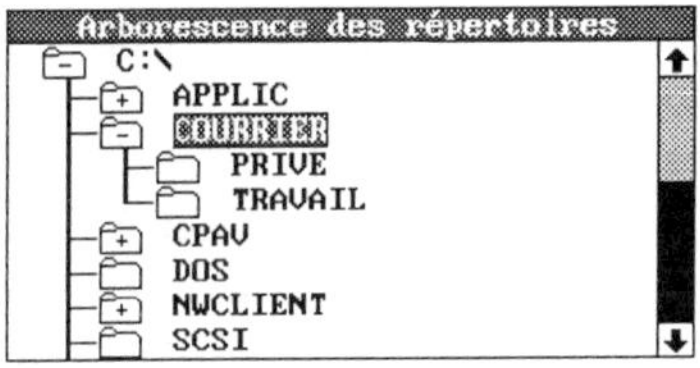

Un répertoire ouvert

Le DOS Shell indique par conséquent que le répertoire COURRIER contient deux autres sous-répertoires : PRIVE et TRAVAIL. Les deux nouvelles lignes placées en-dessous du répertoire supérieur sont indentées.

Souris

Pour afficher les sous-répertoires à l'aide de la souris, placez le pointeur sur le signe "+" et appuyez sur le bouton gauche de la souris. Par conséquent cliquez une fois sur "+".

Les deux répertoires nouvellement affichés ne contiennent manifestement aucun autre sous-répertoire car vous n'apercevez pas de signe "+". PRIVE et TRAVAIL ne sont donc pas des couloirs mais des pièces.

Vous avez peut-être remarqué que le signe "+" de LETTRES a été remplacé par un signe "-". Le DOS Shell signale ainsi que les sous-répertoires visibles peuvent être *fermés* par une pression sur la touche -. Vous devriez procéder à un essai en plaçant le sélecteur sur la ligne COURRIER à l'aide des flèches de direction et en appuyant sur la touche -. L'arborescence des répertoires reprend ainsi son aspect initial.

Souris

Vous pouvez naturellement effectuer cette opération avec la souris en cliquant sur le signe "-".

Le DOS Shell vous permet donc de ne visualiser que les éléments indispensables de l'arbre des répertoires. Imaginez que le DOS Shell affiche tous les fichiers dans une liste extrêmement longue. Vous seriez contraint de rechercher plusieurs lettres (concernant un sujet déterminé) dans cette liste composée par exemple de 1000 éléments. Quelle perte de temps ! Au lieu de cela, enregistrez vos lettres dans le sous-répertoire PRIVE du répertoire COURRIER. Activez ensuite la "branche" COURRIER de l'arbre des répertoires, puis placez le sélecteur sur PRIVE. Toutes vos lettres sont aussitôt visibles dans la liste des fichiers à droite. Si cette division ne s'avère plus suffisante au bout d'un certain temps, créez par exemple une sous-zone particulière sur le disque dur (ASSURAN pour votre assurance, IMPOTS, etc). Vous pourrez ultérieurement subdiviser IMPOTS en fonction des années (IMPOTS90, IMPOTS91, etc).

Résumons-nous brièvement :

- Normalement, le DOS Shell n'affiche dans l'arborescence des répertoires (le plan d'ensemble de notre entreprise) que les sous-répertoires présents. Lorsque ces derniers contiennent encore d'autres répertoires, ils sont précédés d'un signe "+".
- Vous pouvez sélectionner (et donc visualiser) de tels *sous-sous-répertoires* en plaçant le sélecteur sur le répertoire adéquat et en

appuyant sur la touche **+**. Le DOS Shell affiche ensuite les nouveaux répertoires (dans des lignes indentées).

- Si vous placez la sélection sur un sous-répertoire ainsi représenté, les fichiers présents dans ce répertoire sont affichés dans la liste des fichiers.
- Pour revenir à l'affichage initial de l'arbre des répertoires, sélectionnez le signe "-" et appuyez sur **-**.
- La division du disque dur en répertoires et sous-répertoires vous permet de séparer les différentes données les unes des autres.

2.7. Comment se rendre dans un autre bâtiment : le changement de lecteur

Jusqu'à présent, nous nous sommes exclusivement préoccupés du disque dur C: (le hangar de stockage de la société PersComp). Or l'emploi de cette seule option de sauvegarde n'est pas suffisant. C'est la raison pour laquelle notre entreprise dispose en outre de camions sur lesquels d'autres données peuvent être stockées. Ces camions représentent les disquettes. Le transfert des informations du disque dur sur les disquettes (et vice-versa) est effectué par l'intermédiaire du lecteur de disquettes.

Naturellement le plan d'ensemble situé dans l'entrée ne concerne que les zones du grand hall de stockage. Pour pouvoir maintenant afficher le contenu d'un camion, vous devez "changer" le plan d'ensemble (ce qui ne pose aucun problème au siècle de l'électronique et des ordinateurs). Vous devez utiliser la ligne des lecteurs qui est placée au-dessus de l'arborescence des répertoires.

Supports de données interchangeables

Avant de changer de lecteur, nous avons besoin d'une disquette *préparée*. Contrairement au disque dur qui est en règle générale toujours disponible, un lecteur de disquettes ne représente qu'une plate-forme de chargement, ce n'est donc pas un camion. En outre, le DOS ne peut utiliser que des disquettes qui ont été préparées pour l'enregistrement de données. Si vous disposez d'une telle disquette (formatée), vous pouvez maintenant l'insérer dans le lecteur A:.

Si votre PC est équipé de deux lecteurs, A: désigne le plus souvent le lecteur supérieur ou celui qui est situé à gauche. Si vous n'êtes pas sûr de vous, vous pouvez également observer les témoins des lecteurs lors de la mise en route de l'ordinateur. Le témoin du lecteur A: s'allume toujours en premier.

Pour activer le lecteur A:, vous devez vous placer sur la ligne des lecteurs en appuyant (plusieurs fois si besoin est) sur **TAB**. Initialement, le sélecteur est positionné sur le lecteur C:. Placez maintenant la sélection sur l'icône du lecteur A: à l'aide de la touche I et validez avec la barre d'espacement. Le témoin du lecteur s'allume et, après quelques secondes, MS-DOS affiche le contenu de la disquette insérée dans le lecteur A: ou l'un des messages d'erreur suivants :

1. Message d'erreur : lecteur non prêt

Message d'erreur

Ce message indique que MS-DOS n'a reçu aucune information provenant du lecteur A:. Ce lecteur n'est pas prêt pour le traitement des données. En règle générale cela signifie que vous n'avez pas introduit de disquette dans le lecteur ou que la porte de ce dernier n'a pas été correctement verrouillée.

La disquette a peut-être été mal insérée dans le lecteur. Dans le cas d'une disquette 5,25" l'encoche de "protection contre l'écriture" est placée sur le côté gauche. S'il s'agit d'une disquette 3,5", une flèche vous indiquant le sens d'insertion est visible à gauche sur la face supérieure de la disquette.

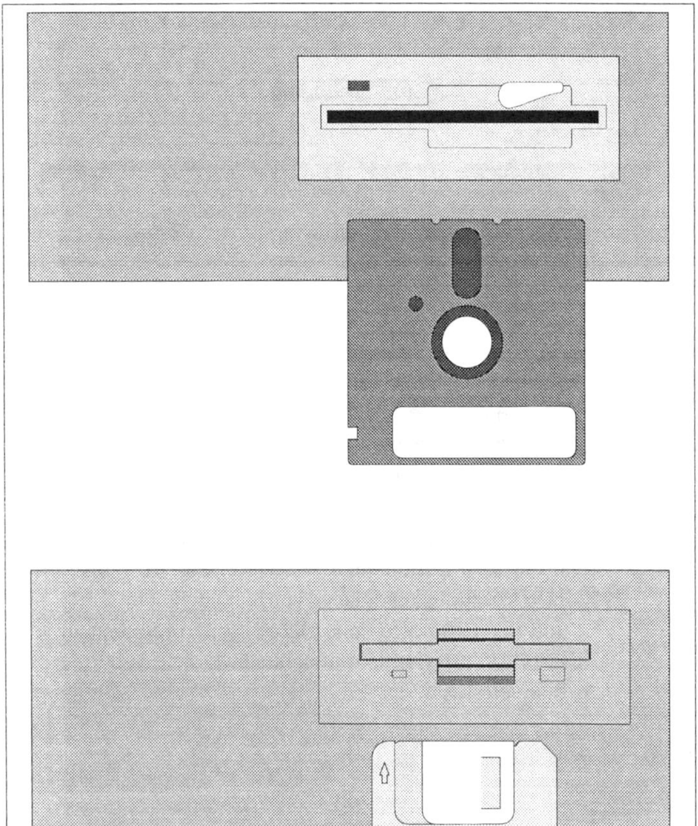

L'utilisation de disquettes de formats différents

Le schéma présente les deux types de disquettes et leur mode d'insertion dans le lecteur.

Vous pouvez tout d'abord apercevoir une disquette 5,25". Vous devez veiller à ne pas toucher ou endommager l'ouverture ovale d'écriture/lecture. En outre, la disquette ne doit pas pliée ou même courbée. Pour conclure, la porte du lecteur doit être fermée par rotation du loquet.

Une disquette 3,5" plus robuste est visible en-dessous. Vous devez malgré tout veiller à ce que la disquette s'enclenche correctement et à ce que le bouton d'éjection soit sorti.

Dans le premier cas vous devez insérer une disquette et appuyer sur **ENTREE** ou interrompre l'activation du lecteur A: avec **ECHAP**.

Dans le second cas, lorsqu'il s'agit de disquettes souples, vous devez tourner le loquet de manière à ce que la porte du lecteur soit fermée. Si vous disposez d'un lecteur 3,5", vous devez insérer la petite disquette de manière à ce qu'elle s'enclenche et que le bouton d'éjection apparaisse. Activez le lecteur en appuyant sur **ENTREE**.

2. Message d'erreur : erreur générale

Message d'erreur

Lorsque ce message apparaît, cela signifie que la disquette n'est vraisemblablement pas préparée pour l'enregistrement de données. Insérez-en une autre et appuyez sur **ENTREE**, ou interrompez la procédure avec **ECHAP**. Dans le chapitre "4.1 Construction de nouveaux bâtiments : le formatage d'une disquette" vous apprendrez à préparer des disquettes pour l'enregistrement de données.

Le contenu de la disquette dans le lecteur A:

Lorsque l'activation du lecteur A: s'effectue sans aucun problème, l'arbre des répertoires et la liste des fichiers doivent indiquer le contenu de la disquette. L'affichage dépend naturellement de la disquette qui est insérée et des données stockées. Lorsque la disquette est vide (elle est prête pour l'enregistrement de données, mais elle ne contient pour le moment aucun fichier), la zone de travail du DOS Shell devrait se présenter de la façon suivante :

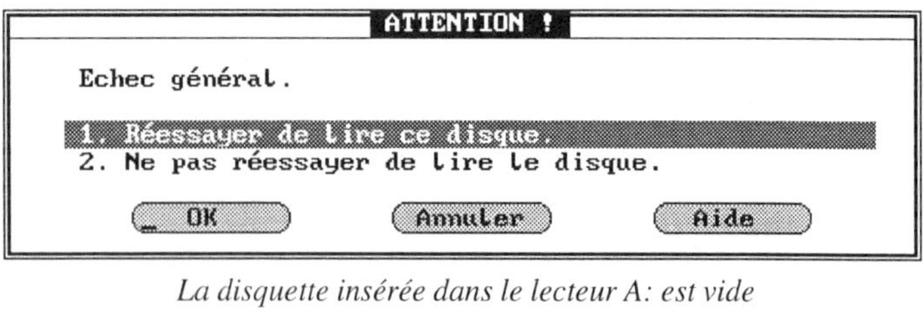

La disquette insérée dans le lecteur A: est vide

La moitié gauche du gestionnaire de fichiers indique que la disquette introduite dans le lecteur A: ne contient qu'un répertoire racine. Il n'y a pas de sous-répertoires (si cela avait été le cas, vous les verriez ou un signe "+" apparaîtrait devant le **A:**). Le répertoire principal du lecteur A: est affiché dans la liste des fichiers. Mais étant donné qu'aucun fichier n'est encore enregistré, vous n'apercevez que le message "Répertoire sélectionné vide".

Prudence lors du changement de disquettes

Vous avez examiné le contenu d'une disquette en suivant nos directives. Vous souhaitez maintenant insérer une nouvelle disquette. Comment inciter le gestionnaire de fichiers du DOS Shell à l'examiner (en effet le gestionnaire continuant à afficher le contenu de l'ancienne disquette) ?

Vous devez savoir que le lecteur A: peut être activé de deux manières dans le DOS Shell. Lorsque A: est sélectionné et la touche **Barre d'espace** pressée, le DOS Shell examine et affiche le contenu de la disquette (introduite dans le lecteur A:). Si vous activez ensuite le disque dur C:, puis une nouvelle fois le lecteur A:, le PC affiche les données mémorisées précédemment sans examiner une nouvelle fois la disquette. Vous pouvez ainsi gagner du temps.

Toutefois, si vous avez entre-temps changé de disquette, vous devez ordonner au DOS Shell d'examiner le contenu de la nouvelle disquette. A cet effet, appuyez sur **ENTREE** lorsque la lettre du lecteur est sélectionnée dans la ligne des lecteurs.

Souris

Vous pouvez également utiliser la souris pour effectuer plus rapidement ces deux opérations. Pour activer un autre lecteur, positionnez le pointeur sur la lettre souhaitée et appuyez sur le bouton gauche de la souris. Le contenu du lecteur est examiné la première fois. Lors de chaque nouvelle activation le contenu "mémorisé" est simplement affiché.

Pour obtenir un examen du contenu après un changement de disquette, vous devez *double cliquer* sur la lettre du lecteur (c'est-à-dire appuyer rapidement deux fois sur le bouton gauche de la souris).

Revenons au disque dur

Comme nous souhaitons travailler sur le disque dur, nous devons naturellement réafficher le contenu du lecteur C:. A cet effet, placez le sélecteur sur C: à l'aide des touches de direction, puis appuyez sur **Barre d'espace** pour obtenir l'affichage du répertoire du disque dur. Vous pouvez par ailleurs presser **ENTREE** à la place de **Barre d'espace**. Vous constaterez alors que le DOS Shell relie le contenu du disque dur, ce qui dans le cas présent s'avère inutile (vous perdrez du temps !).

Souris

Vous pouvez réactiver le disque dur à l'aide de la souris. Cliquez simplement sur C: dans la ligne des lecteurs.

3. Premiers travaux dans l'entreprise

Nous avons jusqu'à présent examiné les différentes options d'affichage du DOS Shell ainsi que le disque dur. Dans ce chapitre, nous souhaitons étudier en détail "l'environnement fichier" et procéder à des modifications du contenu du disque dur.

3.1. Création d'un répertoire de travail

Dans le chapitre précédent, nous avons constaté que les répertoires autorisaient une organisation rationnelle du disque dur. Ce chapitre étant consacré au travail, nous devons créer à cet effet, un répertoire particulier (cette opération constituant en même temps un premier exercice). Dans ce répertoire de travail nous exécuterons ensuite toutes les procédures permettant la modification du contenu du disque dur.

Nous supposons que vous vous trouvez dans le DOS Shell. Votre ordinateur doit également posséder un disque dur. Si ce n'est pas le cas, vous devez créer une disquette d'exercice particulière.

Création du répertoire TRAVAIL

Pour créer un nouveau répertoire nommé TRAVAIL sur le disque dur, vous devez activer l'arborescence des répertoires. Le cas échéant, appuyez plusieurs fois sur **TAB** jusqu'à ce que la barre de titre soit sélectionnée. Le sélecteur doit être ensuite placé sur le répertoire dans lequel vous souhaitez créer le nouveau sous-répertoire. Dans notre exemple le répertoire TRAVAIL doit être élaboré dans le répertoire racine du disque dur C:. De fait le sélecteur doit être positionné sur la ligne **C:**.

Une fois l'emplacement du répertoire déterminé, vous pouvez appeler la commande permettant la création d'une nouvelle zone sur le disque dur. Activez la barre de menus avec **ALT**, puis choisissez le point de menu **Fichier**. Placez ensuite le sélecteur sur **Créer un répertoire**, validez par **ENTREE**. Une nouvelle fenêtre, dans laquelle vous pouvez entrer le nom du répertoire, apparaît :

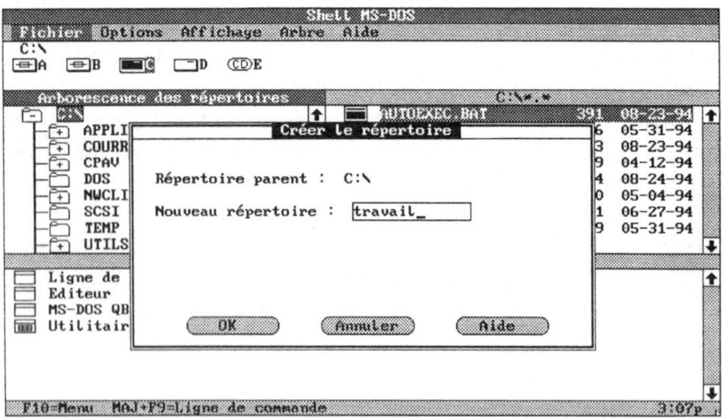

Création d'un répertoire de travail

Après la saisie de TRAVAIL et la validation par **ENTREE**, le nouveau répertoire est inséré dans l'arbre des répertoires. Nous pouvons maintenant créer, modifier ou effacer des données dans cette zone du disque dur sans aucun problème et surtout sans causer de catastrophe.

Si vous souhaitez examiner le contenu du répertoire nouvellement créé, sélectionnez l'arborescence des répertoires et placez le sélecteur sur TRAVAIL. Le message "Répertoire sélectionné vide" apparaît ensuite dans la liste des fichiers.

3.2. La copie de fichiers

Dans cette section nous voulons créer quelques fichiers d'exemple afin de les enregistrer dans notre répertoire TRAVAIL (celui-ci étant vide pour le moment). Toutefois plutôt que de les créer, nous nous contenterons de copier des fichiers déjà présents sur le disque dur. La copie de fichiers s'avère intéressante pour de multiples raisons. Vous pouvez copier des fichiers (provenant du disque dur) sur disquette afin de conserver une copie de sécurité, ou bien pour les transmettre à un ami.

Vous constatez donc qu'il existe de nombreuses raisons pour vous intéresser à la copie de données. Mais pour l'instant, nous souhaitons simplement copier dans notre répertoire des données dont nous aurons besoin pour de futurs exercices.

Copier des fichiers dans le nouveau répertoire

Nous voulons tout d'abord copier dans le répertoire TRAVAIL le fichier AUTOEXEC.BAT (celui-ci est enregistré dans le répertoire racine de votre disque dur). Nous avons choisi ce fichier parce que nous sommes certains qu'il est présent sur votre disque dur. Vous devez en premier lieu examiner le contenu du répertoire principal dans la liste des fichiers. A cet effet, activez l'arbre des répertoires avec **TAB**, puis sélectionnez avec **FLECHE HAUT** ou **ORIGINE** l'enregistrement :

```
[-] C:\
```

Vous venez de choisir le répertoire racine du disque dur. Le fichier souhaité devrait s'y trouver. Pour copier un fichier, vous devez tout d'abord le sélectionner. A cet effet, activez la liste des fichiers avec **TAB**, puis placez le sélecteur sur le fichier qui doit être copié (dans notre exemple AUTOEXEC.BAT). Une flèche apparaît à présent à la gauche du nom de fichier, cela signifie que le fichier est sélectionné.

Remarque : Cette procédure est commune à de nombreuses opérations : lorsque vous souhaitez manipuler un fichier dans le DOS Shell, vous devez toujours le sélectionner.

Pour copier le fichier choisi, activez la barre de menus avec **ALT**. Appuyez ensuite sur **ENTREE** pour ouvrir le menu **Fichier**. Sélectionnez la commande **Copier** à l'aide des touches de direction, appuyez sur **ENTREE**. La boîte de dialogue suivante apparaît.

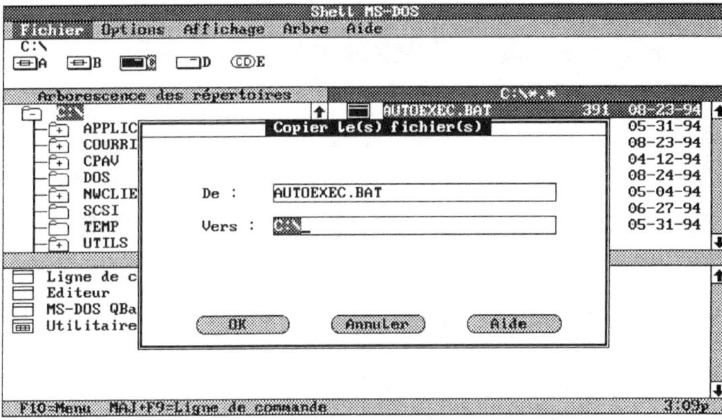

La boîte de dialogue "Copier"

Dans cette boîte de dialogue vous devez préciser le lecteur cible, dans notre exemple le lecteur C: et le répertoire TRAVAIL. La saisie doit donc être la suivante :

```
C:\TRAVAIL
```

Vous obtenez le backslash \ en maintenant la touche **ALT** enfoncée et en appuyant successivement sur les touches **9** et **2** du pavé numérique (situé à droite de votre clavier principal). Lorsque vous relâchez la touche **ALT**, le backslash apparaît. N'oubliez pas d'activer le pavé numérique en pressant, si besoin est, la touche **NumLock**.

Une fois le lecteur cible défini, appuyez sur **ENTREE** pour copier le fichier. Le message disparaît ensuite, et le DOS Shell réapparaît comme si de rien n'était.

Activez maintenant l'arbre des répertoires avec **TAB**, puis sélectionnez le répertoire TRAVAIL à l'aide des touches de direction. Le contenu du répertoire est affiché dans la liste des fichiers, et vous constatez que le fichier AUTOEXEC.BAT y est enregistré.

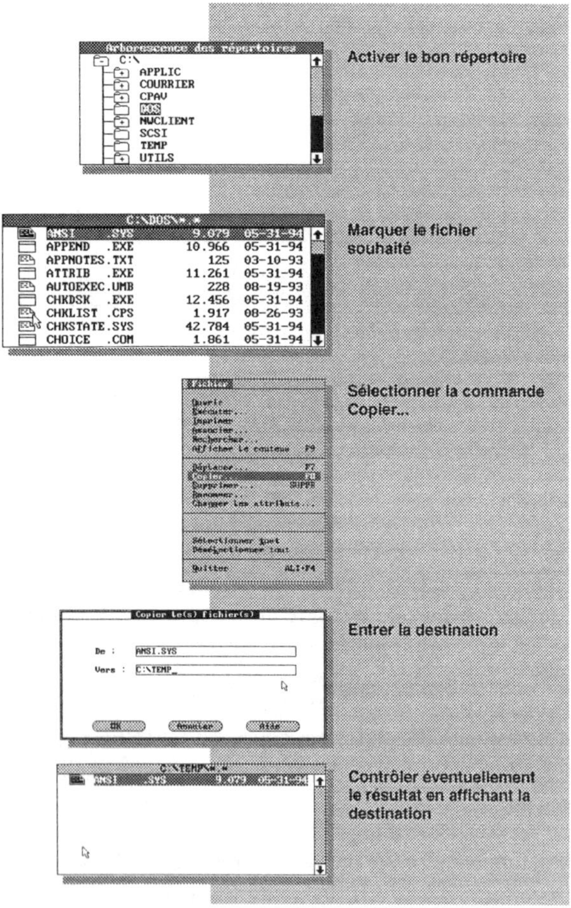

Un exemple de copie de fichier avec le DOS Shell

Le schéma décrit la procédure permettant la copie d'un fichier dans le DOS Shell.

Vous devez tout d'abord activer le répertoire source. Le fichier souhaité est ensuite sélectionné. L'appel de la commande **Copier** du menu **Fichier** entraîne l'ouverture d'une boîte de dialogue dans laquelle vous devez préciser le répertoire cible. Vous pouvez examiner le résultat final en activant le répertoire d'arrivée et en y recherchant le fichier copié.

Si vous ne vous souvenez plus du nom exact du répertoire cible, activez-le et mémorisez le nom qui est affiché sous la barre de menus.

Vous venez donc de copier dans un autre répertoire un fichier qui se trouvait dans le répertoire racine du disque dur. Lors de la copie le fichier ne disparaît pas du répertoire source. Vous pouvez aisément le vérifier en vous positionnant sur l'arbre des répertoires avec **TAB**, en sélectionnant le répertoire principal C:\ et en examinant la liste des fichiers. Le fichier AUTOEXEC.BAT est en effet enregistré dans le répertoire racine.

Nous souhaitons maintenant vous présenter d'autres possibilités offertes par le DOS Shell en nous appuyant sur le fichier AUTO-EXEC.BAT enregistré dans le répertoire TRAVAIL.

Copier plusieurs fichiers

Nous voulons copier dans notre répertoire TRAVAIL deux autres fichiers, à savoir CONFIG.SYS et COMMAND.COM (présents dans le répertoire racine), en effectuant une seule opération.

A cet effet, vous devez en premier lieu sélectionner les fichiers. Lorsqu'il est question de plusieurs fichiers dans un même répertoire, vous devez activer le mode extension avec **MAJ + F8**. Par conséquent appuyez simultanément sur ces deux touches. L'indicateur EXT apparaît sur le bord inférieur du DOS Shell, à droite de l'heure.

Une fois l'arbre des répertoires activé avec **TAB** et le sélecteur placé sur le répertoire C:\ à l'aide des touches de direction, vous pouvez sélectionner les fichiers souhaités dans la liste des fichiers. A cet effet, placez la barre de sélection sur CONFIG.SYS et appuyez sur **Barre d'espace**. Une flèche apparaît devant le nom du fichier sélectionné. Positionnez ensuite le sélecteur sur COMMAND.COM et appuyez une nouvelle fois sur **Barre d'espace**.

Pour sélectionner des fichiers à l'aide d'une souris, cliquez sur les fichiers souhaités (dans notre exemple CONFIG.SYS et COMMAND.COM) tout en maintenant la touche **CTRL** enfoncée.

Si vous avez sélectionné un fichier par mégarde, vous pouvez supprimer la sélection en plaçant une nouvelle fois le sélecteur sur ce fichier à l'aide des touches de direction et en appuyant sur **Barre d'espace**.

Les fichiers souhaités étant sélectionnés, nous voulons à présent les copier dans le répertoire TRAVAIL. Pour mémoire : à cet effet, activez la barre de menus avec **ALT** et appuyez sur **ENTREE** pour ouvrir le menu **Fichier**. Sélectionnez la commande **Copier**, validez par **ENTREE**.

Une boîte de dialogue (nous l'avons déjà rencontrée), dans laquelle sont affichés les fichiers sélectionnés, apparaît. Vous devez maintenant préciser le lecteur/répertoire cible : dans notre exemple le répertoire TRAVAIL. La saisie doit donc être la suivante :

```
C:\TRAVAIL
```

Vous obtenez le backslash en appuyant successivement sur les touches **9** et **2** du pavé numérique tout en maintenant la touche **ALT** enfoncée. Lorsque vous relâchez cette dernière, le backslash doit apparaître. N'oubliez pas d'activer la touche **NumLock** !

Appuyez ensuite sur **ENTREE** pour commencer la copie. Une fois l'opération terminée, vous pouvez examiner le nouveau contenu du répertoire en activant l'arborescence des répertoires avec **TAB** et en sélectionnant le répertoire TRAVAIL.

Si vous souhaitez désactiver le mode d'extension, appuyez une nouvelle fois sur **MAJ** + **F8** (cette combinaison agit comme un interrupteur).

3.3. Examinons un fichier

Le fichier AUTOEXEC.BAT étant copié dans le répertoire TRAVAIL, nous pouvons maintenant l'examiner plus précisément.

A cet effet, activez en premier lieu le répertoire TRAVAIL en vous positionnant sur l'arborescence des répertoires avec **TAB** et en sélectionnant le répertoire TRAVAIL à l'aide des touches de direction.

Le fichier AUTOEXEC.BAT, que nous avions auparavant copié dans ce répertoire, est affiché dans la liste des fichiers :

```
AUTOEXEC.BAT  402    04/10/94
```

L'icône fichier

Lorsque vous travaillez en mode graphique, vous pouvez apercevoir des icônes caractérisant les fichiers (elles ne sont pas visibles en mode texte). Le DOS Shell distingue en fait les fichiers en fonction de leur utilité. Il différencie ainsi les fichiers exécutables de ceux qui ne le sont pas. Par conséquent l'icône désignant un fichier créé avec un traitement de texte est différente de celle caractérisant un fichier indispensable au lancement d'un programme (pour reprendre notre exemple d'usine, une étiquette est apposée sur chaque caisse).

Le nom de fichier

Le nom de fichier (y compris l'extension) est affiché à droite de cette icône. L'extension est importante car elle permet à MS-DOS de reconnaître le type du fichier. Vous devez toutefois respecter certaines règles lors de l'attribution d'un nom de fichier.

Celui-ci doit se composer de huit caractères au maximum (mais pas de caractères blancs).

L'extension est toujours séparée du nom de fichier par un point. Elle se compose au maximum de trois caractères. Comme nous l'avons déjà dit, elle revêt un caractère particulier pour MS-DOS. Ce dernier peut ainsi reconnaître un fichier programme en examinant son extension (les applications étant caractérisées par l'extension EXE, COM ou BAT). De fait il ne peut pas le confondre avec un fichier texte.

Mais le contrôle de MS-DOS sur les extensions de fichiers s'arrête là - vous pouvez donc nommer un fichier de texte LETTRE.000 ou LETTRE.DOC.

La taille et la date de création

La taille du fichier est ensuite précisée. Cette information peut être comparée, en reprenant notre exemple, au poids d'une caisse. La connaissance de cette taille est importante lorsque l'on souhaite enregistrer un fichier sur une disquette (peut-on encore charger une caisse sur un camion sans dépasser le poids total autorisé ?).

Vous apercevez finalement la date de sauvegarde du fichier. Celle-ci vous permet par exemple de découvrir le dernier fichier modifié.

Ces informations caractérisent tout fichier se trouvant sur le disque dur ou sur disquette. Elles changent naturellement en fonction des fichiers, car - comme nous l'avons déjà dit - ceux-ci sont toujours uniques.

3.4. Renommer et supprimer des fichiers

Nous souhaitons maintenant effectuer d'autres opérations sur les trois fichiers copiés dans le répertoire TRAVAIL.

Nous voulons en premier lieu supprimer CONFIG.SYS.

La suppression d'un fichier

Vous pouvez utiliser la commande **Supprimer** du menu **Fichier** lorsque vous souhaitez supprimer un fichier enregistré sur le disque dur (celui-ci n'étant plus indispensable).

Remarque

Lors de la suppression d'un fichier, vous devez être très prudent, car un fichier effacé est définitivement perdu (et vous ne pouvez pas le récupérer). Réfléchissez bien avant la destruction d'un fichier !

Vous devez en premier lieu sélectionner le fichier qui doit être supprimé. A cet effet, activez le lecteur/répertoire dans lequel est enregistré le fichier. Positionnez-vous ensuite dans la liste des fichiers avec **TAB**, puis sélectionnez le fichier souhaité.

Dans notre exemple, vous devez donc activer l'arbre des répertoires avec **TAB** et choisir le répertoire TRAVAIL. Placez-vous ensuite dans la liste des fichiers avec **TAB** et sélectionnez le fichier CONFIG.SYS.

Activez à présent la barre de menus avec **ALT**, puis appuyez sur **ENTREE** pour ouvrir le menu **Fichier**. Sélectionnez la commande **Supprimer** à l'aide des touches de direction et pressez la touche **ENTREE**. Vous devez ensuite valider par **ENTREE** une demande de confirmation. Un message vous signale finalement que le fichier a été supprimé.

La demande de confirmation vous permet d'interrompre la procédure de suppression (par une pression sur **ECHAP**) lorsque vous vous apercevez que vous ne voulez pas effacer le fichier.

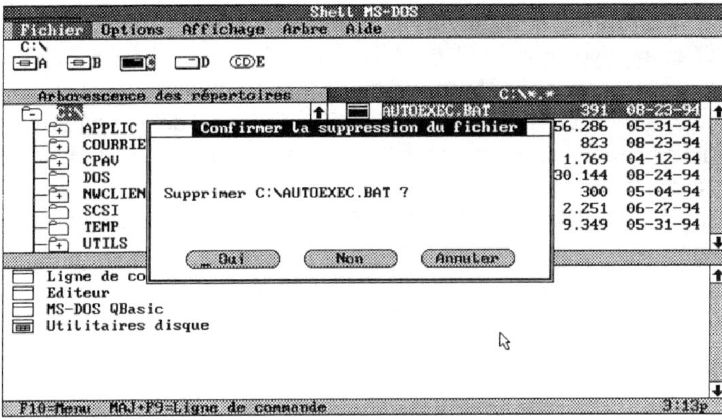

Confirmation avant la suppression d'un fichier

Lors de la destruction de fichiers, il importe que vous activiez le lecteur/répertoire dans lequel est enregistré le fichier qui doit être effacé. Dans la liste des fichiers vous pouvez ensuite sélectionner le fichier souhaité. Avant que ce dernier ne soit supprimé, apparaît une demande de confirmation. Vous pouvez l'accepter en appuyant sur **ENTREE**, ou interrompre la procédure de suppression en pressant la touche **ECHAP**.

Renommer des fichiers

Vous pouvez également attribuer un nouveau nom à un fichier. A cet effet, appelez la commande **Renommer** du menu **Fichier**.

Nous voulons par exemple renommer le fichier COMMAND.COM. A cet effet, activez la liste des fichiers du répertoire TRAVAIL avec **TAB**, puis sélectionnez le fichier COMMAND.COM à l'aide des touches de direction. Placez-vous ensuite dans la barre de menus avec **ALT** et appuyez sur ENTREE pour ouvrir le menu **Fichier**. Sélectionnez la commande **Renommer** à l'aide des touches de déplacement, validez par **ENTREE**. Une boîte de dialogue, dans laquelle est affiché le nom du fichier, apparaît. Vous pouvez maintenant saisir le nouveau nom du fichier dans le champ *Nouveau nom:*. Entrez TEST.COM, appuyez sur **ENTREE**. Le fichier est immédiatement renommé.

3.5. Le contenu d'un fichier

Nous nous sommes jusqu'à présent intéressés aux répertoires ainsi qu'à la copie de fichiers. Nous souhaitons maintenant étudier en détail le contenu des fichiers.

Dans le DOS Shell il existe la commande **Fichier/Afficher le contenu** qui permet la visualisation du contenu des fichiers. Nous avons d'ailleurs déjà testé cette commande sur le fichier AUTOEXEC.BAT.

Toutefois, la plupart des fichiers ne se prêtent pas à un examen d'une telle nature. Effectuons un essai. Vous devez en premier lieu sélectionner le fichier que vous souhaitez examiner. Supposons que vous vouliez jeter un oeil sur le contenu du fichier COMMAND.COM (ce dernier étant enregistré dans le répertoire racine de votre disque dur). A cet effet, vous devez activer le répertoire principal du disque dur, puis sélectionner le fichier COMMAND.COM dans la liste des fichiers à l'aide des touches de direction. Activez ensuite la barre de menus avec **ALT**, choisissez le menu **Fichier** et appuyez sur **ENTREE**. Positionnez-vous sur la commande **Afficher le contenu**.

Après une pression sur **ENTREE** votre écran se modifie considérablement :

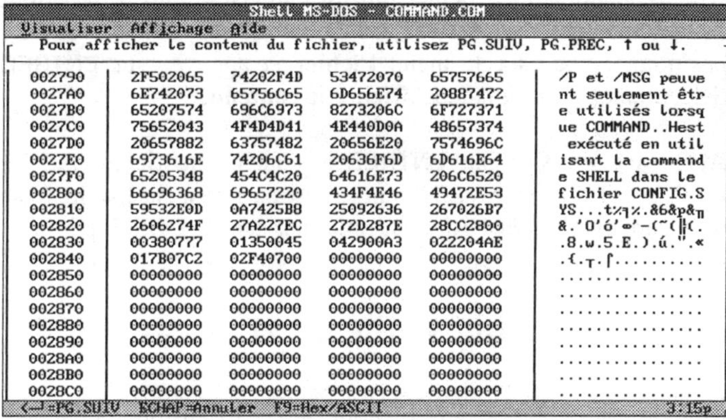

Le contenu du fichier COMMAND.COM

Vous n'êtes guère avancé par l'examen du contenu de ce fichier. Vous apercevez des chiffres et des lettres dans la moitié gauche de l'écran, et si vous avez de la chance, vous pouvez reconnaître quelques mots à droite.

Ceci est dû au fait que la plupart des fichiers sont des fichiers programmes codés ou des fichiers associés à certaines applications. De fait, ils ne peuvent être examinés qu'à l'aide des programmes adéquats.

Pour retourner dans le DOS Shell, vous devez appuyer sur **ECHAP**. Vous pouvez ainsi quitter l'écran de la commande **Afficher le contenu**.

Il existe cependant des fichiers dont vous pouvez très facilement examiner le contenu. Le fichier AUTOEXEC.BAT en est l'exemple type. Sélectionnez ce fichier qui est enregistré dans le répertoire racine du disque dur. Activez ensuite la barre de menus avec **ALT**, positionnez-vous sur le menu **Fichier** et appuyez sur **ENTREE**. Sélectionnez la commande **Afficher le contenu**.

Après une pression sur **ENTREE** le contenu du fichier AUTO-EXEC.BAT s'affiche sur l'écran : il est parfaitement lisible. Vous devez appuyer sur **ECHAP** pour retourner dans le DOS Shell.

3.6. Les fichiers et leur extension

Comme nous l'avons déjà mentionné, les extensions de fichiers jouent un rôle important dans MS-DOS.

Lors du lancement d'un programme, MS-DOS cède le contrôle du PC à l'application, celle-ci devant alors faire preuve de responsabilité. C'est la raison pour laquelle le système d'exploitation préfère séparer vos fichiers de texte des programmes exécutables.

Autrefois, la plupart des programmes pour PC étant en grande partie composés d'ordres ou de commandes, on leur attribua l'extension COM. Toutefois MS-DOS ne vérifie pas lors du chargement d'un programme caractérisé par l'extension COM, s'il s'agit véritablement d'une application exécutable.

Par conséquent, vous pouvez appeler une lettre (adressée à votre perception) FINANCE.COM ou FINANCE.DOC, l'ordinateur acceptant les deux extensions.

C'est la raison pour laquelle fut créé un autre type de fichiers exécutables, caractérisés par l'extension EXE (pour "exécutable").

Ces fichiers possèdent une propriété particulière : vous pouvez nommer votre lettre FINANCE.EXE en toute tranquillité. MS-DOS essaiera de la lancer à l'instar d'une commande et remarquera rapidement qu'il ne s'agit pas d'un fichier exécutable.

Vous pouvez également "stocker" des lignes de commandes MS-DOS dans un fichier et exécuter cette pile d'instructions, appelée fichier batch, comme une commande MS-DOS. Nous reviendrons ultérieurement sur cette possibilité.

Pourquoi ce petit exposé ? Nous pensons que de cette manière vous parviendrez à mémoriser facilement les extensions les plus importantes. En fait, vous pouvez quasiment agir à votre guise (du point de vue du MS-DOS).

Outre les trois extensions attribuées aux fichiers programmes (COM, EXE et BAT), il existe toute une série de noms fréquemment utilisés.

L'extension DOC est souvent employée pour les fichiers de texte, l'extension BAK (pour BAcKup) pour les copies de sécurité et ainsi de suite. Mais pour quelle raison devriez-vous apprendre toutes ces particularités...

3.7. Le lancement d'un programme

Comme nous l'avons déjà dit, vous devez dans la plupart des cas lancer des programmes lorsque vous souhaitez visualiser le contenu de certains fichiers. Vous devez par exemple utiliser un traitement de texte pour examiner des fichiers de texte. Lorsque vous désirez examiner un fichier contenant des adresses enregistrées sous forme de chaînes de données, vous devez charger une base de données, etc.

Ces programmes vous permettent non seulement de consulter les fichiers déjà créés, mais également d'enregistrer de nouvelles données. Ces applications représentent la finalité d'un PC, à savoir la simplification de certaines tâches (rédaction de lettres ou gestion d'adresses).

Par conséquent, nous voulons à présent vous donner quelques conseils au cas où vous posséderiez un programme que vous ne sachiez pas lancer (parce que la documentation est en anglais ou parce qu'elle est difficilement compréhensible).

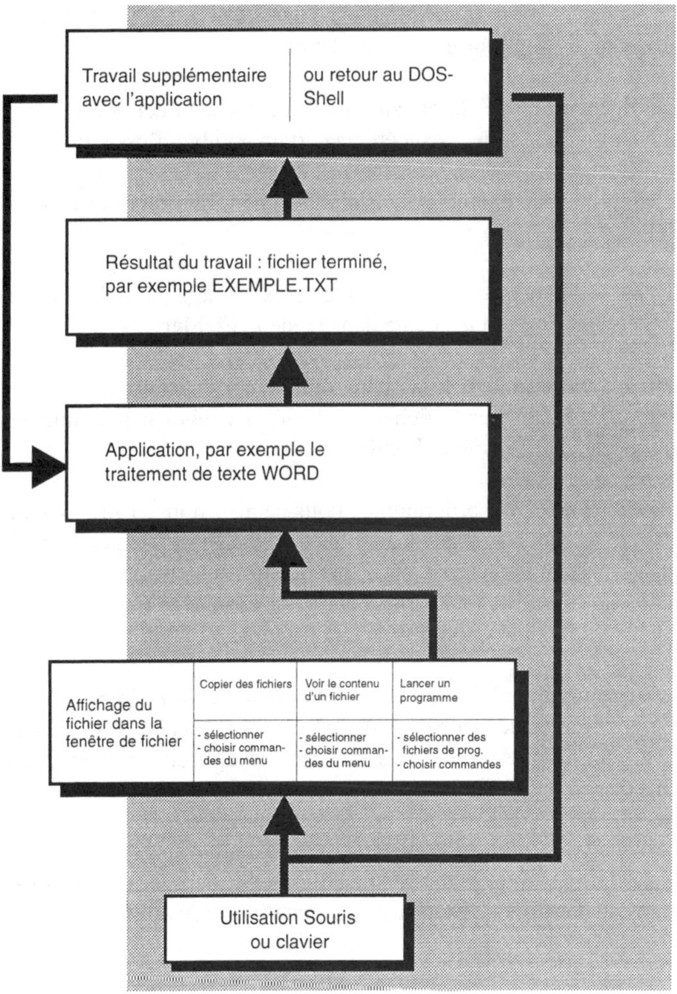

La relation DOS Shell - programme

Le schéma décrit la relation existant entre le DOS Shell et un programme (sans entrer dans les détails).

L'utilisateur, en sélectionnant des éléments sur l'écran à l'aide du clavier ou de la souris, exécute un certain nombre d'opérations.

Il examine par exemple les fichiers répertoriés dans la liste des fichiers.

Il peut également copier un fichier en sélectionnant celui-ci et en choisissant l'option adéquate dans le menu **Fichier**.

Il peut aussi visualiser le contenu d'un fichier. A cet effet, il doit tout d'abord sélectionner le fichier souhaité, puis choisir la commande appropriée dans le menu **Fichier**.

Il peut appeler un programme. Pour cela, il doit en premier lieu activer le répertoire adéquat, puis rechercher le fichier souhaité (celui-ci étant caractérisé par l'une des trois extensions suivantes : EXE, COM ou BAT). L'utilisateur lance ensuite ce fichier en appelant la commande **Ouvrir** du menu **Fichier**.

Le système d'exploitation (par l'intermédiaire du DOS Shell) cède temporairement le contrôle au programme. Les règles et les méthodes de travail propres à ce dernier sont maintenant actives. Vous n'êtes plus dans le DOS Shell.

Lorsque vous quittez l'application (par exemple après l'élaboration d'une lettre), vous retournez dans le DOS Shell. Vous disposez à nouveau des options proposées par cette interface utilisateur.

Lancer des programmes

Les fichiers programmes sont souvent enregistrés dans des répertoires particuliers (par exemple DBASE, WORD, WORKS, etc). Activez en premier lieu le répertoire contenant ces fichiers.

Pour charger un programme, vous devez lancer un fichier particulier : le fichier de démarrage. Le nom de ce fichier est très souvent identique à celui du logiciel. Toutefois si le nom du programme comprend plus de huit caractères, une abréviation est utilisée (par exemple WIN pour Windows).

Vous devez maintenant essayer de trouver le fichier de démarrage du programme. Celui-ci doit être caractérisé par l'une des trois extensions suivantes :

```
EXE
COM
BAT
```

Pour trouver un tel fichier, vous devez examiner le répertoire dans lequel est enregistrée l'application. Vous devriez en premier lieu rechercher les fichiers ayant l'extension EXE (conformément aux règles d'attribution des extensions). Lorsque vous avez trouvé un tel fichier, vous pouvez essayer de lancer le programme. A cet effet, sélectionnez le fichier, activez le menu **Fichier** avec **ALT** et **ENTREE**, puis choisissez la commande **Ouvrir** et pressez une nouvelle fois la touche **ENTREE**.

Lorsque le fichier EXE n'existe pas, vous devez rechercher un fichier COM. Si ce dernier est également introuvable, recherchez un fichier BAT. Une fois ces fichiers localisés, vous pouvez essayer de lancer le programme. Pour cela sélectionnez le nom du fichier et appuyez sur **ENTREE**.

Prenons des exemples :

Le traitement de texte Word

Vous trouverez le fichier WORD.EXE dans le répertoire du traitement de texte Word. Le nom de ce fichier étant identique à celui du logiciel, il doit vraisemblablement s'agir du fichier de démarrage. Sélectionnez ce fichier, puis appuyez sur **ENTREE** pour charger le programme WORD.

L'interface graphique Windows

De nombreux fichiers EXE sont enregistrés dans le répertoire de Windows. Toutefois aucun ne ressemble à un fichier de démarrage (leurs noms étant différents de celui du logiciel). Par contre, vous apercevez le fichier WIN.COM qui est effectivement le fichier de démarrage de Windows. Un conseil : ne lancez pas Windows à partir du DOS Shell, une erreur pouvant se produire. Quittez donc le DOS Shell avant d'appeler Windows à partir de l'interpréteur de commande.

Quitter un programme

Lorsque vous souhaitez quitter une application, vous devez toujours le faire d'une manière régulière. Cela signifie que vous devez retourner dans le DOS Shell du MS-DOS. Si vous éteignez simplement l'ordinateur, vous risquez de perdre des données importantes.

Voici quelques conseils lorsque vous ne savez pas comment sortir d'une application. La plupart des programmes sont contrôlés par des menus. L'un de ces menus possède une option particulière vous permettant de quitter le logiciel.

Le plus souvent vous pouvez activer les menus en appuyant sur **ALT** ou **ECHAP**. Vous pouvez ensuite sélectionner les différents points de menu à l'aide des touches de direction et les activer en pressant **ENTREE**.

Une fois la commande adéquate choisie, validez par **ENTREE**. Appuyez finalement sur une touche quelconque pour retourner dans le DOS Shell.

A l'heure actuelle une norme unique, qui prévoit que la commande permettant de quitter le programme doit se trouver dans le menu **Fichier**, s'impose peu à peu. Vous pouvez également sélectionner cette commande à l'aide des touches de direction. Après validation par **ENTREE** (et une pression sur une autre touche), vous retournez dans le DOS Shell.

Nous souhaitons maintenant vous donner un petit aperçu des noms de menus et de sous-menus employés dans la plupart des applications. Les commandes en français ne posent aucun problème : FIN, QUITTER, SORTIR, etc. Cependant certaines instructions en anglais ne sont pas reconnaissables au premier coup d'oeil. Voici les plus courantes : EXIT, QUIT, END ou SYSTEM.

Sélectionnez la commande adéquate, puis appuyez sur **ENTREE**. De nombreux programmes vous demandent également de confirmer votre choix avant l'interruption.

Prenons quelques exemples.

Le traitement de texte Word 5

Pour quitter ce traitement de texte, appuyez sur **ECHAP**, puis placez-vous sur le menu **Quitte** à l'aide des touches de direction. Validez par **ENTREE**. Lorsque le fichier actif n'est pas encore sauvegardé, le logiciel vous demande de confirmer votre décision. Vous retournez ensuite dans le DOS Shell après avoir pressé une touche quelconque.

L'interface graphique Windows

Appuyez sur **ALT**, puis sur **ENTREE**. Dans le menu **Fichier**, sélectionnez l'option *Quitter Windows* à l'aide des touches de direction. Validez par **ENTREE**. Le programme vous demande si vous souhaitez réellement interrompre la session de travail. Appuyez une nouvelle fois sur **ENTREE**, puis sur une touche quelconque pour retourner dans le DOS Shell.

4. Agrandissement de l'entreprise : les disquettes

Il n'est pas rationnel, d'un point de vue économique, de ne travailler qu'avec une seule entreprise. Il existe en effet d'autres sociétés avec lesquelles nous pourrions échanger des produits. Il en est de même dans l'univers PC : nous avons besoin d'échanger des données. Mais de quelle manière pouvons-nous procéder ?

4.1. Construction de nouveaux bâtiments : le formatage d'une disquette

Lorsque vous achetez de nouvelles disquettes, vous devez les préparer afin que votre ordinateur puisse les utiliser. Si vous n'effectuez pas une telle opération, votre PC ne peut pas travailler avec ces disquettes et il vous le signale. Reprenons notre exemple de l'entreprise : vous devez doter vos camions de rayonnages ainsi que d'une plate-forme de chargement particulière. Vous devez également remplir des papiers administratifs avant de pouvoir charger et transporter des marchandises.

Pour préparer une disquette, vous devez appeler la commande **Format** se trouvant dans le groupe de programmes *Utilitaires disque*. Ces utilitaires sont intégrés dans le gestionnaire de programmes du

DOS Shell sous forme de groupe (ils mettent à votre disposition un certain nombre d'outils très utiles). La commande **Format** vous permet de formater une disquette. Cela signifie qu'elle est préparée pour l'enregistrement de données.

Pour formater une disquette, vous devez procéder de la manière suivante. Activez la fenêtre intitulée *Principal* avec **TAB** (elle est visible dans la zone d'écran inférieure gauche du DOS Shell). Différents programmes livrés avec MS-DOS sont affichés dans cette fenêtre. Sélectionnez l'option *Utilitaires disque* à l'aide des touches de direction, appuyez sur **ENTREE**. Le contenu et le titre de la fenêtre changent d'aspect :

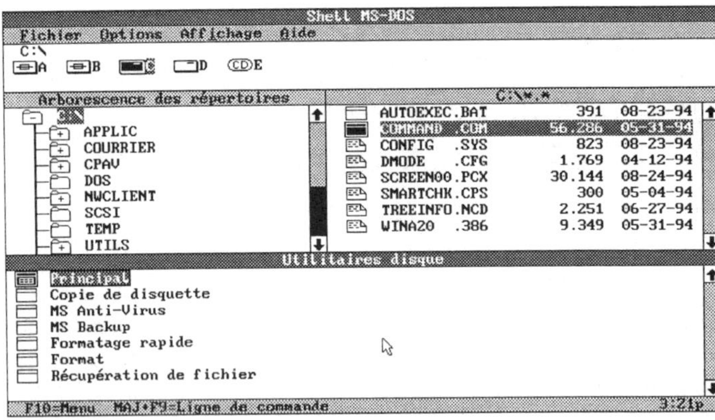

les utilitaires

Positionnez-vous sur la commande **Format** à l'aide des touches de direction, appuyez une nouvelle fois sur **ENTREE**. Dans une boîte de dialogue, vous devez ensuite préciser le lecteur dans lequel est insérée la disquette qui doit être formatée. A: représente la valeur proposée par défaut. Pour formater une disquette dans le lecteur A:, vous devez tout simplement appuyer sur **ENTREE**.

L'écran du DOS Shell disparaît. L'ordinateur vous demande d'insérer une disquette dans le lecteur A:, puis de presser la touche **ENTREE**. Une fois cette opération effectuée, appuyez sur **ENTREE**. L'ordinateur commence à formater la disquette. La procédure de formatage demande un certain temps (cela dépend essentiellement de votre ordinateur).

Le nom de la disquette

Une fois le formatage terminé, vous pouvez attribuer un nom à la disquette. Entrez un nom comprenant onze caractères au maximum et appuyez une nouvelle fois sur **ENTREE**. Si vous ne souhaitez pas donner de nom à la disquette, pressez simplement la touche **ENTREE**. Comme nous voulons créer une disquette d'exercice, nous l'appelerons donc EXERCICE. Quelques lignes d'information, indiquant par exemple le nombre d'octets disponibles, apparaissent ensuite sur l'écran.

Le PC vous demande à présent si vous souhaitez formater une autre disquette. Si c'est le cas, appuyez sur **O**. Vous devez insérer une nouvelle disquette et recommencer la procédure. Si vous ne voulez pas formater d'autre disquette, appuyez sur **N** pour interrompre la commande **Format**. Appuyez ensuite sur une touche quelconque pour retourner dans le DOS Shell. L'écran familier du DOS Shell est à nouveau affiché.

Les étapes de travail lors du formatage d'une disquette avec le DOS-Shell

Choix du groupe de programme Utilitaires disque dans le gestionnaire de programme

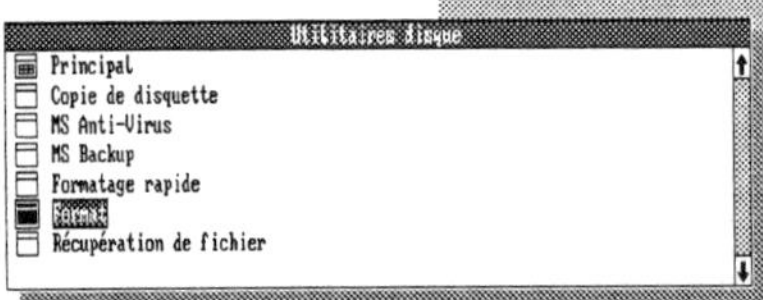

Activer le programme Formater le support

Indiquer (ou confirmer) le lecteur

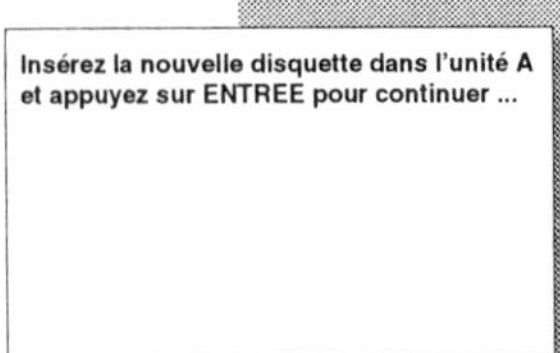

a : Insérer la disquette à formater
b : Après appui sur ENTREE : procédure de formatage
c : Attente du nom de la disquette
d : Annoncer le résultat
e : Autre formatage
f : Retourner au DOS-Shell

La procédure de formatage

Le schéma décrit la procédure de formatage d'une disquette dans le DOS Shell :

Le groupe de programmes *Utilitaires disque* doit être en premier lieu sélectionné. Une fois la commande **Format** activée, on doit définir le lecteur (A: étant la valeur par défaut) dans une boîte de dialogue.

L'écran du DOS Shell disparaît et un message invite l'utilisateur à insérer une nouvelle disquette. Une fois la touche **ENTREE** pressée, le formatage proprement dit commence. Dès qu'il est terminé, un nom peut être attribué à la disquette nouvellement formatée. L'utilisateur peut ensuite recommencer une nouvelle procédure de formatage ou retourner dans le DOS Shell.

Vous devez être prudent lors du formatage. En effet, vous pouvez également formater des disquettes contenant des données (celles-ci seraient alors irrémédiablement perdues). Par conséquent, vérifiez avant le formatage si vous avez inséré la bonne disquette. Pour cela il est conseillé d'en examiner le contenu avant de lancer la procédure. Si, lors de cet essai, un message d'erreur apparaît sur l'écran, vous pouvez être certain qu'il s'agit d'une disquette non formatée. Pour faire disparaître le message d'erreur, sélectionnez en premier lieu le point 2 à l'aide des touches de direction et appuyez sur **ENTREE**. Vous pouvez maintenant commencer le formatage de la disquette.

4.2. Copier des fichiers sur disquette

La disquette étant préparée pour l'enregistrement de données, nous voulons maintenant copier un fichier.

Copier sur la disquette des fichiers provenant du disque dur

Supposons que vous souhaitiez copier le fichier AUTOEXEC.BAT, qui se trouve dans le répertoire racine du disque dur, sur une disquette. Vous devez en premier lieu examiner les fichiers enregistrés dans le répertoire principal. Par conséquent activez l'arborescence des répertoires avec **TAB**, puis choisissez l'élément

```
[-] C:\
```

avec ↑ ou **ORIGINE**. Vous devez ensuite sélectionner le fichier souhaité. A cet effet, positionnez-vous dans la liste des fichiers avec **TAB** et placez le sélecteur sur le fichier qui doit être copié (dans notre exemple AUTOEXEC.BAT). Une flèche apparaît devant le nom du fichier.

Pour copier le fichier marqué, activez la barre de menus avec **ALT**. Appuyez ensuite sur **ENTREE** pour ouvrir le menu **Fichier**. Choisissez la commande **Copier**, pressez une nouvelle fois la touche **ENTREE**. La boîte de dialogue suivante apparaît.

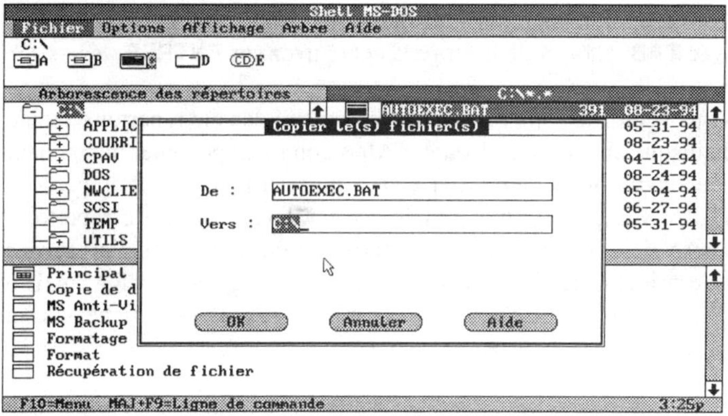

La boîte de dialogue Copier

Dans cette boîte de dialogue, vous devez préciser le lecteur/répertoire cible de la copie. Dans notre exemple, nous voulons copier le fichier dans le répertoire racine du lecteur A:. A cet effet, vous devez entrer :

```
A:\
```

Vous vous souvenez sûrement que vous devez maintenir la touche **ALT** enfoncée et appuyer successivement sur les touches **9** et **2** du pavé numérique pour obtenir le backslash ****.

Une fois la touche **ENTREE** pressée après la saisie du lecteur cible, un message vous signale que le fichier est copié.

Pour examiner le contenu de la disquette dans la liste des fichiers, vous devez activer le lecteur. A cet effet, sélectionnez la ligne des lecteurs avec **TAB**, choisissez la lettre **A** et appuyez sur **ENTREE**. Vous constatez alors que le fichier AUTOEXEC.BAT est présent sur la disquette.

Activez maintenant le disque dur. Sélectionnez la ligne des lecteurs avec **TAB**, choisissez la lettre **C** et appuyez sur **ENTREE**.

Vous venez de copier un fichier enregistré dans le répertoire racine du disque dur sur une disquette. Mais comment procéder maintenant pour copier le fichier TEST.COM qui se trouve dans le répertoire TRAVAIL ? C'est très simple : vous devez activer le répertoire TRAVAIL. Pour cela, positionnez le sélecteur dans l'arbre des répertoires avec **TAB**, puis sélectionnez le répertoire TRAVAIL à l'aide des touches de direction. Le répertoire actif est affiché dans la barre de titre de la liste des fichiers.

Vous pouvez à présent entreprendre la copie souhaitée en répétant la procédure précédente. Placez-vous dans la liste des fichiers avec **TAB**, sélectionnez TEST.COM et appelez la commande **Copier**. Pour cela vous devez activer la barre de menus avec **ALT** et ouvrir le menu **Fichier** en appuyant sur **ENTREE**. Choisissez la commande **Copier**.

Vous devez ensuite préciser le lecteur/répertoire cible. A cet effet, entrez :

```
A:\
```

Vous obtenez le backslash en maintenant la touche **ALT** enfoncée et en appuyant successivement sur **9** et **2**.

Après une pression sur **ENTREE** un message vous signale que le fichier est copié sur la disquette.

Copier sur le disque dur des fichiers enregistrés sur une disquette

La copie d'un fichier (provenant d'une disquette) sur le disque dur s'effectue d'une manière identique. Si vous souhaitez copier le fichier AUTOEXEC.BAT sur le disque dur, vous devez procéder de la façon suivante :

Vous devez en premier lieu sélectionner le lecteur A:. A cet effet, activez la ligne des lecteurs avec **TAB**, choisissez la lettre **A** et appuyez sur **ENTREE**. Les fichiers présents dans le répertoire racine de la disquette insérée dans le lecteur A: sont affichés dans la liste des fichiers. Activez cette dernière avec **TAB**, puis sélectionnez le fichier AUTOEXEC.BAT à l'aide des touches de direction.

Vous pouvez maintenant activer la barre de menus avec **ALT** et ouvrir le menu **Fichier** en appuyant sur **ENTREE**. Choisissez la commande "Copier", validez par **ENTREE**. Dans une boîte de dialogue vous devez à présent préciser le lecteur/répertoire cible. En ce qui nous concerne, il s'agit du répertoire racine du disque dur. La saisie doit donc être la suivante :

```
C:\
```

Vous obtenez le backslash en maintenant la touche **ALT** enfoncée et en appuyant successivement sur **9** et **2**.

Après une pression sur **ENTREE**, un message vous signale que ce fichier existe déjà dans le répertoire cible. L'ordinateur vous demande alors s'il doit remplacer le fichier présent sur le disque dur. Etant donné que les deux fichiers sont strictement identiques, acceptez le remplacement avec **ENTREE**. Un message vous signale ensuite que le fichier a été copié.

Comment procéder à présent pour copier le fichier TEST.COM (enregistré sur la disquette) dans le répertoire TRAVAIL du disque dur ? Vous devez en premier lieu sélectionner le fichier TEST.COM dans le lecteur A:. A cet effet, activez la ligne des lecteurs avec **TAB**, choisissez la lettre **A** et appuyez sur **ENTREE**. Positionnez-vous ensuite dans la liste des fichiers avec **TAB** et sélectionnez TEST.COM à l'aide des touches de direction.

Vous pouvez maintenant appeler la commande **Copier**. Pour cela activez la barre de menus avec **ALT**, puis ouvrez le menu **Fichier** en appuyant sur **ENTREE**. Choisissez la commande **Copier** et validez par **ENTREE**. Vous devez ensuite déclarer le lecteur/répertoire cible dans la boîte de dialogue qui est apparue.

Dans le cas présent vous devez préciser le répertoire TRAVAIL. Le chemin doit être intégralement saisi :

```
C:\TRAVAIL
```

Vous obtenez le backslash en maintenant la touche **ALT** enfoncée et en appuyant successivement sur **9** et **2**.

Appuyez ensuite sur **ENTREE** pour effectuer la copie du fichier.

Lors de la copie de fichiers, il est important que vous activiez en premier lieu le lecteur et le répertoire contenant le fichier qui doit être copié. Ce dernier peut être ensuite sélectionné dans la liste des fichiers. Dans la boîte de dialogue, vous devez préciser le lecteur/répertoire cible.

Examiner le nom du chemin

Lorsque vous souhaitez copier un fichier dans un répertoire du disque dur, vous devez toujours préciser le nom exact de ce répertoire dans la boîte de dialogue. Si vous ne connaissez pas précisément le nom du répertoire, vous pouvez l'obtenir de la manière suivante.

Comme nous vous l'avons déjà expliqué, le chemin du répertoire actif est toujours affiché dans la ligne située en-dessous de la barre de menus.

Lorsque vous souhaitez retrouver le nom d'un répertoire, vous devez afficher l'arbre des répertoires du disque dur. Placez le sélecteur dans l'arbre des répertoires avec **TAB**, puis sélectionnez le répertoire cible de la copie. Le chemin de ce dernier est à présent affiché dans la ligne située en-dessous de la barre de menus. Vous devrez entrer ultérieurement cette information dans la boîte de dialogue qui apparaîtra lors de la copie.

Copie de fichiers avec la souris

Si vous possédez une souris, vous pouvez vous épargner la saisie du chemin du répertoire cible. A cet effet, positionnez le pointeur de la souris sur le fichier souhaité. Maintenez la touche **CTRL** et le bouton gauche de la souris enfoncés, puis placez le fichier sur le répertoire cible dans l'arbre des répertoires à gauche. Relâchez le bouton de la souris, le DOS Shell vous demande si vous souhaitez réellement copier le fichier dans le répertoire choisi. Ce dernier doit être naturellement *visible* (si besoin est, vous devez positionner la souris sur les flèches de déplacement dans la barre de défilement de l'arbre des répertoires, le bouton de la souris demeurant toujours enfoncé).

4.3. Duplication de disquettes avec "Copie de disquette"

Il arrive fréquemment que vous ayez besoin de copier des disquettes entières. Vous souhaitez par exemple effectuer des copies de sécurité de disquettes programmes, ou transmettre à un ami une disquette contenant de nombreux fichiers (que vous ne voulez pas copier un par un).

Nous voulons à présent réaliser une copie de notre disquette d'exercice, sur laquelle sont enregistrés les fichiers AUTOEXEC.BAT et TEST.COM.

Pour copier une disquette, vous avez besoin d'une autre disquette (vide).

Vous devez également utiliser la commande **Copie de disquette** qui se trouve dans le groupe de programmes *Utilitaires disque* du gestionnaire de programmes. Pour appeler cette commande, activez avec **TAB** la fenêtre intitulée *Principal.* Sélectionnez ensuite l'option *Utilitaires disque*, validez par **ENTREE**.

Choisissez l'instruction *Copie de disquette* à l'aide des touches de direction, puis appuyez une nouvelle fois sur **ENTREE**. Dans une boîte de dialogue, vous devez préciser le lecteur source et le lecteur cible (A: B: étant la valeur par défaut). Si vous ne possédez qu'un seul lecteur, vous devez modifier la ligne de la manière suivante :

```
A: A:
```

Vous devriez effectuer cette modification chaque fois. En effet, même si vous disposez de deux lecteurs, différentes conditions (sur lesquelles nous ne voulons pas nous attarder) doivent être remplies afin que la copie de la disquette soit réussie. Pour être certain qu'une disquette soit correctement copiée, suivez notre conseil.

L'écran du DOS Shell disparaît. L'ordinateur vous demande ensuite d'insérer la disquette source dans le lecteur A: et d'appuyer sur une touche quelconque. Par conséquent introduisez la disquette EXERCICE dans le lecteur A:, puis pressez par exemple la touche **ENTREE**. Une fois cette opération effectuée, un message vous signale que la disquette est copiée. Au bout de quelques instants le PC vous demande d'insérer la disquette cible dans le lecteur A:. Introduisez la disquette vide dans le lecteur et appuyez sur n'importe quelle touche.

Si vous utilisez des disquettes de 1,2 Mo, vous devrez changer de disquette un certain nombre de fois (ceci est dû au fait que votre PC ne peut pas mémoriser autant de données en une seule fois).

Lorsque la disquette est intégralement copiée, l'ordinateur vous demande si vous souhaitez copier une autre disquette. Si c'est le cas, appuyez sur **O** et insérez la disquette source afin que la procédure se répète. Si vous ne voulez pas copier une nouvelle disquette, appuyez sur **N**. La commande **Copie de disquette** est interrompue et vous pouvez retourner dans le DOS Shell en pressant une touche quelconque.

Remarque

Vous devez être prudent lors de la copie de disquettes. En effet, si votre disquette cible contient déjà des données, celles-ci seront "écrasées" sans avertissement.

5. Gestion des répertoires

Dans ce chapitre, nous souhaitons approfondir la notion de répertoires (lesquels sont extrêmement importants lors du travail avec un disque dur). Souvenez-vous de notre exemple d'entreprise : les répertoires permettent une organisation fonctionnelle de votre disque dur, et ils garantissent un accès rapide à vos fichiers.

5.1. Création de nouveaux répertoires

Nous souhaitons vous présenter encore une fois la procédure de création d'un répertoire. Pour créer un répertoire (c'est-à-dire une zone particulière sur le disque dur), vous devez en premier lieu activer le répertoire à partir duquel vous voulez créer un nouveau sous-répertoire.

Vous avez déjà créé le répertoire TRAVAIL, lequel est un sous-répertoire de la racine. Nous voulons maintenant ajouter PRIVE et BUREAU qui seront des sous-répertoires de TRAVAIL.

Vous devez donc activer en premier lieu le répertoire TRAVAIL. A cet effet, positionnez-vous dans l'arborescence des répertoires avec **TAB** et placez le sélecteur sur le répertoire TRAVAIL à l'aide des touches de direction.

Activez ensuite la barre de menus avec **ALT** et appuyez sur **ENTREE** pour ouvrir le menu **Fichier**. Sélectionnez l'option *Créer un réper-*

toire, validez par **ENTREE**. Une nouvelle fenêtre, dans laquelle vous pouvez entrer le nom du répertoire, apparaît.

Après la saisie de PRIVE appuyez sur **ENTREE**. Le nouveau répertoire est inséré dans l'arborescence des répertoires. Nous pouvons maintenant créer, modifier et même supprimer des données dans ce répertoire sans causer de catastrophes.

Pour examiner ce qui se trouve dans le nouveau répertoire, vous pouvez sélectionner l'arborescence des répertoires et placer le sélecteur sur la nouvelle ligne PRIVE. Le message *Aucun fichier dans le répertoire sélectionné* apparaît dans la liste des fichiers.

Pour créer le second répertoire BUREAU, procédez de la même manière. Activez en premier lieu le répertoire TRAVAIL, choisissez ensuite la commande **Créer un répertoire** et précisez BUREAU comme nom de répertoire.

Les étapes de travail lors de la définition d'un nouveau répertoire

Activer le répertoire dans lequel il faut créer un sous-répertoire

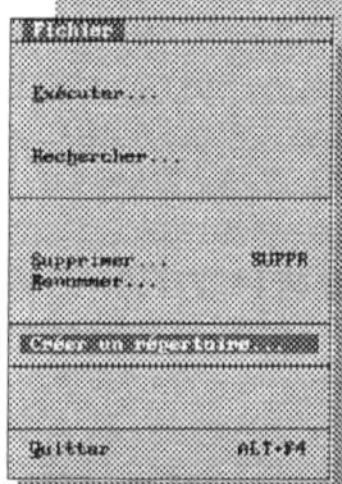

Sélectionner la commande Créer un répertoire dans le menu Fichier

Entrer le nom du nouveau répertoire

Le répertoire nouvellement créé dans le DOS-Shell

La création d'un répertoire

Le schéma décrit la procédure permettant la création d'un nouveau répertoire :

Le répertoire, dans lequel un nouveau répertoire doit être créé, est en premier lieu activé dans l'arborescence des répertoires. Dans notre exemple, il s'agit du répertoire TRAVAIL.

La commande **Fichier/Créer un répertoire** est ensuite appelée. Une boîte de dialogue, dans laquelle est saisi le nom du nouveau sous-répertoire (dans notre exemple PRIVE), apparaît. Vous pouvez finalement examiner le résultat dans l'arborescence des répertoires du DOS Shell.

5.2. Supprimer et renommer des répertoires

Plusieurs répertoires ayant été créés, nous voulons maintenant vous présenter différentes procédures du DOS Shell inhérentes aux répertoires. Vous devez en premier lieu copier dans le répertoire PRIVE les fichiers enregistrés dans le répertoire TRAVAIL. Nous créons ainsi rapidement un répertoire d'exercice.

A cet effet, activez le répertoire TRAVAIL et sélectionnez les deux fichiers encore présents dans la liste des fichiers. Pour cela, basculez en mode extension (pour la sélection de plusieurs fichiers) avec **MAJ + F8**. Placez ensuite le sélecteur sur le(s) fichier(s) souhaité(s) et appuyez sur la barre d'espacement. Une fois cette opération effectuée, appelez la commande **Copier** du menu **Fichier** en activant la barre de menus avec **ALT**, en appuyant sur **ENTREE** et en sélectionnant la commande à l'aide des touches de direction. Dans la boîte de dialogue, vous devez à présent entrer le nom exact du répertoire cible. Dans notre exemple, la saisie serait donc la suivante :

```
C:\TRAVAIL\PRIVE
```

Une fois le nom saisi, appuyez sur **ENTREE** pour copier les fichiers.

Suppression de répertoires

Nous souhaitons maintenant effacer les répertoires créés précédemment. Cette opération est peut-être inutile pour l'instant, mais dans la pratique le disque dur est rapidement saturé. Occupons-nous tout d'abord du répertoire BUREAU. Activez ce répertoire dans l'arborescence des répertoires. Sélectionnez ensuite la commande **Fichier/Supprimer** et appuyez sur **ENTREE**. Une boîte de dialogue apparaît. Validez par **ENTREE** la demande de confirmation, le répertoire est supprimé (vous pouvez immédiatement le vérifier dans l'arborescence des répertoires).

A présent, essayons d'effacer le répertoire PRIVE. Par conséquent activez l'arbre des répertoires avec **TAB**, puis sélectionnez le répertoire PRIVE à l'aide des touches de direction. Répétez ensuite la procédure de suppression précédemment exécutée. Activez la barre de menus avec **ALT**, puis ouvrez le menu **Fichier** avec **ENTREE**. Sélectionnez la commande **Supprimer**, validez par **ENTREE**. Une boîte de dialogue, dans laquelle un message vous signale que le répertoire contient encore des fichiers et que de fait il ne peut être supprimé, apparaît. Une fois la touche **ENTREE** activée, le message disparaît. Vous constatez alors que le répertoire est toujours présent sur le disque dur.

MS-DOS a donc refusé d'effacer ce répertoire car des fichiers y sont encore enregistrés. Par conséquent, si vous voulez supprimer le répertoire PRIVE, vous devez auparavant effacer tous les fichiers présents.

Cette mesure de sécurité est très utile car vous ne pouvez pas supprimer par accident un répertoire, dans lequel se trouveraient éventuellement d'importantes données.

MS-DOS fournit une commande extrêmement puissante nommée DELTREE. Celle-ci permet de supprimer un répertoire entier même si ce dernier contient des fichiers et des sous-répertoires. Attention cependant à ne pas utiliser cette commande sans préalable réflexion.

Renommer des répertoires

Nous souhaitons à présent renommer le répertoire PRIVE. Pour cela vous devez activer l'arborescence des répertoires avec **TAB** et sélectionner le répertoire PRIVE à l'aide des touches de direction. Placez-vous ensuite dans la barre de menus avec **ALT** et appuyez sur **ENTREE** pour ouvrir le menu **Fichier**. Sélectionnez la commande **Renommer** avec les flèches de déplacement, validez par **ENTREE**. Une boîte de dialogue, dans laquelle est précisé le nom du répertoire, apparaît. Vous pouvez maintenant saisir le nouveau nom du répertoire dans le champ *Nouveau nom*. Entrez TEXTES, puis appuyez sur **ENTREE** pour changer le nom du répertoire.

5.3. Comment organiser vos répertoires

Nous savons à présent créer des sous-répertoires et nous déplacer dans les différents niveaux. Toutefois, il nous manque encore la pratique nécessaire à l'organisation rationnelle d'un disque dur. Voici donc le fruit de quelques réflexions.

Souvenons-nous encore une fois de la fonction principale des sous-répertoires : ils doivent vous permettre de retrouver rapidement des fichiers. Par conséquent, il semble judicieux de vouloir séparer les données qui ne sont pas (ou rarement) modifiées de celles qui le sont quotidiennement. Ne commettez surtout pas l'erreur de stocker vos documents dans un répertoire contenant des fichiers programmes (vous risqueriez de détruire par inadvertance des fragments de programmes lors de la suppression de données).

Nous vous recommandons ainsi de créer, outre le sous-répertoire DOS présent, un sous-répertoire PROG destiné au stockage de vos programmes et un sous-répertoire TEXTES pour vos documents.

Créez ensuite, en fonction des programmes utilisés, des sous-répertoires de PROG. Par exemple, si vous travaillez avec WORD6, WORKS3 et dBASE IV, vous pouvez adopter la structure suivante : lors de l'installation de WORD6 précisez C:\PROG\WORD comme répertoire ; dans le cas de Works 3.0 C:\PROG\WORKS3 et en ce qui concerne dBASE IV C:\PROG\DBASE4.

Le sous-répertoire TEXTES peut être subdivisé en fonction de votre travail : PRIVE, BUREAU, etc. La modification de l'organisation du disque dur en sous-répertoires est une opération fréquente car certains répertoires ne sont plus utilisés et ils doivent donc être supprimés (ou inversement vous devez créer d'autres sous-répertoires).

5.4. Se déplacer rapidement dans l'entreprise

Le déplacement dans l'arborescence des répertoires peut s'avérer très difficile lorsque le disque dur est mal géré ou lorsque l'on ne fait pas preuve d'un peu d'astuce. Le travail sur différents répertoires (par exemple la copie ou le déplacement de données) peut ainsi occasionner d'importantes pertes de temps.

L'affichage de l'arbre des répertoires

L'orientation dans l'arbre des répertoires est plus facile lorsque celui-ci est fermé, à l'exception des répertoires de premier niveau (présents dans la racine). A cet effet, placez le sélecteur sur le répertoire principal C:\, puis appuyez sur **-** pour fermer l'arborescence des répertoires. Affichez ensuite le premier niveau en pressant la touche **+**. Cette opération vous permet souvent d'apercevoir entièrement l'arbre des répertoires dans la fenêtre.

Lorsque vous devez visualiser un sous-répertoire, positionnez le sélecteur sur le répertoire adéquat et appuyez sur la touche **+**.

Travailler sur deux répertoires

Lorsque vous effectuez de nombreuses opérations entre deux répertoires (par exemple la copie ou la comparaison de fichiers...), il est préférable de modifier l'affichage du DOS Shell. Renoncez au gestionnaire de programmes et *dupliquez* le gestionnaire de fichiers. A cet effet, utilisez la commande **Listes multiples** du menu **Affichage**.

Vous obtenez ainsi deux arborescences des répertoires et deux listes des fichiers que vous pouvez paramétrer séparément.

Contrairement à d'autres utilitaires (par exemple PCTools), le DOS Shell ne propose malheureusement pas le répertoire cible lors de l'exécution d'une procédure de copie à partir d'un premier répertoire. Toutefois la souris vous permet de déplacer immédiatement des fichiers d'un répertoire à un autre. Placez ces fichiers sur le répertoire cible dans l'arbre des répertoires tout en maintenant la touche **CTRL** et le bouton gauche de la souris enfoncés.

Ne positionnez pas le fichier sur la seconde liste des fichiers à l'aide de la souris. En effet, vous activeriez une autre fonction : le chargement d'un programme avec un fichier comme paramètre.

Comment utiliser les initiales

Lorsque vous vous déplacez fréquemment entre plusieurs répertoires, vous pouvez employer une astuce qui vous permettra de gagner du temps. Ouvrez tous les répertoires indispensables. Lorsque vous voulez en outre visualiser leurs sous-répertoires, placez le sélecteur sur le répertoire principal et appuyez sur *.

Si vous souhaitez maintenant activer un répertoire déterminé, appuyez simplement sur la touche désignant l'initiale de son nom. Le sélecteur se positionne aussitôt sur le premier répertoire rencontré (le cas échéant appuyez plusieurs fois sur la touche jusqu'à ce que le répertoire souhaité soit sélectionné). Cette méthode est considérablement plus rapide que la recherche à l'aide des touches de direction.

Vous pouvez procéder ainsi non seulement dans l'arbre des répertoires, mais également dans toutes les autres listes du DOS Shell (liste des fichiers, liste des programmes, etc).

6. Automatisation des tâches

Vous vous souvenez sûrement de la procédure permettant de lancer un programme avec le DOS Shell : vous devez en premier lieu activer le répertoire adéquat, trouver le fichier de démarrage qui doit être ensuite appelé par l'intermédiaire du menu - une tâche bien pénible lorsque l'on souhaite travailler quotidiennement avec le(s) même(s) programme(s). Toutefois ne vous inquiétez pas, il existe une solution plus simple.

Dans le DOS Shell, il est possible de simplifier le lancement de programmes de manière à ce que vous puissiez directement appeler ces derniers en fonction de vos besoins ultérieurs. Pour cela vous devez utiliser le gestionnaire de programmes, à l'aide duquel nous avons déjà formaté et copié des disquettes. L'avantage principal de ce gestionnaire réside dans le fait que vous pouvez intégrer vos programmes personnels dans la liste des programmes prédéfinis.

De fait la seconde partie du DOS Shell (le gestionnaire de programmes) se charge enfin de ce que l'on attend d'elle : la gestion de programmes.

6.1. Le gestionnaire de programmes

Placez le sélecteur dans le gestionnaire de programmes avec **TAB**.

Les noms des programmes que vous pouvez choisir et lancer sont répertoriés les uns en-dessous des autres. Vous pouvez également regrouper plusieurs programmes pour plus de clarté. Cela signifie qu'un nom de groupe apparaît à la place d'un nom de programme. Lorsque vous choisissez ce groupe, son contenu apparaît sur l'écran (vous avez déjà pu vous en apercevoir avec le groupe *Utilitaires disque*).

Dans le sous-groupe, les programmes proposés peuvent être sélectionnés ligne par ligne. Dans chaque groupe, il existe automatiquement une ligne intitulée Principal. Celle-ci vous permet de retourner dans le groupe supérieur.

Le gestionnaire de programmes dispose de deux groupes après l'installation : le *groupe principal* (actif dès le lancement) et le groupe *Utilitaires disque*. Si vous ouvrez ce dernier avec **ENTREE**, vous pouvez sélectionner l'un des six programmes proposés. En respectant ce principe, l'utilisateur peut également agrandir et compléter le gestionnaire de programmes à son gré.

Cela signifie que vous êtes en mesure de partager vos programmes et vos données en fonction de leur utilisation. Vous pouvez ainsi créer un groupe pour une tâche précise. Si vous souhaitez par exemple élaborer des brochures publicitaires, vous aurez vraisemblablement besoin d'un traitement de texte pour la rédaction de vos textes et d'un programme graphique pour les illustrations. Vous pourriez par exemple regrouper les deux applications (appels de programmes) dans le groupe PUB.

La division sous forme de groupes est particulièrement intéressante lorsque plusieurs personnes travaillent sur le même ordinateur. Vous pouvez par exemple créer pour chaque utilisateur un groupe contenant tous les programmes utilisés. L'interface du gestionnaire de programmes du DOS Shell peut être ainsi clairement structurée. Il est même possible de créer avec le gestionnaire de programmes des groupes qui permettront à un débutant d'utiliser le PC après un très bref temps d'adaptation.

Lancement de programmes

Vous pouvez très facilement lancer un programme. Vous pouvez sélectionner la ligne de programme souhaitée à l'aide des touches ↑ et ↓. Appuyez ensuite sur **ENTREE** pour charger le programme correspondant. C'est encore plus facile avec la souris : placez le pointeur sur la ligne de programme souhaitée et cliquez deux fois.

L'icône programme

En mode graphique, une ligne de programme est précédée par une petite case barrée d'un trait horizontal. Une icône de groupe est en outre caractérisée par six petits rectangles.

Lorsqu'un programme a besoin d'un ou plusieurs paramètres lors de son lancement, une boîte de dialogue, dans laquelle vous pouvez entrer les informations demandées, apparaît sur l'écran.

Les deux programmes appartenant à l'environnement du DOS Shell, Edit et QBasic, disposent d'une telle boîte de dialogue lors de leur lancement. En effet, vous pouvez préciser le fichier de texte ou le programme BASIC que vous souhaitez éditer.

6.2. Les groupes de programmes

Des lignes, à l'aide desquelles vous pouvez directement appeler un programme, vous sont proposées dans le gestionnaire de programmes (par exemple Editeur ou MS-DOS QBasic). Il existe en outre des lignes contenant d'autres groupes de programmes (par exemple "Utilitaires disque") : nous parlons alors d'une ligne de groupe.

L'icône groupes

En mode graphique une ligne de groupe est caractérisée par une petite case comprenant en son centre six petits rectangles. L'icône d'une ligne de programme est vide. En mode texte, une ligne de groupe est mise entre crochets.

La sélection et l'ouverture d'un groupe s'effectuent aussi simplement que le lancement de programmes. A l'aide des touches ↑ et ↓ sélectionnez la ligne de groupe souhaitée et appuyez sur **ENTREE** pour ouvrir le groupe. C'est encore plus facile avec la souris : placez le pointeur sur la ligne de groupe souhaitée et cliquez deux fois.

Le groupe principal n'est plus affiché après l'ouverture d'un groupe. Seul le contenu de ce dernier apparaît sur l'écran. Par conséquent le nom du groupe est visible dans la barre de titre. Pour chaque groupe il existe une ligne dans laquelle est affichée le nom du groupe immédiatement supérieur. Cliquez deux fois sur cette ligne ou appuyez simplement sur **ECHAP** pour retourner dans le groupe supérieur. Vous pouvez également sélectionner cette ligne avec ↑ et **PgPréc**, et valider par **ENTREE**.

Un groupe peut enregistrer de nombreuses lignes, que ce soit des lignes de programme ou des lignes de groupe. Vous êtes ainsi en mesure d'ajouter d'autres sous-groupes qui pourront à leur tour enregistrer des programmes et des groupes. L'ensemble ressemble à la structure que vous pouvez obtenir avec les répertoires du disque dur.

6.3. Les programmes proposés par le DOS Shell

Vous pouvez apercevoir dans le groupe principal du gestionnaire de programmes trois lignes de programme et une ligne de groupe.

L'activation de la première ligne de programme vous permet de quitter "provisoirement" le DOS Shell au profit de l'interpréteur de commande MS-DOS. La deuxième ligne lance un éditeur (un petit traitement de texte). La troisième ligne vous permet de charger une version conviviale du langage de programmation BASIC. A l'aide de la quatrième ligne vous activez le groupe *Utilitaires disque* qui contient déjà six programmes.

Examinons maintenant ces programmes.

L'interpréteur de commande

Ce programme vous permet de quitter momentanément le DOS Shell et de charger un nouvel interpréteur de commande nommé COMMAND.COM. Vous pouvez entrer toutes les commandes que nous vous présenterons dans le chapitre 7. Sélectionnez simplement cette application. Vous apercevez aussitôt une "suite de caractères" qui se présente le plus souvent sous la forme "C:\".

- Cette "suite de caractères" est appelée *invite* car elle indique que l'ordinateur est prêt à recevoir des ordres. Vous pouvez immédiatement entrer les commandes DOS à la suite de ce "prompt", ce que nous vous déconseillons pour l'instant. En effet, vous risquez de mettre les pieds en territoire inconnu, ce qui pourrait vous valoir quelques désagréments. Il est donc préférable de reporter la leçon au chapitre 7.

Mais auparavant nous devons retourner dans l'environnement familier du DOS Shell. A cet effet, nous devons entrer EXIT en majuscules ou en minuscules et appuyer sur **ENTREE**.

Outre la sélection de "Ligne de commande" dans le gestionnaire de programmes, vous pouvez également appeler cet interpréteur de commande à l'aide de la combinaison de touches **MAJ** + **F9**.

L'éditeur

Cette ligne de programme vous permet de charger l'éditeur de texte livré avec le système d'exploitation. Il ne représente pas un véritable traitement de texte, toutefois il est suffisant pour l'élaboration de petits documents. Une fois cette ligne de programme activée, vous pouvez préciser dans une boîte de dialogue le fichier de texte qui doit être créé ou édité.

Le QBasic

A l'aide de cette ligne de programme, vous pouvez lancer l'interpréteur QBasic livré avec MS-DOS. Ce BASIC vous permet de développer des programmes personnels.

Dans cet ouvrage nous préférons délaisser la programmation pour nous intéresser à l'option suivante. Il s'agit d'une ligne de groupe contenant d'importants programmes (vous les avez déjà utilisés, au moins pour certains d'entre eux). Examinons-les en détail.

Les utilitaires

Un seul groupe est enregistré dans le gestionnaire de programmes une fois l'installation terminée. Lorsque vous activez cette ligne, un nouveau groupe est affiché sur l'écran. *Utilitaires disque* apparaît également dans la barre de titre. Vous pouvez apercevoir une première ligne intitulée "Principal". Sélectionnez cette ligne ou appuyez sur **ECHAP** pour retourner dans le groupe principal.

A présent examinons en détail les six lignes de programme du groupe *Utilitaires.*

Copie de disquette

Le programme *Copie de disquette* vous permet de copier des disquettes. Souvenez-vous : vous devez désigner un lecteur source et un lecteur cible (normalement A: et B:, mais vous pouvez modifier ces paramètres). La commande DISKCOPY de MS-DOS est appelée après une pression sur **ENTREE**.

Voici donc un exemple caractéristique de la mission et du mode de fonctionnement d'une interface graphique : vous n'avez pas besoin de connaître la commande (nous l'étudierons dans le chapitre 7.6 !). Vous devez seulement savoir qu'il existe une procédure permettant la copie de disquettes dans le gestionnaire de programmes. Ensuite vous n'avez qu'à répondre aux questions.

MS Anti-Virus

Cette commande lance un programme qui détecte et détruit les virus informatiques. Vous devriez l'utiliser de temps en temps pour éviter toute destruction de données causée par d'éventuels virus (voir chapitre 8.6).

MS Backup

Employez ce programme lorsque vous souhaitez effectuer la sauvegarde ou la restauration de vos données. Vous devriez effectuer au moins une sauvegarde complète du disque dur (voir chapitre 8.2).

Formatage rapide

Avec ce programme vous pouvez reformater des disquettes déjà formatées. Son avantage principal par rapport à FORMAT est, comme son nom l'indique, la rapidité. En effet, lorsqu'une disquette est formatée, la division usuelle en pistes et en secteurs ne doit plus être effectuée. Par conséquent, lors d'un formatage rapide, le PC n'est plus contraint de réaliser cette opération (il efface simplement les zones de gestion de la disquette).

L'inconvénient de cette méthode réside dans le fait que la disquette n'est pas vérifiée (Verify).

Format

Vous connaissez déjà ce programme grâce à notre exercice de formatage.

Pour mémoire : le programme FORMAT vous permet de formater des disquettes ou des disques durs. Cela signifie qu'il les prépare de manière à ce que des données puissent y être enregistrées. Ce programme fait appel à la commande FORMAT de MS-DOS (sur laquelle nous reviendrons en détail un peu plus tard). Le lecteur A: est défini par défaut. Vous pouvez également modifier ce paramètre.

Restauration de fichier

Ce programme vous permet de récupérer des fichiers effacés par inadvertance. Imaginez que vous ayez été imprudent lors de l'utilisation du point de menu "Supprimer" et que vous ayez effacé un fichier important. Ne vous inquiétez pas : MS-DOS veille sur les utilisateurs qui sont parfois trop rapides. Il vous propose en effet la récupération des fichiers effacés.

Après l'activation de cette commande et l'apparition d'une boîte de dialogue, vous pouvez tout d'abord visualiser les derniers fichiers effacés. Si vous souhaitez récupérer l'un de ces fichiers, appelez une nouvelle fois le programme, puis supprimez dans la boîte de dialogue l'indication "/liste". L'ordinateur vous demande ensuite si la procédure de suppression doit être annulée pour tous les fichiers effacés dans le répertoire actif. Après une pression sur **O** (pour Oui) vous devez entrer la première lettre du nom du fichier. Une fois cette opération effectuée, MS-DOS vous signale si le fichier peut (ou ne pas) être restauré.

Prenons un exemple : copiez le fichier AUTOEXEC.BAT, enregistré dans le répertoire racine du disque dur, sur une disquette. A cet effet, sélectionnez le fichier dans le répertoire principal, puis appelez la commande **Fichier/Copier**. Désignons A:\ comme cible.

Après la copie, activez le lecteur A: pour vous assurer de l'exécution de la procédure. A cet effet, cliquez sur l'icône de l'unité A: dans la ligne des lecteurs ou placez le sélecteur sur la lettre **A** et validez par **ENTREE**.

Une fois AUTOEXEC.BAT (du lecteur A:) affiché dans la liste des fichiers, sélectionnez-le. Appuyez ensuite sur **SUPPR** ou activez la commande **Supprimer** du menu **Fichier**. Pressez finalement la touche **ENTREE** lorsque la demande de confirmation apparaît.

Vous vous rendez compte maintenant que vous avez effacé par inadvertance un fichier très important (dans notre exemple ce n'est heureusement pas le cas). Pour le récupérer, procédez de la manière suivante :

Activez le gestionnaire de programmes avec **TAB**, puis appelez le groupe *Utilitaires disque*. Dans ce groupe sélectionnez le programme *Restauration de fichier*, validez par **ENTREE**. Une fenêtre, dans laquelle on vous met en garde contre les risques d'utilisation d'un tel programme (l'annulation d'une commande de destruction étant le cas échéant aussi dangereuse que la suppression elle-même), apparaît.

Toutefois, comme nous connaissons la procédure (et ses conséquences), entrez A:\AUTOEXEC.BAT dans "paramètre". Après une pression sur **ENTREE** un nouvel écran, dans lequel vous pouvez apercevoir la ligne suivante, est affiché :

```
?UTOEXEC.BAT  402  4-02-94  10:06...A  Récupérer
(O/N)?
```

Dans la première ligne vous pouvez remarquer qu'il manque la première lettre du nom du fichier. Pour récupérer ce dernier, appuyez sur **O**. MS-DOS vous demande ensuite d'entrer l'initiale du fichier (laquelle est remplacée par un point d'interrogation). Ce n'est pas une question de contrôle, la première lettre du nom du fichier étant réellement perdue.

Entrez un **A**, l'opération s'achève avec succès. Si vous aviez saisi un **B** à la place du **A**, la procédure aurait également fonctionné. Le fichier se serait cependant appelé BUTOEXEC.BAT et non AUTOEXEC.BAT.

Pour conclure ce sujet, voici un certain nombre de conseils :

- Lorsque vous avez effacé un fichier par mégarde, vous ne devez en aucun cas enregistrer de nouvelles informations sur le support de données (cela concerne aussi bien la création de fichiers que la sauvegarde de données). Toute modification (excepté l'utilisation de la commande UNDELETE) peut rendre impossible la récupération d'un fichier effacé.
- Après une telle opération, vous devriez absolument examiner le contenu du support de données dans le DOS Shell. A cet effet, cliquez deux fois sur la lettre de l'unité (dans la ligne des lecteurs) ou sélectionnez la lettre et appuyez sur **ENTREE**.
- En outre, vous ne devriez pas vous fier aveuglément à la possibilité de récupération des fichiers détruits. Pour cette raison n'utilisez jamais la commande "Supprimer" à tort et à travers, car vous n'avez en aucun cas une garantie de réussite (et souvent cela se passe mal).

6.4. Création d'un programme

Une propriété importante du DOS Shell vous permet d'ajouter des lignes de programme personnelles dans le gestionnaire de programmes afin que vous puissiez facilement lancer vos applications installées sur le disque dur. Vous pouvez, outre le nom du programme, préciser tous les paramètres souhaités pour l'appel de programme.

Ajouter une ligne de programme

Supposons que votre traitement de texte soit enregistré dans le sous-répertoire C:\PROG\WORD et que vous vouliez maintenant ajouter dans le gestionnaire de programmes du DOS Shell un programme à l'aide duquel vous pourriez appeler WORD par un simple clic ou une combinaison de touches.

L'ajout d'une nouvelle ligne de programme est obtenu par l'exécution de la commande "Nouveau" du menu **Fichier**. Dans une boîte de dialogue vous devez ensuite préciser si vous souhaitez installer un nouveau programme ou un nouveau groupe (programme étant la valeur par défaut). Après une pression sur **ENTREE** ou un clic sur OK la première boîte de dialogue *Ajouter le programme* apparaît.

Vous pouvez entrer les paramètres suivants :

Titre du programme

Dans *Titre du programme* vous pouvez saisir le texte de la ligne qui sera utilisée ultérieurement pour le lancement du programme. Le titre doit se composer au maximum de 25 caractères. Il doit être sans équivoque pour l'utilisateur et ne pas correspondre au nom du programme (lequel sera enregistré dans le champ *Commande*).

Si vous désirez associer le traitement de texte Word à cette ligne de programme, vous pouvez entrer "Traitement de texte Word". Appuyez sur **TAB** pour vous positionner sur le champ suivant.

Commande

Entrez la commande qui doit être activée à partir de l'interpréteur de commande pour lancer le programme. Par conséquent, si vous avez par exemple sauvegardé le programme Word dans le répertoire C:\PROG\WORD et défini avec PATH un chemin vers ce répertoire (WORD effectuant automatiquement cette opération lors de l'installation), il vous suffit d'entrer WORD.

Lorsque le chemin n'a pas été précisé, la commande doit être saisie intégralement : C:\PROG\WORD\WORD. Si cette manipulation vous semble quelque peu fastidieuse, pensez que vous n'aurez à l'effectuer qu'une seule fois précisément lors de la création de la ligne de programme.

Si vous souhaitez exécuter plusieurs commandes les unes à la suite des autres, vous devez les séparer par des point-virgules.

Exemple

Par exemple, vous voulez formater et examiner (avec SCANDISK) une disquette insérée dans le lecteur A:. Pour cela, vous devez saisir les deux commandes de la manière suivante :

```
FORMAT A: ; SCANDISK A:
```

N'oubliez pas que pour la saisie de caractères à partir du pavé numérique la touche **Num** doit être activée. Vous obtenez le backslash avec **ALT+ 9 + 2**.

Par ailleurs vous découvrirez plus précisément les commandes MS-DOS et leurs fonctions dans le chapitre 7 "L'interpréteur de commande". Mais pour le moment nous ne souhaitons pas entrer dans les détails.

Rép. de lancement

Sous *Rép. de lancement* vous pouvez préciser le répertoire qui doit être actif avant le lancement du programme. Par exemple, si vos documents Word sont enregistrés dans le répertoire C:\TEXTES, vous pouvez déclarer ce dernier. Pour Word C:\TEXTES désignera donc le répertoire actif.

Touche de raccourci

Ce point de menu permet d'attribuer au programme un raccourci clavier pouvant se composer des touches **CTRL**, **ALT**, **MAJ** et "lettre" (par exemple **CTRL** + **W** pour Word).

Maintenez tout simplement la touche souhaitée (**CTRL**, **ALT** ou **SHIFT**) enfoncée et appuyez sur une lettre, un chiffre ou une touche de fonction. Le DOS Shell enregistre ensuite la combinaison de touches actionnée dans ce champ.

Les chiffres 1 - 0 ne peuvent pas être associés à **MAJ**, car ils ne seraient plus considérés comme des chiffres, mais comme des caractères particuliers !

Pause après sortie

Une fois ce point sélectionné avec **TAB** ou avec la souris, vous pouvez activer/désactiver le X placé entre crochets en appuyant sur la barre d'espacement ou en cliquant sur "Pause après sortie". Lorsque le X est visible, l'ordinateur attend que vous appuyez sur une touche, une fois l'exécution du programme terminée, avant de réafficher l'écran du DOS Shell. Si vous supprimez le X, le DOS Shell apparaît dès la sortie de l'application.

L'intérêt de cette option est le suivant : de nombreux programmes, ainsi que certaines commandes MS-DOS (DIR, CHKDSK, MEM), affichent des informations sur l'écran et envoient simultanément le message "terminé" au système d'exploitation. De fait vous n'avez pas le temps de lire et de traiter correctement ces données. Afin que le DOS Shell n'efface pas immédiatement l'écran, vous pouvez insérer une pause qui vous permettra ainsi d'examiner ces informations en toute tranquillité. Vous n'aurez plus ensuite qu'à appuyer sur une touche pour obtenir l'écran du DOS Shell.

Mot de passe

Si vous inscrivez dans ce champ un mot de passe (huit caractères au maximum), le PC vous demandera d'entrer ce code (qui n'apparaît pas sur l'écran lors de l'essai) avant le lancement du programme. Les modifications, la copie ou la suppression de cette ligne de programme ne pourront être exécutées qu'après la saisie du mot de passe. Le DOS Shell tient compte des majuscules et des minuscules !

Si vous êtes encore un débutant, il est préférable que vous renonciez à cette option. Une telle protection est plutôt réservée à un utilisateur expérimenté qui a installé dans le DOS Shell différents programmes (réservés à un nombre restreint de personnes) et qui souhaite ainsi se prémunir contre des modifications accidentelles.

Une fois que vous avez saisi toutes les données souhaitées, appuyez sur **ENTREE** pour ajouter le programme. Vous pouvez interrompre la procédure en cliquant sur "Annuler" ou en appuyant sur **ECHAP** (ce qui entraîne la perte des informations enregistrées jusqu'à présent).

Définir des groupes

Le gestionnaire de programmes accepte naturellement les lignes de groupes supplémentaires. Partons de l'hypothèse suivante : vous disposez d'un certain nombre de programmes rarement utilisés. Néanmoins vous désirez les appeler directement. A cet effet, créez par exemple un groupe nommé "Programmes différents" et définissez les lignes de programme souhaitées. L'ajout d'un nouveau groupe s'effectue aussi simplement que la création d'une ligne de programme. La boîte de paramétrage décrite ci-dessous apparaît non seulement lors de la création d'un groupe, mais également lors de sa modification. Le premier champ *Titre* doit être rempli, les deux autres (texte d'aide et mot de passe) sont optionnels. Vous pouvez donc les activer, mais ce n'est pas une obligation.

Ajouter une ligne de groupe

Vous pouvez ajouter une nouvelle ligne de groupe en appelant l'option **Nouveau** du menu **Fichier**. L'ordinateur vous demande ensuite si vous souhaitez créer un nouveau groupe ou un programme. Appuyez sur **ENTREE** ou cliquez sur *groupe* pour définir un groupe. Pressez ensuite **ENTREE** ou cliquez sur OK. La boîte de saisie *Ajouter le groupe* apparaît.

Modifier une ligne de groupe

La modification d'une ligne de groupe s'effectue de la manière suivante : vous devez en premier lieu sélectionner la ligne de groupe concernée à l'aide de la souris ou des touches de direction. Activez ensuite l'option **Propriétés** du menu **Fichier**. La boîte de dialogue *Propriétés de groupe de programme* apparaît sur l'écran. Elle est identique à la boîte de dialogue *Ajouter le groupe*, toutefois les valeurs précédemment saisies sont déjà affichées.

Vous pouvez saisir ou modifier les options suivantes.

Titre

Dans le champ *Titre* entrez l'intitulé de la ligne qui servira par la suite à l'ouverture du groupe (dans notre exemple : "Programmes différents"). Le titre doit se composer de 25 caractères au maximum, ce qui est suffisant dans le cas présent. Appuyez sur **TAB** pour aller dans le champ suivant : *Texte d'aide*.

Texte d'aide

Vous pouvez saisir un texte explicatif concernant le groupe. Dans notre exemple ce pourrait être par conséquent : "Regroupe divers appels de programme". Appuyez sur **TAB** pour vous placer sur l'option *Mot de passe*.

Mot de passe

Vous pouvez définir un mot de passe qui sera demandé par le DOS Shell avant toute ouverture du groupe (un astérisque remplace le caractère saisi, afin que personne ne puisse lire le code sur l'écran).

Le DOS Shell tient compte des majuscules et des minuscules ! Si vous êtes débutant, soyez prudent.

Appuyez sur **ENTREE** pour valider les paramètres. Vous avez ainsi créé ou modifié un groupe.

6.5. Transmettre des paramètres à un programme

Lorsqu'un programme a besoin d'un ou plusieurs paramètres, une boîte de dialogue permettant la saisie des paramètres demandés apparaît sur l'écran après l'appel de la ligne de programme.

Les deux applications présentes dans le DOS Shell, l'éditeur et le QBasic, font appel à une telle boîte de dialogue. Dans le premier cas vous pouvez préciser le fichier que vous souhaitez éditer, dans le second cas le programme Basic qui doit être chargé.

Par exemple, lors de l'appel de WORD, vous pouvez préciser le document qui doit être immédiatement chargé lors du lancement du traitement de texte. De nombreux programmes peuvent également traiter d'autres informations et s'adapter le cas échéant à la tâche qu'ils doivent exécuter.

Les paramètres (9 au maximum) assignés à un programme sont représentés de la manière suivante : "%1", "%2",... "%9". On a choisi ces caractères particuliers parce qu'ils sont peu employés (en règle générale dans des lignes de commande ou à la place de noms de fichiers).

Lors de la création (ou de la modification) d'une ligne de programme, placez **%1** à la suite de l'instruction enregistrée dans le champ *Commande*. Par conséquent, si vous souhaitez appeler le traitement de texte Word en incluant des paramètres, vous devez inscrire "WORD %1" ou "C:\PROG\WORD\WORD %1" dans le champ *Commande*. Si cette opération vous semble trop compliquée pour le moment, ne vous inquiétez pas, nous l'étudierons ultérieurement (avec les fichiers batch).

6.6. Suppression et modification de programme

Naturellement la définition d'un programme n'est pas immuable. En effet, le DOS Shell vous permet de modifier, d'ajouter ou le cas échéant de supprimer des programmes (cette dernière opération étant si simple que c'est un véritable plaisir).

Modifier une ligne de programme

Supposons que vous ayez créé un programme "TRAIT. DE TEXTE" à l'aide duquel vous pouvez lancer WORD. Vous préférez à présent modifier le titre du programme afin que l'on puisse immédiatement reconnaître le traitement de texte WORD.

Avant de modifier une ligne de programme, vous devez la sélectionner à l'aide de la souris ou des touches de direction. La modification de la ligne de programme sélectionnée est ensuite obtenue par l'activation de l'option **Propriétés** du menu **Fichier**. La boîte de saisie contenant les définitions du programme apparaît.

Vous pouvez à présent procéder aux modifications (les lignes de saisie sont les mêmes que celles présentes lors de la création d'un programme).

Dans notre exemple, pour changer le titre "TRAIT. DE TEXTE" en "TRAIT. DE TEXTE WORD 5.0", positionnez-vous sur la ligne de programme "TRAIT. DE TEXTE" dans le gestionnaire de programmes. Activez ensuite l'option **Propriétés** du menu **Fichier**. Dans la boîte de dialogue le titre est déjà sélectionné, vous pouvez donc entreprendre la correction.

Si vous entrez des caractères à l'aide du clavier, le contenu du champ (par conséquent "TRAIT. DE TEXTE") est effacé. Toutefois, si vous déplacez le curseur vers la gauche ou la droite ou si vous cliquez sur le champ, l'aspect du curseur se modifie. Vous pouvez ainsi insérer de nouveaux caractères. Validez finalement la modification du titre en appuyant sur **ENTREE** ou en cliquant sur OK.

La suppression de lignes de programme

Outre la modification et l'ajout, vous pouvez également supprimer des lignes de programme dans le gestionnaire de programmes (par exemple lorsque l'application utilisée n'est plus enregistrée sur le disque dur).

Prenons un exemple : vous souhaitez remplacer Word 5.0 par la nouvelle version 5.5. Vous créez donc une ligne de programme pour cette dernière, cependant vous n'effacez pas l'ancienne version. Quelques semaines plus tard vous vous rendez compte que vous n'avez plus besoin de WORD 5.0, vous pouvez donc supprimer le répertoire correspondant sur le disque dur ainsi que le programme dans le gestionnaire de programmes.

Lorsque vous désirez supprimer un programme dans le gestionnaire de programmes, vous devez sélectionner la ligne souhaitée et choisir la commande **Supprimer** du menu **Fichier**. Une fois la demande de confirmation validée, le programme est effacé.

Cette opération ne détruit pas le traitement de texte proprement dit sur le disque dur. Seules les informations concernant le chargement de ce programme dans le gestionnaire de programmes sont effacées.

7. L'interpréteur de commande

Maintenant que vous connaissez le DOS Shell, nous pouvons vous présenter l'interpréteur de commande.

Vous vous souvenez sûrement des deux outils de travail proposés par MS-DOS et présentés en début d'ouvrage : outre le DOS Shell convivial convenant parfaitement aux débutants, il existe également un langage particulier permettant de donner des ordres au PC.

A ce sujet vous avez d'ailleurs pu constater dans le chapitre précédent que ces commandes devenaient de plus en plus indispensables. A la vérité il existe un seuil à partir duquel il devient impossible de les ignorer.

Ajoutez à cela que vous pourriez utiliser un jour ou l'autre un PC qui ne lance pas le DOS Shell, mais l'interpréteur de commande lors de sa mise sous tension. Vous pourriez également être confronté à une ancienne version du DOS ne possédant pas le DOS Shell. C'est la raison pour laquelle il est préférable en tant qu'utilisateur de maîtriser la langue primitive du PC.

Avant de commencer encore une petite remarque : nous avons dit que l'interface graphique DOS Shell et l'interpréteur de commande représentent deux aspects d'une seule et même chose, à savoir l'utilisation du système d'exploitation. De fait vous pouvez rencontrer les mêmes problèmes ou exécuter les mêmes procédures, que vous soyez dans le DOS Shell ou dans l'interpréteur de commande. Par conséquent les doubles emplois et les répétitions sont inévitables.

Il est en outre possible que, pour différentes raisons, une personne ne veuille pas débuter par l'apprentissage du DOS Shell. Nous avons donc inséré des renvois particuliers s'adressant à l'utilisateur du DOS Shell tout au long de ce chapitre sans nuire à l'originalité de nos propos.

7.1. Présentation

Vous vous demandez peut-être ce que signifie le mot *interpréteur de commande.* C'est très simple : on appelle *ligne de commande*" l'utilisation de commandes MS-DOS particulières (par opposition à l'interface graphique DOS Shell). Toutefois le programme permettant la saisie et la compréhension de ces commandes est appelé *interpréteur de commande* parce qu'il "interprète" les commandes afin que le PC puisse les comprendre. En effet, un cerveau électronique ne réagit qu'à des impulsions électriques et non à des mots. L'interpréteur de commande effectue donc le codage des mots en impulsions électriques. Vous pouvez ainsi différencier "ligne de commande" et "interpréteur de commande".

La ligne de commande représente véritablement le niveau de travail originel du MS-DOS. Elle vous permet d'exécuter toutes les tâches proposées par le DOS Shell. Cependant ces opérations (la copie, la suppression, etc) sont plus complexes à mettre en oeuvre car vous devez employer des commandes pour indiquer à l'ordinateur la procédure qu'il doit effectuer. Vous devez par conséquent mémoriser un grand nombre d'instructions (celles-ci ne pouvant pas être sélectionnées à l'aide d'un menu comme c'est le cas dans le DOS Shell).

Néanmoins l'interpréteur de commande peut accomplir beaucoup plus d'opérations que le DOS Shell. Il existe ainsi des commandes que vous ne pouvez pas exécuter dans le DOS Shell : par exemple le réglage de la date et de l'heure.

Mais il est temps maintenant de mettre fin à ces réflexions et remarques théoriques pour nous familiariser avec l'interpréteur de commande.

Le lancement de la ligne de commande/interpréteur de commande

Avant de lancer la ligne de commande, vous devriez en premier lieu activer le répertoire racine du disque dur à l'aide du DOS Shell afin que nous ayons les mêmes conditions de départ. A cet effet, placez le sélecteur dans l'arbre des répertoires avec **TAB** et sélectionnez la ligne :

```
[-]-C:\
```

Vous pouvez à présent lancer l'interpréteur de commande en activant la barre de menus avec **ALT** et en ouvrant le menu **Fichier** avec **ENTREE**. Choisissez la commande **Quitter** à l'aide des touches de direction, puis appuyez sur **ENTREE**.

Le DOS Shell disparaît et vous pouvez apercevoir les caractères suivants sur l'écran :

```
C:\>
```

Ces signes représentent la marque distinctive de l'interpréteur de commande. Ils vous signalent que l'ordinateur est prêt à recevoir vos ordres. On parle par conséquent de *prompt système*.

En règle générale le prompt (ou invite) est structuré de manière à ce que la lettre du lecteur actif (ici le disque dur C:) soit tout d'abord visible. Vous apercevez ensuite un double point, puis le backslash (séparant le nom du répertoire), et finalement le signe supérieur qui indique que vous pouvez maintenant saisir une commande.

7.2. La saisie de commande

Le travail avec l'interpréteur de commande peut à présent commencer. Pour tester ses capacités et son intelligence, nous pourrions par exemple écrire sur l'écran :

```
BONJOUR
```

Comme sur une machine à écrire, vous obtenez les majuscules en maintenant enfoncée l'une des deux touches **MAJ** (celles-ci sont caractérisées par une flèche pointée vers le haut).

Il ne se passe rien à première vue. Vous devez, en effet, confirmer une saisie par **ENTREE** (comme dans le DOS Shell). Appuyez par conséquent sur **ENTREE**.

Le message suivant apparaît aussitôt :

```
Nom de commande ou de fichier incorrect
```

Vous pouvez effectuer d'autres entrées. Après une pression sur **ENTREE** le message précédent est une nouvelle fois affiché.

Voici donc la preuve de ce que nous avions énoncé en début de chapitre : vous pouvez écrire n'importe quel mot sur l'écran, mais l'ordinateur ne comprend et n'accepte que certaines "commandes" et "noms de fichiers".

La date et l'heure

Nous souhaitons maintenant vous présenter les premières commandes acceptées par l'ordinateur. Commençons par un paramétrage important du système qui ne peut être directement obtenu dans le DOS Shell. Entrez :

```
DATE
```

Lors de la saisie des commandes vous pouvez employer indistinctement des majuscules ou des minuscules. Désormais nous utiliserons les majuscules afin que vous puissiez parfaitement distinguer les commandes.

Par ailleurs, vous devez correctement entrer les commandes, en faisant surtout attention aux espaces. En effet, votre PC est très strict en ce qui concerne la syntaxe. N'oubliez pas, après la saisie, d'appuyer sur **ENTREE**.

Le message suivant apparaît sur l'écran :

```
La date du jour est : Mer 24/08/1994
Entrez la nouvelle date (jj.mm.aa) :
```

Vous pouvez à présent appuyer sur **ENTREE**, le prompt est à nouveau affiché :

```
C:\>
```

Vous pouvez répéter plusieurs fois cette opération. La date n'est pas modifiée.

Vous vous demandez : qu'est-ce que ça signifie ?

Voici l'explication : lorsque vous renoncez à la saisie d'une nouvelle valeur, la date active demeure inchangée.

Nous voulons maintenant procéder à la modification de la date. Vous pouvez suivre nos instructions en toute tranquillité car vous pouvez à tout moment communiquer la date exacte à votre ordinateur. Ce dernier affiche le format de saisie entre parenthèses :

```
(jj-mm-aa)
```

jj représente un numéro de jour (composé de deux chiffres), mm le numéro du mois et aa les deux derniers chiffres de l'année.

Entrez une nouvelle fois la commande suivante :

```
DATE
```

A présent modifiez la date. Cela signifie que vous devez entrer en premier lieu le jour, puis le mois et finalement l'année. Par exemple :

```
29.09.1994
```

A cet instant vous êtes sûr de vous, la saisie semble correcte, vous ne risquez rien à essayer. Effectivement votre ordinateur... ne fait rien. Celui-ci se signale comme à l'accoutumée par :

```
C:\>
```

Toutefois vous pouvez aisément vérifier si votre PC a modifié la date. A cet effet, entrez :

```
DATE
```

Les lignes suivantes apparaissent sur l'écran :

```
La date du jour est : Jeu 29/09/1994
Entrez la nouvelle date (jj.mm.aa) :
```

La question "Entrez la nouvelle date" ne doit plus vous déconcerter, vous pouvez en effet l'ignorer en appuyant sur **ENTREE** (l'ordinateur conservant dans ce cas la date affichée dans la première ligne).

Maintenant nous ne sommes plus aussi "attentionnés" et nous entrons :

```
1.1.95
```

Vous constatez que nous n'avons pas inscrit le premier chiffre (un zéro) du jour et du mois, et qu'en outre nous avons renoncé à la saisie du siècle.

Dès que nous demandons la DATE, l'ordinateur nous annonce le dimanche 1er janvier 1995. L'affichage du jour de la semaine correspondant à la date doit sûrement vous étonner.

Cette propriété nous autorise quelques enfantillages. Par simplicité nous saisissons à chaque fois le 1er janvier de l'année souhaitée. Nous déterminons ainsi que le 1.1.2000 correspond à un samedi. Toutefois la saisie du 1.1.2100 n'est pas acceptée ! L'ordinateur affiche le message suivant :

```
Date non valide
Entrez la nouvelle date (jj.mm.aa) :
```

Il demande ensuite la saisie d'une nouvelle valeur. Appuyez simplement sur **ENTREE** pour conserver la date active.

Si vous ne souhaitez pas procéder à de nombreux essais, sachez que le 31.12.2099 représente la dernière date autorisée (un jeudi !).

Ne soyez pas trop déçu par cette limite, votre ordinateur sera certainement exposé dans un musée à cette époque et vous lui aurez certainement trouvé plusieurs successeurs depuis longtemps.

Nous espérons que vous commencez à apprécier l'interpréteur de commande. Nous devons maintenant effectuer un voyage dans le passé.

Entrez le 1.1.87. Le PC nous signale après une nouvelle saisie de DATE que ce jour était un jeudi, le 1.1.80 un mardi. Pour une date antérieure vous n'obtenez aucune réponse. Les concepteurs du système d'exploitation ont simplement choisi ce jour comme étant le premier jour. L'affichage de la date doit avoir un intérêt pratique, nous ne disposons donc pas d'un calendrier "éternel". Nous n'en ferons pas une maladie ! Notre ordinateur a plus d'avenir que de passé !

Vous vous interrogez sûrement sur la finalité de la commande DATE. Vous pouvez à tout moment afficher la date active sur l'écran. Toutefois vous obtiendriez le même résultat en jetant un oeil sur un calendrier.

En fait il est important que l'ordinateur enregistre la date lors de la sauvegarde d'un fichier. Vous pouvez ainsi trouver à tout moment la version la plus récente d'un document. A cet effet, vous devez bien entendu entrer la date active avec DATE.

Si vous nous faites maintenant remarquer que vous pouvez améliorer plusieurs fois un document en une journée, nous pouvons vous proposer une seconde solution. Entrez :

```
TIME
```

Sur l'écran apparaît par exemple :

```
L'heure courante est : 15:02:06,93
Entrez la nouvelle heure :
```

Si vous obtenez une autre valeur, c'est vraisemblablement dû au fait que nous n'avons pas allumé nos ordinateurs en même temps, ou que l'heure active est inexacte. Le PC est précis car vous pouvez même apercevoir les centièmes de seconde.

Essayons ensemble de régler l'heure. Vous pourriez entrer comme heure active :

```
9:39:30,00
```

Après une pression sur **ENTREE** et une nouvelle saisie de la commande TIME, le PC affiche l'heure du système :

```
09:39:32,30
```

Deux secondes et demi se sont écoulées entre les deux instructions TIME.

Vous pouvez également renoncer à la saisie des secondes et des minutes, et vous contenter des heures pleines. En outre, vous n'avez pas besoin de remplacer les dixièmes de seconde par des zéros. Cela signifie qu'une saisie telle que :

```
7:5
```

est valable. Votre ordinateur croit que vous avez commencé le travail à 7 heures 5 minutes. Il ajoute ensuite les chiffres manquants, comme vous pouvez le constater avec l'instruction TIME suivante.

```
07:05:02,45
```

Toutefois l'ordinateur ne peut naturellement pas accepter des indications telles que 25 heures 61 minutes. Dans un tel cas il afficherait le message suivant :

```
Heure non valide
Entrez la nouvelle heure :
```

Par ailleurs : les différents exemples de saisie de TIME mettent l'accent sur l'importance de la touche **ENTREE** dans la ligne de commande. Le PC ne peut pas savoir quand votre saisie est terminée. Si vous vous contentez de 17 pour 17 heures ou si vous souhaitez entrer des minutes, vous devez appuyer sur **ENTREE** pour donner un ordre incontestable au PC (ce dernier pouvant alors commencer l'exécution de votre instruction).

Pour conclure, entrez une nouvelle fois l'heure active avec TIME.

Le PC se présente - le prompt

Intéressons-nous maintenant au prompt qui signale à l'utilisateur que l'interpréteur de commande attend une entrée. Vous connaissez déjà les caractères

```
C:\>
```

qui sont apparus après le lancement de l'interpréteur de commande, et qui sont constamment réaffichés sur l'écran après l'exécution de toute commande. Vous pouvez modifier l'aspect de ce prompt et nous voulons vous présenter la manière de procéder.

A l'heure actuelle vous apercevez un grand C, un double point, une barre oblique inclinée vers la gauche (le backslash) et un signe supérieur. Le C: désigne le lecteur actif et le backslash signale que vous vous trouvez dans le répertoire racine. Le signe supérieur vous permet de savoir que le "C" ne représente pas la saisie d'une lettre, mais un message de l'ordinateur.

Vous pouvez immédiatement saisir vos commandes à la suite du signe supérieur (par exemple DATE et TIME). Si vous souhaitez rendre le prompt plus explicite (par un autre message), vous pouvez entrer :

```
PROMPT J'attends la saisie d'une commande !
```

(Vous devez absolument laisser un espace après le "PROMPT" !)

Appuyez sur **ENTREE**. Votre ordinateur affiche le nouveau prompt. Dorénavant ce dernier sera caractérisé par la phrase :

```
J'attends la saisie d'une commande !
```

Cette phrase apparaîtra chaque fois que vous appuierez sur **ENTREE** (c'est également valable pour C:\>).

Pour vérifier si ce nouveau prompt fonctionne, vous pouvez appeler la commande TIME. L'heure apparaît comme à l'accoutumée.

Si vous souhaitez définir un prompt qui précise le lecteur, entrez simplement :

```
PROMPT $P$G
```

Vous apercevez aussitôt un C, un double point, le backslash et un signe supérieur.

```
C:\>
```

(Le signe Dollar est placé à gauche de la touche **ENTREE**. N'oubliez pas d'insérer un espace entre PROMPT et dollar, sous peine de voir apparaître le message d'erreur "nom de commande ou de fichier incorrect". Le caractère blanc est important, car il permet à l'ordinateur d'identifier la commande. Ce dernier ne reconnaît pas une commande PROMPT$).

Vous pouvez maintenant procéder à des essais. Entrez par exemple :

```
PROMPT Bonjour
```

et appuyez plusieurs fois sur **ENTREE**. Vous obtenez enfin le "Bonjour" que l'ordinateur vous avait refusé en début de chapitre.

Le prompt peut également vous rendre d'autres services. Entrez :

```
PROMPT $D
```

Lorsque cette commande est correctement saisie, la date active est constamment affichée. Vous pouvez ensuite entrer DATE et TIME comme d'habitude et obtenir les résultats souhaités.

Vous pouvez à présent afficher l'heure. A cet effet entrez :

```
PROMPT $T
```

Peut-être espérez-vous voir défiler les secondes et les minutes sur l'écran. Votre attente est malheureusement vaine. L'heure demeure inchangée. Vous devez de nouveau appuyer sur **ENTREE** pour constater que l'heure interne s'est modifiée. L'heure active du système est ensuite affichée dans le prompt.

Vous pouvez également insérer la date et l'heure dans un texte. Pour cela entrez la commande suivante :

```
PROMPT Nous sommes le $D. Il est $T. Entrez une
commande, S.V.P !
```

Vous pouvez ajouter un espace après le point d'exclamation afin de pouvoir correctement discerner votre commande du texte affiché.

Si l'écran s'avère trop illisible, revenez au prompt d'origine avec :

```
PROMPT $P$G
```

ou définissez-en un autre.

Nous apprendrons ultérieurement à sauvegarder le prompt, de manière à ce qu'il puisse immédiatement apparaître après la mise sous tension de l'ordinateur. Pour l'instant vous êtes obligé de le saisir à chaque fois. Mais c'est peut-être préférable car vous pouvez ainsi parfaitement mémoriser la commande.

La répétition de commande avec DOSKEY

Vous avez sans doute le sentiment que l'emploi de l'interpréteur de commande nécessite une saisie continue. Or trop c'est trop ! Nous devons donc rechercher une solution qui permettrait de réduire considérablement ce travail de saisie. Nous avons de la chance car un utilitaire fort intéressant est livré avec MS-DOS : DOSKEY.

DOSKEY permet la répétition et l'édition de lignes de commande dans l'interpréteur. Après son chargement le programme affiche le message "DOSKEY installé". Toutefois rien ne semble avoir changé de prime abord ; en apparence seulement car les lignes saisies peuvent être aisément modifiées.

Vous obtenez la ligne de commande précédente en appuyant sur ↑. Si vous venez de lancer DOSKEY, il ne se produit rien car DOSKEY n'a pas encore enregistré de lignes. Entrez quelques lignes (par exemple des commandes PROMPT), puis recherchez avec ↑ toutes les lignes de commande sauvegardées. ↓ sélectionne la ligne suivante. Les lignes sont stockées dans la mémoire.

L'utilitaire DOSKEY vous permet par conséquent de simplifier considérablement la saisie des lignes de commande. DOSKEY est un fichier programme particulier qui doit être chargé. Si vous rencontrez des problèmes lors de son lancement, vous pouvez consulter le chapitre 11.2 ("En cas de problèmes") pour connaître la procédure à suivre lorsque MS-DOS ne trouve pas une commande ou un programme.

CLS - effacer l'écran

Nous souhaitons maintenant vous présenter la commande CLS.

Si votre écran est rempli de messages PROMPT encombrants, entrez cette commande :

```
CLS
```

Vous constatez que votre écran est aussitôt effacé. CLS est d'ailleurs l'abréviation de "Clear Screen" (ce qui signifie : "nettoie l'écran").

7.3. L'affichage du contenu d'un support de données

Après vous avoir présenté la saisie de commande MS-DOS à l'aide de deux exemples, nous souhaitons maintenant étudier certaines commandes importantes exécutant des tâches identiques à celles proposées par le DOS Shell.

L'une de ces commandes MS-DOS vous permet de visualiser les fichiers enregistrés sur votre disque dur ou sur une disquette. Entrez à la suite du prompt l'instruction suivante :

```
DIR
```

Après une pression sur **ENTREE**, vous apercevez à peu près l'écran suivant :

```
C:\COURRIER>dir

 Le volume dans le lecteur C s'appelle NIKITA
 Le numéro de série du volume est 1D17-4693
 Répertoire de C:\COURRIER

.            <REP>            08-24-94    2:57p
..           <REP>            08-24-94    2:57p
PRIVE        <REP>            08-24-94    2:57p
TRAVAIL      <REP>            08-24-94    2:58p
DOC1     DOC           7,168  07-08-94    3:39p
EXC_NOT3 DOC           6,656  06-24-94   12:53p
EXELPLE  DOC           6,656  08-10-94    3:22p
EXEMPLE  DOC           6,656  08-10-94    3:22p
FAX      DOC          18,944  08-25-94    9:16a
        9 fichier(s)          46,080 octets
                          17,444,864 octets libres

C:\COURRIER>
```

Affichage du contenu d'un répertoire

Le contenu de votre disque dur est affiché sur l'écran. Vous pouvez distinguer différentes informations. Certaines d'entre elles ont déjà été étudiées dans le DOS Shell, mais d'autres sont inconnues. Examinons-les en détail :

Le nom du support de données

Le nom du support de données (disque dur ou disquette) est visible dans la première ligne. Même si le support de données ne possède pas d'intitulé, cette particularité est signalée de la manière suivante :

```
Le volume du lecteur C n'a pas de nom
```

Le nom du support de données représente l'étiquette électronique d'une disquette (ou d'un disque dur). Vous apprendrez ultérieurement à attribuer un nom à une disquette.

Le numéro du support de données

Tout support de données est caractérisé par un numéro qui est fréquemment utilisé par MS-DOS à des fins de vérification. Pour cette raison il ne revêt aucune importance pour l'utilisateur.

Le nom du répertoire

Vous pouvez apercevoir dans la ligne suivante le nom du répertoire, dont le contenu est affiché sur l'écran. Dans le DOS Shell vous avez appris que tout disque dur (ou disquette) peut être divisé en plusieurs répertoires. Ces derniers permettent une organisation structurée du support de données. Dans cette ligne est donc enregistré le nom du répertoire actif.

Celui-ci est composé de la lettre du lecteur, du répertoire racine (caractérisé par le backslash) et le cas échéant du sous-répertoire. Si le répertoire TEXTES existe, sa déclaration est la suivante :

```
C:\TEXTES
```

Fichiers et répertoires

Les fichiers et les sous-répertoires présents dans ce répertoire sont ensuite répertoriés.

Les sous-répertoires sont caractérisés par l'inscription <REP> placée à la suite de leur nom. REP représente l'abréviation de "répertoire". Le nom du sous-répertoire est toujours indiqué.

Vous pouvez reconnaître un fichier au nombre qui est précisé à la suite de son nom. Ce nombre représente la taille du fichier. Les fichiers sont le plus souvent caractérisés par un nom proprement dit et par une extension. Cette dernière est importante car MS-DOS peut ainsi déterminer le type du fichier.

Date et heure

Vous pouvez apercevoir deux autres données dans les colonnes suivantes. Il s'agit de la date et de l'heure de création du fichier ou du répertoire. Ces deux informations vous permettent par exemple de trouver le dernier fichier modifié. Vous constatez ainsi qu'il est important d'entrer la date et l'heure exactes sur votre ordinateur. Celles-ci sont sauvegardées lors de la modification des fichiers ou des répertoires. Vous pouvez ensuite les examiner en affichant le contenu d'un répertoire.

Remarque

La commande DIR est plus complète que l'option correspondante du DOS Shell car outre la date elle affiche également l'heure. Cette particularité peut être fort utile lorsque vous avez créé et sauvegardé plusieurs versions d'un fichier (par exemple un texte) un même jour et que vous souhaitez déterminer la version la plus récente. Il vous suffit de comparer les heures précisées par DIR.

Dernières informations

L'ordinateur précise dans les dernières lignes le nombre de fichiers et de répertoires enregistrés dans le répertoire affiché. Vous obtenez également le nombre d'octets occupés par les fichiers ainsi que le nombre d'octets encore disponibles sur le support de données.

Le prompt système apparaît finalement et vous savez ainsi que MS-DOS a terminé l'exécution de la commande.

Afficher le contenu du répertoire page par page

Nous souhaitons à présent vous parler d'un problème qui n'existe pas dans le DOS Shell. Il peut arriver que de nombreux fichiers soient enregistrés dans un répertoire. Si vous entrez la commande DIR et que vous appuyez sur **ENTREE**, le contenu du répertoire défile sur l'écran sans que vous puissiez l'examiner intégralement. Afin de pouvoir lire en toute tranquillité les informations affichées, vous devez appeler la commande DIR suivie d'un paramètre. Ce dernier signale à MS-DOS que le contenu du répertoire doit être affiché sur l'écran page par page.

A cet effet, vous devez saisir la ligne de commande suivante :

```
DIR /P
```

Le P désigne le mot "Page". Si vous appuyez maintenant sur **ENTREE**, le contenu du répertoire ne défile plus car MS-DOS interrompt l'édition dès que l'écran est entièrement rempli. Le message suivant est affiché sur le bord inférieur de l'écran :

```
Appuyez sur une touche pour continuer...
```

Cela signifie que vous devez appuyer sur une touche quelconque pour obtenir la page suivante, une fois que vous avez suffisamment examiné l'écran actif. Cette opération se répète jusqu'à ce que l'intégralité des informations ait été éditée (le prompt apparaissant ensuite).

Avant d'examiner le contenu d'un autre répertoire (procédure plus difficile à exécuter dans l'interpréteur de commande), nous devons nous préoccuper des disquettes.

Afficher le contenu du répertoire d'une disquette

Jusqu'à présent vous n'avez pu visualiser que le contenu du disque dur avec la ligne de commande. Pour obtenir le même résultat avec une disquette, vous devez en premier lieu insérer celle-ci dans le lecteur, puis activer ce dernier.

Changer de lecteur

Les différents lecteurs sont caractérisés par des lettres. Le disque dur est désigné par la lettre C (il vous suffit d'observer le prompt pour vous en persuader). Le lecteur de disquettes est le plus souvent représenté par la lettre A. Si vous possédez deux lecteurs, le second (fréquemment celui du dessous) est désigné par un B.

Par principe nous supposons que vous ne disposez que d'un seul lecteur. Par conséquent nous n'utilisons que la lettre A. Vous devez à présent entrer à la suite du prompt :

```
A:
```

Appuyez sur **ENTREE**, le témoin du lecteur s'allume brièvement et le prompt se modifie :

```
A:\>
```

Vous constatez ici que le lecteur momentanément actif est toujours indiqué dans le prompt.

A la suite de ce dernier vous pouvez maintenant entrer les commandes DIR ou DIR/P. Le contenu du répertoire de la disquette est ensuite affiché. Les informations éditées sont identiques (dans leur présentation) à celles étudiées en détail précédemment (nom du lecteur, date et heure, etc).

Pour réactiver le disque dur, vous devez procéder de la manière suivante. Entrez à la suite du prompt la lettre désignant le disque dur (à savoir un C), suivie d'un double point, puis appuyez sur **ENTREE**. L'invite vous signale ensuite que vous vous trouvez à nouveau sur le disque dur.

Changer de répertoire

Comme nous vous l'avons déjà expliqué, lorsque vous examinez le contenu d'un répertoire, vous pouvez apercevoir (outre les fichiers) des répertoires dans lesquels sont enregistrés d'autres fichiers. Lors de l'édition du contenu d'un répertoire seul le nom du sous-répertoire (éventuellement présent) est précisé. La question est donc la suivante : comment procéder pour examiner les fichiers qui se trouvent dans un tel sous-répertoire ?

Dans le DOS Shell vous avez créé le répertoire TRAVAIL. Vous devez en premier lieu l'activer si vous souhaitez visualiser son contenu. A cet effet, entrez la commande suivante :

```
CD TRAVAIL
```

Si vous appuyez sur **ENTREE**, vous constatez que le prompt se modifie :

```
C:\TRAVAIL>
```

L'invite affiche non seulement le lecteur, mais également le répertoire actif.

Remarque

PG doit être défini comme prompt. Si ce n'est pas le cas, vous pouvez éventuellement obtenir un autre affichage. Si besoin est, vous pouvez modifier ce dernier à l'aide de la commande PROMPT.

La commande CD signifie "Change Directory", c'est-à-dire "change de répertoire". Cette commande vous permet d'activer le répertoire dont le nom est précisé.

Vous pouvez maintenant entrer la commande DIR à la suite du prompt.

```
DIR
```

Vous obtenez un affichage identique à celui décrit précédemment. Les fichiers et les répertoires sont bien sûr différents, mais les diverses informations (nom du lecteur, date et heure, etc) ont la même signification.

Lors de l'édition du répertoire il se peut qu'un autre sous-répertoire soit enregistré dans TRAVAIL. Vous pouvez également éditer son contenu. Supposons que ce répertoire s'appelle TEXTES. Pour examiner le contenu de ce répertoire, procédez de la façon suivante :

```
CD TEXTES
```

Après une pression sur **ENTREE** le prompt se modifie :

```
C:\TRAVAIL\TEXTES>
```

Vous savez précisément dans quel répertoire vous vous trouvez. L'invite vous signale en effet que TEXTES est un sous-répertoire de TRAVAIL. Cette information est appelée *chemin.*

Vous pouvez maintenant afficher le contenu de TEXTES sur l'écran avec DIR.

Si vous souhaitez visualiser une nouvelle fois le contenu du répertoire TRAVAIL, vous devez activer le niveau supérieur de la structure des répertoires. Vous ne pouvez pas entrer le nom du répertoire à la suite de la commande CD (en effet vous appelleriez ainsi un nouveau sous-répertoire). Pour retourner dans le niveau immédiatement supérieur, vous devez entrer la commande suivante :

```
CD..
```

Une fois la touche **ENTREE** pressée, le prompt vous indique que vous vous trouvez de nouveau dans le répertoire TRAVAIL. Les deux points placés derrière la commande CD désignent dans MS-DOS le répertoire de niveau immédiatement supérieur.

Vous pouvez ainsi retourner dans le répertoire racine du disque dur. Entrez la commande suivante :

```
CD..
```

Appuyez sur **ENTREE**, le prompt reprend aussitôt son aspect initial :

```
C:\>
```

Lorsque le prompt se compose uniquement de la lettre caractéristique du lecteur, du backslash (\) et du signe supérieur, vous vous trouvez toujours dans le répertoire principal du support de données actif.

Afficher le contenu du répertoire sous forme de colonnes

Nous voulons maintenant vous présenter une autre commande qui simplifie la visualisation du contenu d'un répertoire et qui s'avère, à l'instar de DIR/P, particulièrement utile dans le cas de longs répertoires.

Entrez simplement :

```
DIR/W
```

La disposition sur l'écran est totalement différente. Les fichiers sont affichés sur cinq colonnes, de manière à ce que l'écran soit entièrement utilisé. Vous n'apercevez que les noms de fichier et les extensions. La taille du fichier, la date et l'heure de la dernière sauvegarde ne sont pas précisées. Toutefois cette option est intéressante lorsque vous désirez examiner un répertoire d'une manière structurée.

7.4. Travailler plus rapidement sous l'interpréteur de commande

Préoccupons-nous à présent des procédures permettant la copie et la suppression de données, ainsi que l'attribution d'un nom de fichiers (opérations déjà exécutées dans le DOS Shell). En principe vous constaterez bientôt que l'interpréteur est d'une utilisation plus simple et plus rapide en de nombreuses occasions. La sélection et la copie de fichiers déterminés sont des opérations qui demandent un certain temps dans le DOS Shell. La ligne de commande est beaucoup plus souple, surtout lorsque les noms de fichiers peuvent être remplacés par des jokers.

A cet effet, vous pouvez par exemple utiliser l'astérisque * qui permet le remplacement d'une suite de caractères quelconques. Ainsi, pour éditer tous les fichiers de texte commençant par LETTRE, vous pouvez entrer LETTRE*.DOC. Nous reviendrons ultérieurement sur cette propriété. Nous préférons pour l'instant nous consacrer aux principes fondamentaux.

Copier des fichiers

Nous souhaitons en premier lieu vous présenter la copie de fichiers avec l'interpréteur de commande. La commande COPY vous permet de copier des fichiers du disque dur sur une disquette et vice-versa. Vous pouvez également copier des fichiers à l'intérieur du disque dur dans différents répertoires.

Pour mémoire : la copie de fichiers est intéressante pour diverses raisons. Vous pouvez copier sur disquette des fichiers enregistrés sur votre disque dur, soit pour obtenir une copie de sécurité de ces données, soit pour transmettre ces dernières à un ami qui pourra ultérieurement copier le contenu de la disquette sur son ordinateur.

Copie du disque dur sur une disquette

Lorsque vous souhaitez copier sur disquette un fichier qui est enregistré sur votre disque dur, vous devez procéder de la manière suivante. Vous devez en premier lieu connaître le nom du fichier.

Vous pouvez l'obtenir avec la commande DIR (il est important de connaître le nom proprement dit ainsi que l'extension).

Supposons que vous souhaitiez copier sur disquette le fichier AUTO-EXEC.BAT qui est enregistré dans le répertoire racine du disque dur. Vous devrez entrer ce nom à la suite de la commande COPY et signaler à MS-DOS le lecteur/répertoire cible. Il s'agit dans notre exemple d'une disquette se trouvant dans le lecteur A:. Vous devez donc préciser ce lecteur suivi d'un double point. La commande correcte est la suivante :

```
COPY AUTOEXEC.BAT A:
```

Après avoir appuyé sur **ENTREE**, le témoin du lecteur s'allume, ce qui indique que votre ordinateur travaille. Au bout de quelques instants le message suivant apparaît :

```
1 fichier(s) copié(s)
```

Le système d'exploitation vous signale ainsi que le fichier a été copié. Vous vous apercevez que le PC a terminé l'exécution de la commande car le prompt est à nouveau affiché. Si vous changez de lecteur en entrant

```
A:
```

vous pouvez examiner le contenu de la disquette avec DIR. Vous constaterez que le fichier AUTOEXEC.BAT se trouve effectivement sur la disquette.

Activez maintenant le disque dur avec :

```
C:
```

Vous avez réussi à copier sur une disquette un fichier enregistré sur le disque dur. Mais comment devez-vous procéder si vous souhaitez maintenant copier le fichier TEST.COM qui se trouve dans le répertoire TRAVAIL ? C'est très facile. Activez le répertoire TRAVAIL en entrant :

```
CD TRAVAIL
```

Après une pression sur **ENTREE**, vous apercevez l'invite "C:\TRAVAIL>" qui vous indique que le répertoire TRAVAIL est actif. Vous pouvez à présent entrer le nom du fichier et le lecteur cible à la suite de COPY. La ligne de commande doit être la suivante :

```
COPY TEST.COM A:
```

Lors de la copie, il est important d'activer le répertoire contenant le fichier qui doit être copié. Vous pouvez ensuite utiliser la commande COPY. Après cette instruction, saisissez le nom précis du fichier (y compris l'extension), puis le lecteur cible suivi d'un double point.

Lorsque le fichier n'est pas enregistré dans le répertoire actif, le message suivant vous signale que MS-DOS n'a pas trouvé le fichier :

```
Fichier introuvable TEST.COM
0 Fichier(s) copié(s)
```

Copie d'une disquette sur le disque dur

Lorsque vous voulez copier sur le disque dur un fichier présent sur une disquette, vous devez procéder d'une manière identique. Si vous souhaitez une nouvelle fois copier le fichier AUTOEXEC.BAT sur le disque dur, vous devez effectuer l'opération suivante. Assurez-vous en premier lieu que le répertoire racine du disque dur est actif (si ce n'est pas le cas, utilisez CD..). Le prompt doit être le suivant :

```
C:\>
```

Activez maintenant le lecteur A: en entrant :

```
A:
```

Vous pouvez à présent utiliser la commande COPY en déclarant à la suite de cette instruction le nom du fichier et le lecteur cible (C dans notre exemple). La ligne de commande doit être la suivante :

```
COPY AUTOEXEC.BAT C:
```

L'ordinateur vous indique que le fichier a été copié, et le prompt réapparaît.

Remarque

Il est important de vous signaler ici que, lors de cette procédure, le fichier AUTOEXEC.BAT se trouvant sur votre disque dur est "écrasé" par le fichier provenant de la disquette. Ne modifiez donc pas AUTOEXEC.BAT avant la copie.

Comment copier à présent le fichier TEST.COM (enregistré sur la disquette) dans le répertoire TEXTES du disque dur ? Vous devez en premier lieu activer ce répertoire. A cet effet, changez de lecteur en entrant :

```
C:
```

Activez ensuite le répertoire TEXTES. Pour cela, vous devez tout d'abord vous placer dans le répertoire TRAVAIL en entrant :

```
CD TRAVAIL
```

Puis positionnez-vous dans le répertoire TEXTES avec :

```
CD TEXTES
```

L'invite vous signale que ce répertoire est actif. Vous pouvez maintenant changer de lecteur :

```
A:
```

Utilisez la commande COPY pour copier le fichier. La ligne de commande doit être la suivante :

```
COPY TEST.COM C:
```

Retenons : avant la copie d'un fichier sur le disque dur, vous devez veiller à ce que le répertoire, dans lequel ce fichier doit être enregistré, soit actif. Vous pouvez bien entendu saisir l'intégralité du chemin dans la ligne de commande (à la condition que vous connaissiez déjà les commandes et chemins de répertoires MS-DOS) :

```
COPY A:\LETTRE.DOC C:\TRAVAIL\TEXTES
```

Vous pouvez ensuite utiliser cette ligne de commande quel que soit le lecteur/répertoire actif. Vous devez bien sûr connaître par coeur les différents noms de répertoires.

Copie de fichiers sur le disque dur (sous un nouveau nom)

Vous pouvez maintenant vous demander à juste titre, si vous ne pouvez effectuer que des copies du disque dur vers une disquette ou d'une disquette sur une autre. En effet, vous n'utilisez sûrement pas une disquette pour chaque fichier.

A présent, enregistrons rapidement d'autres fichiers sur le disque dur en leur attribuant un nouveau nom.

Le fichier AUTOEXEC.BAT doit encore se trouver dans le répertoire TRAVAIL. Activez ce répertoire avec :

```
CD TRAVAIL
```

Examinez-le ensuite avec DIR.

Si vous avez effacé le fichier AUTOEXEC.BAT, vous pouvez à nouveau le copier en entrant :

```
COPY C:\AUTOEXEC.BAT C:\TRAVAIL
```

Afin de disposer de plusieurs fichiers d'exercice, nous souhaitons maintenant réaliser plusieurs copies d'AUTOEXEC.BAT.

Si vous essayez d'entrer la commande :

```
COPY AUTOEXEC.BAT
```

le message suivant apparaît :

```
Un fichier ne peut être copié sur lui-même
0 Fichier(s) copié(s)
```

Que ce fichier ne puisse pas se copier sur lui-même semble une évidence. En effet, vous ne pourriez pas gérer un disque dur sur lequel il existerait plusieurs fichiers homonymes. Nous devons donc essayer de lui attribuer un nouveau nom :

```
COPY AUTOEXEC.BAT TEST1.BAT
```

Le message suivant apparaît :

```
1 Fichier(s) copié(s)
```

Si vous examinez le contenu du répertoire, vous apercevez outre AUTOEXEC.BAT un fichier nommé TEST1.BAT.

Vous pouvez répéter cette opération et créer à partir de TEST1.BAT des versions TEST2 jusqu'à TESTx. Pour notre travail trois fichiers devraient suffire. Par conséquent, entrez les lignes de commande suivantes :

```
COPY TEST1.BAT TEST2.BAT
COPY TEST1.BAT TEST3.BAT
COPY TEST1.BAT TEST4.BAT
```

Copie de fichiers sous un nouveau nom et sur un autre support de données

Nous avons eu l'idée d'associer les deux procédures, c'est-à-dire copier un fichier sur une disquette en lui attribuant simultanément un nouveau nom.

A cet effet, procédons à un essai (la disquette EXERCICE doit se trouver dans le lecteur A: et le répertoire TRAVAIL du disque dur doit être actif) :

```
COPY TEST1.BAT A:TEST5.BAT
```

N'insérez aucun espace entre la lettre du lecteur et le nom du fichier (aucun caractère blanc entre A et le double point) !

Cette opération a été exécutée avec succès, l'examen du contenu des répertoires des deux supports de données vous le confirmant rapidement.

Comment renommer des fichiers

Nous souhaitons à présent renommer des fichiers à l'aide de l'interpréteur de commande (cette opération ayant déjà été réalisée dans le

DOS Shell). En effet, le nom choisi à l'origine (TEST1.BAT) ne nous satisfait plus.

Pour cela, entrez simplement la commande suivante :

```
RENAME TEST1.BAT ESSAI.BAT
```

Le prompt réapparaît au bout de quelques instants. Si nous examinons maintenant le contenu du répertoire avec DIR, nous constatons que TEST1.BAT est devenu le fichier ESSAI.BAT.

Effectuez vous-même quelques essais. Toutefois tenez compte du fait qu'il peut survenir des difficultés si vous désirez utiliser un nom de fichier déjà réservé.

Essayez la commande suivante :

```
RENAME ESSAI.BAT TEST2.BAT
```

Si le fichier TEST2.BAT existe déjà, le message d'erreur suivant apparaît :

```
Nom de fichier déjà existant ou fichier introuvable
```

MS-DOS vous protège ainsi contre toute destruction accidentelle du premier fichier présent. Par ailleurs, deux fichiers caractérisés par le même nom ne peuvent pas cohabiter dans le même répertoire.

La suppression de fichiers

Nous savons désormais copier et renommer des fichiers avec l'interpréteur de commande. Un nouveau problème apparaît maintenant :

Comment effacer des fichiers ?

Vous pouvez employer à cet effet, la puissante (et dangereuse) commande "DEL". Avant de l'essayer, copiez les fichiers créés sur la disquette EXERCICE (si ce n'est pas encore fait). Activez ensuite le lecteur A: en entrant :

```
A:
```

Vous pouvez à présent utiliser cette nouvelle commande DEL sans causer de dommages irrémédiables. Nous partons par conséquent du principe que vous avez inséré la disquette EXERCICE (sur laquelle nous avons copié les fichiers ESSAI.BAT, TEST2.BAT à TEST4.BAT) dans le lecteur A: et que vous avez activé ce dernier. Entrez :

```
DEL ESSAI.BAT
```

Si vous examinez le contenu du répertoire (DIR), vous constatez que ce fichier a disparu. Vous n'êtes sûrement pas étonné, mais imaginez que vous ayez travaillé de longues heures à l'élaboration d'une lettre importante et que vous entriez par mégarde la commande DEL IMPORT à la place de DIR IMPORT. Cette commande, bien qu'intéressante, n'en est pas moins redoutable.

Lors de la suppression d'un fichier, vous devez donc être très prudent. En effet, une fois le fichier effacé, celui-ci est définitivement perdu et vous ne pourrez pas le récupérer. Réfléchissez bien avant la suppression d'un fichier (est-il véritablement inutile ?).

7.5. Création et suppression de répertoires

Intéressons-nous à d'autres instructions de l'interpréteur de commande, à l'aide desquelles vous pouvez effectuer des tâches identiques à celles proposées par le DOS Shell. Dans cette section, il est question de la création ou de la suppression de répertoires.

La création de sous-répertoires

La création de sous-répertoires dans l'interpréteur de commande est une opération très simple. A cet effet, activez en premier lieu le répertoire TEXTES avec :

```
CD TEXTES
```

Entrez maintenant les trois lignes suivantes (validez par **ENTREE**) :

```
MD PRIVE
MD BUREAU
MD IMPOTS
```

Examinez ensuite le résultat sur votre disque dur avec DIR.

```
C:\TRAVAIL\TEXTES>dir

 Le volume dans le lecteur C s'appelle NIKITA
 Le numéro de série du volume est 1D17-4693
 Répertoire de C:\TRAVAIL\TEXTES

.            <REP>         08-25-94  12:06p
..           <REP>         08-25-94  12:06p
PRIVE        <REP>         08-25-94  12:07p
IMPOTS       <REP>         08-25-94  12:07p
BUREAU       <REP>         08-25-94  12:07p
        5 fichier(s)              0 octets
                         17,424,384 octets libres

C:\TRAVAIL\TEXTES>
```

La nouvelle arborescence

A première vue, il semblerait que le PC ait créé trois fichiers. Mais si vous examinez la taille de ces fichiers, vous vous apercevez que celle-ci n'est pas précisée. <REP> est affiché à la place du nombre d'octets. Or vous savez que les répertoires sont caractérisés par un tel paramètre. Nous souhaitons donc examiner en détail ces trois enregistrements particuliers. Entrez :

```
DIR PRIVE
```

Si PRIVE désignait un fichier, votre PC préciserait normalement sa taille ainsi que la date et l'heure de sa création. Au lieu de cela, il affiche deux lignes caractérisées par un point et deux points (sensés représenter un nom de fichier) ainsi que par ce <REP> mystérieux.

```
 Le volume dans le lecteur C s'appelle NIKITA
 Le numéro de série du volume est 1D17-4693
 Répertoire de C:\TRAVAIL\TEXTES

.            <REP>         08-25-94  12:06p
..           <REP>         08-25-94  12:06p
PRIVE        <REP>         08-25-94  12:07p
IMPOTS       <REP>         08-25-94  12:07p
BUREAU       <REP>         08-25-94  12:07p
        5 fichier(s)              0 octets
                         17,424,384 octets libres

C:\TRAVAIL\TEXTES>dir prive

 Le volume dans le lecteur C s'appelle NIKITA
 Le numéro de série du volume est 1D17-4693
 Répertoire de C:\TRAVAIL\TEXTES\PRIVE

.            <REP>         08-25-94  12:07p
..           <REP>         08-25-94  12:07p
        2 fichier(s)              0 octets
                         17,424,384 octets libres

C:\TRAVAIL\TEXTES>
```

Le contenu de PRIVE

Vous savez que <REP> provient de "Répertoire". Apparemment MS-DOS a créé dans le sous-répertoire PRIVE deux nouveaux répertoires. Toutefois nous ne voulons pas entrer dans les détails car ces deux étranges répertoires font pour ainsi dire partie de MS-DOS (nous ne pouvons pas les utiliser directement). Leur création a été automatique, elle n'a pas nécessité la saisie d'une commande.

Comment passer d'un répertoire à un autre?

Vous savez maintenant que les répertoires ont été créés sur le disque dur à l'aide de l'instruction MD. Entrez :

```
CD PRIVE
DIR
```

Le PC affiche une nouvelle fois les deux fichiers particuliers (nommés "point" et "deux points"). Il n'existe pas d'autres fichiers car nous n'en avons pas encore créés ou copiés dans ce répertoire. Nous nous sommes limités à l'affichage du contenu de ce dernier après un changement de répertoire avec CD.

Nous avons appris précédemment à retourner dans un répertoire de niveau supérieur. Cette procédure est également valable dans le cas présent. Pour retourner dans le répertoire TEXTES, entrez :

```
CD..
```

Vous pouvez de nouveau éditer les trois noms de répertoires avec une commande DIR. Il importe maintenant d'expliquer d'une manière systématique ces opérations et d'apprendre à les manipuler.

Résumé

1. La commande MD crée dans le répertoire actif un sous-répertoire (le nom de ce dernier étant défini à la suite de l'instruction). MD est la traduction de "Make Directory = créer (un) répertoire".

2. CD est l'abréviation de "Change Directory". CD vous permet d'activer le répertoire précisé. Cette opération peut être comparée à l'activation des différents lecteurs par la saisie de "A:", "B:" ou "C:". Il existe bien sûr quelques différences dont vous devez tenir compte et que nous étudierons par la suite en détail.

Le paragraphe "2." pourrait vous faire croire que "CD active le répertoire défini". Mais ce n'est pas aussi simple que cela. Comment déclarer le répertoire souhaité ? Dans notre exemple, c'est très facile. Vous devez tout simplement indiquer le nom du répertoire (dans le cas présent PRIVE). A l'inverse, pour quitter le répertoire, vous devez entrer "CD..".

Mais comme vous le savez, vous pouvez non seulement créer des fichiers dans un répertoire, mais également de nouveaux sous-répertoires. De fait, vous risquez de vous perdre rapidement dans la structure du disque dur s'il existe de nombreux sous-répertoires. C'est la raison pour laquelle nous souhaitons étudier un exemple d'arborescence.

La structure des répertoires

Pour vous expliquer la structure des répertoires sur le disque dur, nous avons choisi de la représenter graphiquement :

```
TRAVAIL
    TEXTES
        PRIVE
        BUREAU
        IMPOTS
```

Supposons que vous vous trouviez dans le répertoire racine.

Si ce n'est pas le cas, vous pouvez retourner dans le répertoire principal (quelle que soit votre position sur le support de données) en entrant la commande suivante :

```
CD\
```

Nous voulons maintenant activer le répertoire TEXTES et vous montrer ainsi qu'il peut survenir des difficultés lors de l'utilisation de la commande CD. Essayons en premier lieu :

```
CD TEXTES
```

Le PC vous signale aussitôt qu'il n'a trouvé aucun répertoire TEXTES. C'est évident car il n'existe aucun sous-répertoire

TEXTES dans la racine. Nous ne disposons donc que de deux solutions pour activer le répertoire souhaité :

❶ Nous procédons par étapes. Par conséquent, nous nous plaçons en premier lieu dans le répertoire TRAVAIL avec CD TRAVAIL, puis nous activons le sous-répertoire TEXTES avec CD TEXTES.

Vous êtes conscient que cette méthode "pas à pas" peut s'avérer très longue. En effet, vous auriez pu vous trouver dans un tout autre répertoire. Vous auriez donc été obligé de retourner dans le répertoire racine avec "CD.." avant de pouvoir vous positionner pas à pas dans le répertoire souhaité.

❷ Il existe une seconde solution pour sélectionner un répertoire. En effet, vous pouvez définir le nom de chemin complet vers ce répertoire.

Le "grand saut" dans un répertoire déterminé

Pour cela sélectionnez le répertoire racine en saisissant deux fois "CD.." ou en utilisant directement "CD\". Entrez maintenant la ligne suivante :

```
CD C:\TRAVAIL\TEXTES
```

Remarque

Vous obtenez le backslash en maintenant la touche **ALT** enfoncée et en appuyant successivement sur les touches **9** et **2** du pavé numérique. Relâchez **ALT** pour afficher le caractère.

De nombreux claviers vous permettent de saisir le backslash encore plus facilement. En règle générale, un ou deux caractères sont associés à une touche, mais quelquefois il y en a trois. Le signe \ se trouve souvent sur la touche _. Pour afficher le backslash, il vous suffit donc d'appuyer simultanément sur **ALT + CTRL + _**. Certains claviers possèdent également une touche **ALTGR** placée à droite de la barre d'espacement. Vous pouvez l'utiliser à la place de **ALT + CTRL**. Si cette touche est présente sur votre clavier, appuyez sur **ALTGR + _** pour obtenir le backslash.

Votre PC reconnaît et active aussitôt le répertoire TEXTES. Examinons brièvement cette ligne. Le chemin se compose en premier lieu des deux caractères "C:". Ils signalent au PC que la recherche doit être effectuée sur le lecteur C:. Un double point doit toujours être placé comme vous le savez à la suite du lecteur. Le caractère \ indique au PC qu'il s'agit maintenant du répertoire racine. Le nom du premier sous-répertoire (TRAVAIL), puis celui du répertoire TEXTES (séparé par un backslash) apparaissent ensuite.

La syntaxe "C:\TRAVAIL" ne vous semble peut-être pas tellement inconnue. En effet, MS-DOS l'a déjà employé avec la commande DIR dans la ligne de titre : "...Répertoire de C:\TRAVAIL\TEXTES". Le nom du répertoire (lorsque ce dernier est actif) est également affiché dans le prompt.

Pour tester vos nouvelles connaissances, vous devez préalablement retourner dans le répertoire principal en entrant "CD\" ou "CD.." (deux fois). Nous souhaitons à présent activer directement le répertoire BUREAU. A cet effet, vous devez donc entrer :

```
CD C:\TRAVAIL\TEXTES\BUREAU
```

Cette ligne de commande signale à l'ordinateur qu'il doit en premier lieu rechercher le sous-répertoire TRAVAIL (\TRAVAIL) dans le lecteur C:. Il doit ensuite activer le sous-répertoire TEXTES (\TEXTES), puis finalement le sous-sous-répertoire BUREAU (\BUREAU).

Lors de la sélection d'un répertoire, vous pouvez omettre la déclaration du lecteur lorsque le répertoire se trouve sur le lecteur actif. Utilisez par conséquent la commande :

```
CD \TRAVAIL\TEXTES\BUREAU
```

Toutefois nous utiliserons constamment la syntaxe incluant le lecteur, car cela évitera des erreurs et des méprises lors du travail avec les fichiers.

Un fichier est copié dans un autre répertoire

Intéressons-nous maintenant au travail pratique concernant les sous-répertoires. A cet effet, nous avons besoin d'un fichier. Nous avons donc choisi TEST.COM qui est enregistré dans le répertoire TRAVAIL. Vous pouvez examiner le contenu de ce dernier avec DIR. D'autres fichiers sont également répertoriés, mais ils ne sont d'aucun intérêt pour l'instant.

Le fichier TEST.COM existe, mais à notre avis, il ne se trouve pas dans le bon répertoire. C'est la raison pour laquelle nous souhaitons le copier dans le répertoire BUREAU. Lors de cette opération, nous devons préciser le nom de chemin complet. La ligne de commande est donc la suivante :

```
COPY C:\TRAVAIL\TEST.COM C:\TRAVAIL\TEXTES\BUREAU
```

Cette ligne indique à l'ordinateur qu'il doit copier le fichier TEST.COM (se trouvant dans le répertoire TRAVAIL du lecteur C:) dans le sous-sous-répertoire BUREAU. Si le répertoire TRAVAIL est actif, nous pouvons également écrire :

```
COPY TEST.COM C:\TRAVAIL\TEXTES\BUREAU
```

(le PC recherchant le fichier TEST.COM dans le répertoire actif). Vérifions maintenant si le fichier a réellement été copié dans le répertoire souhaité. A cet effet, activons le répertoire BUREAU :

```
CD C:\TRAVAIL\TEXTES\BUREAU
```

puis assurons-nous avec DIR de la présence du fichier TEST.COM dans ce répertoire (lequel ne contenait aucun fichier avant la copie, à l'exception des deux fichiers spéciaux créés par le DOS).

Pour conclure, nous souhaitons copier le fichier TEST.COM dans le sous-répertoire PRIVE. Pour cela vous pouvez procéder de deux façons. Vous pouvez préciser le chemin complet

```
COPY C:\TRAVAIL\TEXTES\BUREAU\TEST.COM
C:\TRAVAIL\TEXTES\PRIVE
```

ou bien omettre de définir le répertoire source (étant donné que vous vous trouvez déjà dans le répertoire BUREAU) :

```
COPY TEST.COM C:\TRAVAIL\TEXTES\PRIVE
```

Remarque

Ces lignes de commande sont longues et compliquées - nous ne les avons utilisées qu'à des fins explicatives.

Nous voulons à présent vérifier le résultat de la copie. A cet effet, nous pouvons quitter notre position actuelle (le sous-répertoire BUREAU)

```
CD..                  (TEXTES est le répertoire actif)
CD PRIVE              (le sous-répertoire PRIVE est
                      actif)
```

et examiner le contenu de PRIVE avec DIR. Nous aurions également pu préciser le chemin complet du répertoire souhaité.

```
CD C:\TRAVAIL\TEXTES\PRIVE
```

Une commande DIR aurait ensuite eu le même effet. Et comme tous les chemins mènent à Rome, voici une autre méthode. Nous pouvons afficher le contenu du répertoire PRIVE sans changer de répertoire avec :

```
DIR C:\TRAVAIL\TEXTES\PRIVE
```

Suppression dans un sous-répertoire

Vous savez à présent manipuler les sous-répertoires. Toutefois, avant de vous signaler certaines particularités qui pourraient rapidement vous poser des problèmes, nous voulons vous montrer comment supprimer des sous-répertoires qui ne sont plus indispensables.

Vous pensez sûrement utiliser la commande DEL. A première vue cela semble fonctionner car le DOS n'affiche aucun message d'erreur. Toutefois l'objectif souhaité n'est pas atteint. Essayez simplement en activant le répertoire TEXTES et en entrant DEL PRIVE. Un curieux message apparaît brusquement :

```
Tous les fichiers du répertoire seront supprimés !
Etes-vous sûr (O/N) ?
```

Vous vous demandez peut-être pourquoi MS-DOS vous demande si vous voulez "tout" effacer. En fait il n'est pas question de la suppression du répertoire PRIVE. Entrez "O" (**ENTREE**), puis vérifiez avec

DIR si ce sous-répertoire existe encore. Vous constatez simplement que le fichier TEST.COM n'est plus enregistré dans le répertoire PRIVE.

En réalité, lorsque vous appelez la commande DEL suivie du nom d'un répertoire, ce n'est pas le répertoire qui est effacé, mais tous les fichiers qui s'y trouvent. Les concepteurs de MS-DOS ont par ailleurs ajouté une demande de confirmation afin d'éviter toute destruction accidentelle. Imaginez que vous vous trouviez dans le répertoire racine d'un disque dur contenant de nombreux sous-répertoires - dont un répertoire DOS dans lequel sont stockées les commandes MS-DOS. Une instruction DEL DOS peut effacer tous les fichiers de ce répertoire. Toutefois ne vous inquiétez pas, la demande de confirmation vous permet d'interrompre la procédure avant la suppression des fichiers.

Comment fonctionne la suppression de fichiers et de sous-répertoires ?

- DEL *.* efface les fichiers du répertoire actif. S'il s'agit par exemple du répertoire TRAVAIL du lecteur C:, tous les fichiers du répertoire TRAVAIL sont supprimés. Toutefois le sous-répertoire TEXTES contenant les autres sous-répertoires est toujours présent.
- Pour effacer tous les fichiers dans un sous-répertoire, vous pouvez procéder de deux manières. Vous pouvez activer le répertoire souhaité et entrer DEL *.*, ou bien exécuter dans le répertoire de niveau supérieur la commande DEL suivie du nom du sous-répertoire. Prenons l'exemple suivant pour illustrer nos propos. Pour effacer tous les fichiers du répertoire TRAVAIL, vous pouvez entrer

```
CD C:\TRAVAIL
DEL *.*
```

ou vous placer dans le répertoire de niveau supérieur (dans le cas présent la racine) et déclarer le nom du répertoire :

```
CD C:\
DEL TRAVAIL
```

Pour mémoire : tous les fichiers du répertoire TRAVAIL sont effacés, à l'exception du contenu des autres sous-répertoires.

Suppression de répertoires

Pour supprimer un répertoire, vous devez utiliser la commande RD (= Remove Directory = supprime le répertoire). Cette commande n'est active pour des raisons de sécurité que lorsque les répertoires sont vides. Par conséquent entrez dans le répertoire racine :

```
RD TRAVAIL
```

Le message d'erreur suivant apparaît :

```
Chemin non valide, pas un répertoire ou répertoire
non vide
```

Ce message n'est pas très précis : soit le chemin est incorrect, soit le nom déclaré est celui d'un fichier ou le répertoire n'est pas vide.

Cependant nous connaissons notre erreur. Par conséquent, pour supprimer le répertoire TRAVAIL, vous devez en premier lieu effacer tous les fichiers du répertoire, puis supprimer ce dernier. Par exemple, pour supprimer le répertoire TEXTES, vous devez procéder de la manière suivante :

active le sous-répertoire TEXTES

```
DEL PRIVE
```

efface tous les fichiers du répertoire PRIVE

```
DEL BUREAU
```

efface tous les fichiers du répertoire BUREAU

```
DEL IMPOTS
```

efface tous les fichiers du répertoire IMPOTS

```
RD PRIVE
```

supprime le répertoire PRIVE

```
RD BUREAU
```

supprime le répertoire BUREAU

```
RD IMPOTS
```

supprime le répertoire IMPOTS

```
CD..
```

active le répertoire TRAVAIL

```
RD TEXTES
```

supprime le répertoire TEXTES

Ces nombreuses et indispensables opérations vous permettent ainsi d'éviter la destruction d'une grande quantité de données à partir du répertoire TRAVAIL. Lors de la suppression de fichiers vous devez toujours vous assurer que vous vous trouvez dans le bon répertoire et que vous n'effacez que les données souhaitées.

MS-DOS fournit une commande redoutable nommée DELTREE. Elle permet de supprimer une arborescence entière en une passe (répertoire + tous ses sous-répertoires et fichiers). Ainsi la commande suivante permet de supprimer intégralement le répertoire TRAVAIL ainsi que tout ce qu'il contient :

```
DELTREE TRAVAIL
```

Les fichiers sont-ils réellement copiés ? Une remarque importante

Pour conclure cette section sur les répertoires, voici quelques remarques concernant les sources d'erreur possibles et les particularités :

- Lors de la copie faites attention au nombre de fichiers copiés. Si vous vous êtes trompé de fichier ou de chemin, MS-DOS affiche le message "Fichier introuvable". Par contre si vous avez défini un répertoire cible incorrect, un "0 Fichier(s) copié(s)" signale votre erreur. Cette dernière peut être par exemple catastrophique lorsque vous effectuez des copies de sécurité de fichiers importants sur une disquette et qu'après la perte des originaux vous constatez épouvanté que les fichiers ne sont pas enregistrés sur la disquette.
- Lors de la copie, il vous suffit de définir le chemin du sous-répertoire cible. Lorsque le fichier doit être sauvegardé sous un autre nom, ce dernier est séparé par un backslash. Prenons les exemples suivants :

```
COPY C:LETTRE.DOC C:\TRAVAIL
```

copie le fichier LETTRE.DOC dans le sous-répertoire TRAVAIL.

```
COPY C:LETTRE.DOC C:\TRAVAIL\LETTRBIS.DOC
```

copie le fichier dans le sous-répertoire TRAVAIL sous le nom LETTRBIS.DOC.

L'ordinateur peut mémoriser plusieurs répertoires

MS-DOS mémorise le répertoire actif des lecteurs disponibles. Vous pouvez accéder à ce répertoire en entrant la lettre du lecteur suivie d'un double point. Vous n'êtes donc pas obligé de saisir tout le chemin. Par conséquent, si vous possédez un disque dur et un lecteur, insérez dans ce dernier une disquette contenant des sous-répertoires identiques à ceux présents sur le disque dur. Effectuez ensuite les opérations suivantes :

```
A:                      active le lecteur A:
CD A:\TRAVAIL           active le répertoire TRAVAIL
C:                      active le lecteur C:
CD C:\TRAVAIL\TEXTES    active le sous-répertoire
                        TEXTES
```

Vous pouvez examiner le prompt afin de connaître le répertoire actif. Nous voulons maintenant copier le fichier TEST.COM (enregistré dans le répertoire TEXTES du lecteur C:) dans le répertoire TRAVAIL du lecteur A:. Au lieu d'écrire

```
COPY C:\TRAVAIL\TEXTES\TEST.COM A:\TRAVAIL
```

nous obtenons le même résultat avec :

```
COPY C:TEST.COM A:
```

De prime abord cela semble curieux. Nous pourrions supposer que TEST.COM a été copié du répertoire principal de C: dans le répertoire racine de A:. En fait vous vous habituerez rapidement à cette syntaxe et vous gagnerez du temps. Toutefois il est vrai que ce peut être également une source d'erreur. Supposons que vous ayez activé les répertoires cités dans notre exemple et que vous vouliez à présent copier à partir du répertoire racine de C: un fichier dans le répertoire principal de A:. Vous serez sûrement surpris par le message d'erreur. Dans un tel cas examinez donc le prompt ou activez les répertoires principaux avec CD\. Toutefois, il est plus simple d'entrer :

```
COPY C:\TEST.COM A:\
```

La saisie du backslash à la suite de la lettre du lecteur signale au DOS qu'il est question du répertoire racine, et non des répertoires actifs.

7.6. Le formatage et la copie de disquettes

Dans cette section, nous nous intéresserons au formatage et à la copie de disquettes dans l'interpréteur de commande.

Le formatage de disquettes

Vous avez appris dans le DOS Shell qu'un ordinateur ne peut pas utiliser immédiatement de "nouvelles" disquettes. Vous pouvez le constater en insérant une disquette neuve dans le lecteur A: (ne pas oublier de le verrouiller !) et en entrant :

```
DIR A:
```

Au bout de quelques instants le message suivant apparaît sur l'écran :

```
Echec général : lecture sur unité A
Abandon, Reprise, Echec ?
```

Il est préférable d'appuyer sur la touche **A** (= Abandon). Le prompt système est ensuite réaffiché.

Cette petite expérience montre également que la ligne de commande ne représente qu'un moyen d'accès au système d'exploitation, elle ne modifie en rien les données. En fait, les disquettes doivent être préparées pour l'enregistrement des données. Cette opération est appelée "formatage".

En début d'ouvrage, nous avions employé l'image d'une halle de dépôt qui doit être préparée pour le stockage de marchandises. Les rayonnages doivent être installés, le plan d'ensemble tracé, etc. Ces opérations sont également effectuées lors du formatage de disquettes.

Le détail de la procédure ne nous intéresse pas. Une dernière remarque : votre ordinateur appartient à la catégorie des PC "compatibles IBM". Cela signifie qu'il peut en principe traiter des programmes et des données réservés aux PC de la société IBM (c'est une norme universelle).

Tous les compatibles PC utilisent le même format. Cela signifie qu'une disquette formatée sur votre ordinateur peut être lue par une autre machine (la marque n'a aucune importance, seule la compatibilité est primordiale). Les disquettes "haute densité" ne pouvant être lues que par des AT, et les disquettes 3,5" ne pouvant être insérées dans un lecteur 5,25" représentent des exceptions.

Ces remarques ne sont pas évidentes de prime abord : vous pouvez introduire des disquettes 5,25" dans le lecteur d'un C64, mais comme ce dernier utilise un autre format, votre PC ne peut pas lire une disquette C64. Il devrait la reformater préalablement.

Le formatage

Vous avez inséré une disquette dans le lecteur A:. Entrez maintenant la commande suivante :

```
FORMAT A:
```

Vous signalez à votre ordinateur qu'il doit formater le support de données se trouvant dans le lecteur A:. Après une pression sur **ENTREE**, le PC vous demande d'introduire une disquette dans le lecteur A: et d'appuyer encore une fois sur **ENTREE**. L'ordinateur commence ensuite le formatage de la disquette. Cette procédure prend un certain temps (la durée dépendant de votre ordinateur).

Une fois l'opération terminée, vous pouvez attribuer un nom à la disquette. Entrez le nom souhaité (onze caractères au maximum) et pressez **ENTREE**. Si vous ne voulez pas nommer la disquette, appuyez simplement sur **ENTREE**.

Quelques lignes d'information (nombre d'octets disponibles sur la disquette, etc) sont ensuite affichées sur l'écran.

L'ordinateur vous demande finalement si vous souhaitez formater une autre disquette. Si c'est le cas, appuyez sur **O**, puis insérez une nouvelle disquette. Si vous ne souhaitez pas procéder à un nouveau formatage, appuyez sur **N** et **ENTREE**. L'exécution de la commande FORMAT est terminée, le prompt réapparaît.

Vous devez être prudent lors du formatage de disquettes. En effet, vous pouvez également formater des disquettes sur lesquelles sont enregistrées des données. Toutefois tous les fichiers se trouvant sur la disquette seront irrémédiablement perdus. C'est la raison pour laquelle vous devez toujours vérifier avant le formatage si vous avez inséré la bonne disquette. A cet effet, il est préférable d'afficher le contenu de la disquette en entrant

```
DIR A:
```

Si un message d'erreur apparaît, vous pouvez être sûr qu'il s'agit d'une disquette non formatée. Pour faire disparaître le message d'erreur, appuyez sur la touche **A**. L'invite est ensuite affiché sur l'écran et vous pouvez commencer le formatage de la disquette.

Label - attribuer un nom aux supports de données

Vous pouvez également attribuer un nom à une disquette après le formatage. A cet effet, insérez la disquette dans le lecteur A: et entrez :

```
LABEL A:
```

Un message, indiquant le nom actif, apparaît. Vous pouvez maintenant saisir un nouveau nom composé de onze caractères au maximum.

Cette commande vous permet également de nommer le disque dur. Pour cela entrez LABEL C: et validez par **ENTREE**.

Cela va plus vite - Formatage rapide

En règle générale, une disquette est *divisée* magnétiquement lors du premier formatage. Si vous la reformatez ultérieurement, les secteurs et les pistes sont simplement vérifiés. Lorsque vous êtes certain que cette opération n'est pas indispensable (parce que vous avez récemment examiné la disquette), vous pouvez considérablement accélérer le formatage. A cet effet, déclarez à la suite de FORMAT et de la lettre du lecteur le paramètre /Q.

Par conséquent, pour formater rapidement une disquette dans le lecteur A:, entrez la ligne de commande :

```
FORMAT A: /Q
```

Pour formater encore plus rapidement la disquette, utilisez aussi le paramètre /U qui évite d'enregistrer des informations supplémentaires :

```
FORMAT A: /Q /U
```

Copier des disquettes

Vous devrez fréquemment copier des disquettes entières afin d'effectuer des copies de sécurité de disquettes programmes, ou bien pour transmettre à un ami de nombreux fichiers (que vous ne souhaitez pas copier les uns après les autres).

Lorsque vous copiez une disquette avec MS-DOS, celle-ci est intégralement reproduite (y compris les emplacements ne contenant pas encore de données). Par conséquent, la commande de copie de MS-DOS peut être comparée à un copieur. Celui-ci reproduit non seulement le texte ou l'image, mais également tout ce qui peut apparaître lors de la copie, par exemple des traces de doigts.

Pour copier une disquette, vous avez besoin d'une seconde disquette. Entrez ensuite la ligne de commande suivante :

```
DISKCOPY A: A:
```

Après une pression sur **ENTREE**, l'ordinateur vous demande d'insérer la disquette source dans le lecteur A: et d'appuyer sur une touche quelconque. Lorsque cette instruction est exécutée, un message vous signale que la disquette est copiée. Au bout de quelques instants le PC vous demande d'introduire la disquette cible dans le lecteur A:. Prenez la disquette, glissez-la dans le lecteur et appuyez sur une touche quelconque. Une fois la disquette entièrement copiée, l'ordinateur vous demande finalement si vous souhaitez dupliquer une autre disquette. Si c'est le cas, appuyez sur **O** et insérez une nouvelle disquette. Si vous souhaitez interrompre la procédure, pressez la touche **N**. La commande DISKCOPY est maintenant terminée, le prompt réapparaît aussitôt.

Vous devez être prudent lors de la copie de disquettes. En effet, si vous insérez comme disquette cible une disquette contenant des données, ces dernières seront "écrasées" sans avertissement préalable.

7.7. L'appel de programmes

Pour mémoire : lorsque vous souhaitez examiner le contenu de certains fichiers, vous devez préalablement lancer les programmes adéquats. Si vous voulez visualiser un fichier de texte, vous devez charger un traitement de texte. Si vous désirez consulter un fichier contenant de nombreuses chaînes de données, vous devez appeler une base de données, etc.

Ces applications vous permettent non seulement d'examiner les fichiers existants, mais également d'en créer de nouveaux. Ces programmes représentent la finalité d'un PC, car ils simplifient l'élaboration de documents, la gestion de données, etc. Vous avez par exemple besoin d'un traitement de texte pour rédiger une lettre (MS-DOS ne pouvant pas le faire).

Dans cette section vous apprendrez à charger un programme (enregistré sur votre disque dur) dont vous ne connaissez pas le fichier de démarrage.

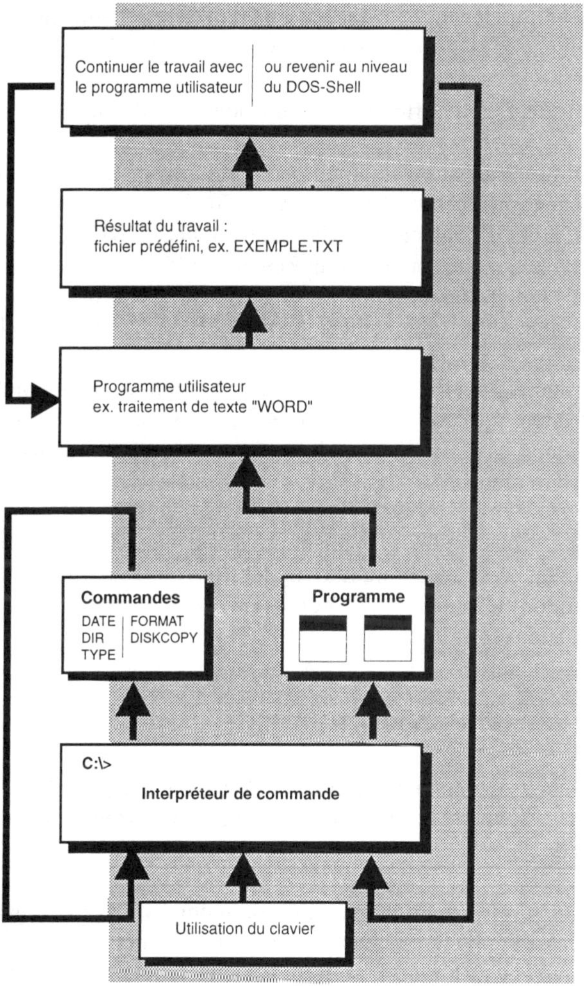

La relation ligne de commande - programme

Le schéma décrit la relation existant entre l'interpréteur de commande et un programme (sans entrer dans les détails).

L'utilisateur entre différentes commandes à l'aide du clavier :

- Il modifie par exemple les paramètres du système en précisant la date et l'heure exactes (DATE/TIME).
- Il édite le contenu d'un support de données (DIR).
- Il examine le contenu d'un fichier (TYPE).
- Il appelle un programme déterminé (ici : programme). S'il s'agissait du traitement de texte WORD, il entrerait WORD.

Le système d'exploitation cède ensuite le contrôle au programme, et l'utilisateur peut commencer à travailler. Les commandes MS-DOS n'entrent plus directement en ligne de compte à partir du lancement du programme.

Lorsque vous quittez l'application d'une manière régulière (par exemple après l'élaboration d'une lettre), vous retournez dans l'interpréteur de commande. Vous pouvez à nouveau utiliser les commandes MS-DOS.

Lancer des programmes

Les fichiers des applications sont souvent enregistrés dans des répertoires particuliers. Activez en premier lieu le répertoire contenant ces fichiers.

Pour mémoire : pour charger un programme, vous devez lancer un fichier particulier : le fichier de démarrage. Le nom de ce fichier est très souvent identique à celui du logiciel. Toutefois, si le nom du programme comprend plus de huit caractères, une abréviation est utilisée.

De nombreux programmes peuvent être lancés de cette manière. Vous devez donc essayer de trouver le fichier de démarrage du programme. Celui-ci doit être caractérisé par l'une des trois extensions suivantes :

```
COM
EXE
BAT
```

Pour trouver un tel fichier, vous devez examiner le contenu du répertoire avec DIR. Vous devez en premier lieu rechercher les fichiers ayant l'extension EXE. Lorsque vous avez trouvé un tel fichier, vous pouvez essayer de lancer le programme. A cet effet, entrez le nom du fichier (sans l'extension) et appuyez sur **ENTREE**. Lorsque le fichier EXE n'existe pas, vous devez rechercher un fichier COM. Si ce dernier est également introuvable, recherchez un fichier BAT.

Vous pouvez naturellement simplifier la recherche des fichiers en précisant à la suite de la commande DIR une proposition de nom incluant des jokers. Par exemple, pour examiner tous les fichiers EXE enregistrés sur la disquette insérée dans le lecteur A:, entrez la ligne de commande :

```
DIR A:\*.EXE
```

Vous pouvez procéder d'une manière identique avec les deux autres extensions : DIR A:*.COM et DIR A:*.BAT.

Prenons quelques exemples :

Le traitement de texte Word

Vous trouverez le fichier WORD.EXE dans le répertoire du traitement de texte Word. Le nom de ce fichier étant identique à celui du logiciel, il doit vraisemblablement s'agir du fichier de démarrage. Entrez :

```
WORD
```

Appuyez sur **ENTREE** pour lancer le programme.

L'interface graphique Windows

De nombreux fichiers EXE sont enregistrés dans le répertoire de Windows. Toutefois aucun ne ressemble à un fichier de démarrage (leurs noms étant différents de celui du logiciel). Par contre vous apercevez le fichier WIN.COM qui est effectivement le fichier de démarrage de Windows. Entrez ce nom à la suite du prompt et appuyez sur **ENTREE** pour charger Windows.

Quitter un programme

Lorsque vous souhaitez quitter une application, vous devez toujours le faire d'une manière régulière. Cela signifie que vous devez retourner dans l'interpréteur de commande de MS-DOS. Si vous éteignez simplement l'ordinateur, vous risquez de perdre des données importantes. Chaque programme possède une commande d'interruption particulière.

Voici quelques conseils lorsque vous ne savez pas comment sortir d'une application. La plupart des programmes sont contrôlés par des menus. L'un de ces menus possède une option spéciale vous permettant de quitter le logiciel.

Le plus souvent vous pouvez activer les menus en appuyant sur **ALT** ou **ECHAP**. Vous pouvez ensuite sélectionner les différents points de menu à l'aide des touches de direction et les activer en pressant **ENTREE**.

Une fois l'option adéquate choisie, validez par **ENTREE** pour retourner dans l'interpréteur de commande de MS-DOS.

A l'heure actuelle une norme unique, qui prévoit que la commande permettant de quitter le programme doit se trouver dans le menu **Fichier**, s'impose peu à peu. Vous pouvez également sélectionner cette commande à l'aide des touches de direction. Après validation par **ENTREE** vous retournez dans l'interpréteur de commande.

Nous souhaitons maintenant vous donner un petit aperçu des noms de menus et de sous-menus employés dans la plupart des applications. Les commandes en français ne posent aucun problème : FIN, QUITTER, SORTIR, etc. Cependant certaines instructions en anglais ne sont pas reconnaissables au premier coup d'oeil. Voici les plus courantes : EXIT, QUIT, END ou SYSTEM.

Sélectionnez la commande adéquate, puis appuyez sur **ENTREE**. De nombreux programmes vous demandent également de confirmer votre choix avant l'interruption.

Prenons quelques exemples.

Le traitement de texte Word

Pour quitter ce traitement de texte, appuyez sur **ECHAP**, puis placez-vous sur le menu **Quitte** à l'aide des touches de direction. Validez par **ENTREE**. Lorsque le fichier actif n'est pas encore sauvegardé, le logiciel vous demande de confirmer votre décision. Vous retournez ensuite directement dans MS-DOS.

L'interface graphique Windows

Appuyez sur **ALT**, puis sur **ENTREE**. Dans le menu **Fichier**, sélectionnez l'option **Quitter Windows** à l'aide des touches de direction. Validez par **ENTREE**. Le programme vous demande si vous souhaitez réellement interrompre la session de travail. Appuyez une nouvelle fois sur **ENTREE** pour retourner dans l'interpréteur de commande.

Retrouver des programmes - chemins de recherche

Vous avez sûrement dû rencontrer le problème suivant : vous êtes certain qu'un programme déterminé est enregistré sur le disque dur. Toutefois lors de l'appel de ce programme, vous obtenez constamment le message d'erreur "Non de commande ou de fichier incorrect".

Ceci est dû au fait que MS-DOS ne recherche le nom du programme saisi que dans le lecteur/répertoire actifs. Si MS-DOS devait rechercher un programme sur tous les supports de données disponibles et dans tous les répertoires présents, vous devriez non seulement attendre plusieurs minutes avant d'obtenir un résultat, mais en outre vous seriez obligé d'insérer préalablement des disquettes dans tous les lecteurs.

En fait, vous disposez de deux solutions pour lancer un programme, qui n'est pas enregistré dans le répertoire actif, sans changer de répertoire. La première méthode prend du temps ; quant à la seconde, vous ne pouvez pas l'utiliser avec de nombreux répertoires :

❶ Pour lancer un programme à partir d'un répertoire quelconque, vous pouvez saisir le nom de cette application, y compris le chemin. Par conséquent, si C:\DOS représente le répertoire actif et si le fichier WORD.EXE est présent dans le répertoire C:\WORD, vous pouvez lancer le traitement de texte WORD en entrant la commande suivante :

```
C:\WORD\WORD
```

Cette première solution souffre d'un inconvénient majeur : la déclaration du chemin s'avère pénible à la longue et plusieurs programmes ne retrouvent pas, après le lancement, d'importants fichiers additionnels (par exemple des textes d'aide ou un dictionnaire orthographique).

❷ En principe, vous pouvez définir un chemin de recherche pour MS-DOS. L'ordinateur recherchera ainsi le programme souhaité non seulement dans le répertoire actif, mais également dans tous les répertoires précisés. Par exemple, si MS-DOS doit examiner - outre le répertoire actif - C:\DOS et C:\WORD, vous pouvez déclarer un chemin approprié en entrant la ligne de commande suivante :

```
PATH C:\DOS;C:\WORD
```

Les répertoires sont séparés par un point-virgule. Vous pouvez obtenir le chemin de recherche en entrant à la suite de l'invite la commande :

```
PATH
```

Dans notre exemple le résultat serait le suivant :

```
PATH=C:\DOS;C:\WORD
```

L'inconvénient de cette méthode est le suivant : tous les répertoires déclarés dans le chemin sont examinés lors de toute entrée de commande, ce qui peut durer un certain temps lorsque vous avez défini de longs chemins. Par ailleurs la longueur du chemin de recherche est limitée à 127 caractères, soit une ligne et demie d'écran. Vous ne pouvez donc pas préciser tous les répertoires du disque dur. Vous devez en outre veiller à ce que le répertoire contenant les commandes MS-DOS soit présent dans le chemin de recherche (sinon le PC ne reconnaîtra plus la moitié des commandes du DOS).

En règle générale l'utilisateur ne redéfinit pas le chemin de recherche après chaque initialisation de l'ordinateur. En effet, le chemin est souvent enregistré dans le fichier AUTOEXEC.BAT. Nous reviendrons sur ce sujet dans le chapitre 9 "Contrôles du système et optimisation".

Souvenons-nous de notre exemple d'usine. Le chemin de recherche peut être comparé à un panneau placé dans le hall d'entrée de l'entreprise. Sur ce panneau sont précisées les pièces dans lesquelles vous pouvez trouver un extincteur ou une prise d'eau en cas de sinistre. Lorsqu'un incendie se déclare, vous regardez en premier lieu dans la pièce dans laquelle vous vous trouvez, puis vous examinez ensuite dans l'ordre précisé les salles répertoriées dans la liste.

Tableau des commandes traitées jusqu'à présent

Commande	Fonction
CD	activer un répertoire
CLS	effacer l'écran
COPY	copie de fichiers
DATE	afficher ou modifier la date du système
DEL	suppression de fichiers
DELTREE	suppression d'un répertoire et tout son contenu
DIR	afficher le contenu d'un répertoire
DISKCOPY	copie de disquettes
DOSKEY	répétition et édition des lignes de commande
FORMAT	formatage d'une disquette ou d'un disque dur
LABEL	afficher ou modifier le nom d'une disquette ou d'un disque dur
MD	création d'un répertoire
PATH	définir un chemin de recherche pour les commandes MS-DOS
PROMPT	modifier l'invite
RD	suppression d'un répertoire vide
RENAME	renommer des fichiers
TIME	afficher ou modifier l'heure active

8. Sauvegarde de données avec MS-DOS

Les personnes qui travaillent sur ordinateur accordent un intérêt tout particulier à la sauvegarde des données. Les répertoires, les programmes et les fichiers enregistrés sur votre disque dur ou sur disquettes, sont caractérisés par une "espérance de vie" très courte. Ils courent en effet le danger d'être effacés ou détruits par inadvertance. Cela représente assurément l'un des inconvénients majeurs du bureau sans papier, car les données stockées sur disquettes sont détruites plus rapidement que des documents rangés dans un classeur. Toutefois l'informatique vous permet un grand nombre de choses - et les informations sauvegardées sur un support de données occupent moins de place que des dossiers.

Mais peut-être n'êtes-vous pas conscient du danger couru par vos données. Pour cette raison commençons par quelques réflexions :

8.1. Les catastrophes n'arrivent pas qu'aux autres !

Vous feuilletez ce chapitre par hasard et vous souhaitez peut-être reprendre la lecture de cet ouvrage au chapitre suivant en renonçant pour le moment à la sauvegarde des données. Accordez-vous quelques minutes pour jeter un oeil sur ces pages, car la perte de données est souvent liée à de nombreuses heures de travail...

Pour vous montrer que vos données ne sont pas toujours en sécurité, nous souhaitons maintenant vous donner quelques exemples.

❶ Vous avez subitement des problèmes avec votre disque dur. Apparemment le contrôleur de ce dernier a un défaut : il lit les données, mais il ne peut pas les enregistrer. Vous appelez votre revendeur, lequel vous promet aussitôt de vous dépanner. Dans l'affolement, le disque dur n'est pas bloqué (parqué) avant le transport chez le commerçant. Arrivé chez ce dernier, le PC refuse tout accès au disque dur, la tête de lecture/écriture ayant heurté le disque et détruit des informations système irremplaçables. Les données sont définitivement perdues.

❷ Lors de la sauvegarde d'un fichier le traitement de texte s'est brusquement "planté". L'enregistrement est donc interrompu. Pour l'instant ce n'est pas problématique car des fichiers BAK (copie de sécurité) sont automatiquement créés. Toutefois lors d'une nouvelle initialisation MS-DOS se comporte curieusement et des messages d'erreur sont affichés. Un examen des données à l'aide de la commande particulière SCANDISK vous signale des "zones perdues" au-dessus de 2000. De fait la plupart des fichiers enregistrés sur le disque dur sont vides ou inutilisables (le fichier BAK du traitement de texte étant naturellement détruit).

Ces deux exemples choisis au hasard vous ont peut-être convaincu que vos données étaient autant en sécurité qu'un porte-monnaie placé dans un caddy de supermarché laissé sans surveillance.

Une pression hâtive sur **ENTREE** peut également avoir des conséquences fâcheuses. Dans de nombreux cas le DOS vous demande, par mesure de sécurité, si vous souhaitez réellement exécuter la commande saisie. Seule une réponse déterminée vous permet de poursuivre le traitement de l'instruction. Mais même lorsque vous devez répondre par (O)ui ou par (N)on, il peut arriver que par négligence vous entriez (O)ui sans examiner la validité de la commande (ce qui peut entraîner la perte de données).

Se protéger contre la suppression de données

En ce qui concerne les disquettes, il est relativement facile de se prémunir contre la suppression de données. En effet, vous pouvez coller une petite languette de protection sur l'encoche située sur le coté droit de la disquette. Si vous possédez un lecteur de 3,5", vous pouvez déplacer le petit curseur en plastique visible sur la face inférieure de la disquette pour la protéger contre l'écriture.

8.2. La sauvegarde des données sur disquettes

Vous ne pouvez pas effectuer la même opération avec le disque dur, car celui-ci est inamovible. Vous ne pouvez donc pas le doter d'une protection contre l'écriture absolument efficace !

Par conséquent la destruction de l'intégralité ou d'une partie des données enregistrées sur le disque dur n'est pas difficile. Même si la récupération des fichiers s'avère possible, cette procédure vous ferait perdre un temps précieux. Si besoin est, vous pouvez relancer votre PC avec la disquette système DOS afin de restaurer les données détruites sur le disque dur. Dans le pire des cas vous devrez reformater ce dernier. Par ailleurs, vous pouvez perdre des fichiers que vous n'avez pas encore copiés sur disquette.

Sauvegarder l'intégralité du disque dur

Une solution consiste donc à effectuer à intervalles réguliers une copie de sécurité (à conserver en lieu sûr) de votre disque dur sur disquettes. Vous devez sûrement penser à la commande COPY. En fait cela prendrait trop de temps que de sauvegarder tous les fichiers et programmes sur disquette les uns après les autres. En outre, COPY n'est pas en mesure de copier vos répertoires et sous-répertoires. Vous pourriez toutefois les noter sur une feuille de papier afin de les restaurer ultérieurement en cas de perte des données enregistrées sur le disque dur.

Les ingénieurs de Microsoft ont en réalité élaboré un programme particulier permettant la sauvegarde sur disquette de tous les répertoires (y compris leurs contenus) ou d'une partie de ces répertoires.

Le programme MSBACKUP

Avec le programme MSBACKUP vous pouvez effectuer une copie intégrale ou partielle (certains répertoires et sous-répertoires) du disque dur sur disquettes.

L'avantage de cet utilitaire réside dans le fait que vous ne devez entrer qu'un nombre restreint d'informations concernant les données à sauvegarder, le reste se faisant presque automatiquement. Vous devez simplement préciser les données que vous souhaitez sauvegarder ainsi que le lecteur cible. Il vous suffit par conséquent de déclarer le lecteur (par exemple le disque dur C:) ou le répertoire (C:\DOS) ou les fichiers (*.DOC) qui doivent être sauvegardés, puis le lecteur cible (A:) dans lequel vous devez insérer les disquettes. Le programme MSBACKUP exécute ensuite la procédure de copie. Vous devez simplement changer de disquettes lorsque le PC vous le demande.

Les données d'un disque dur peuvent être sauvegardées sur disquettes avec la commande MSBACKUP. Lorsque des fichiers sont détruits sur le lecteur C:, vous pouvez également les restaurer à l'aide de MSBACKUP.

Pour sauvegarder l'intégralité du disque dur, vous avez besoin :

1. De temps,

2. D'un grand nombre de disquettes,

3. Du programme MSBACKUP

Vous devez être patient car la copie ne se terminera que lorsque la totalité du contenu du disque dur sera enregistré sur disquettes. Pour une disquette de 1,44 Mo l'opération nécessite environ 3 à 4 minutes, dans le cas de disquettes de 720 Ko 2 à 3 minutes. Pour la sauvegarde du disque dur, vous devez prévoir une durée d'une demi-heure à trois-quarts d'heure.

C'est la raison pour laquelle vous avez besoin de plusieurs disquettes car la capacité du disque dur est plus importante que celle d'une disquette. Vous pouvez facilement déterminer le nombre de disquettes nécessaires. A cet effet, activez votre disque dur avec C: et entrez :

`DIR` **ENTREE**

La dernière information affichée est la suivante :

```
xxxxxxx octets libres
```

Vous connaissez donc le nombre d'octets inoccupés sur le disque dur. Effectuons à présent un petit calcul pour trouver le nombre d'octets utilisés.

Si vous possédez par exemple un disque dur de 100 Mo, la place réservée à vos programmes et fichiers est égale à : 100.000.000 d'octets - le nombre d'octets inoccupés. Vous devez ensuite diviser le résultat obtenu par la capacité de vos disquettes : par conséquent par 1.440.000 pour des disquettes de 1,44 Mo ou par 1.200.000 pour des disquettes de 1,2 Mo. Vous pouvez ainsi déterminer le nombre approximatif de disquettes nécessaires pour la sauvegarde.

Si vos disquettes ne sont pas encore formatées, MSBACKUP effectue également le formatage.

La sauvegarde proprement dite

Pour sauvegarder toutes les données du disque dur, entrez la commande suivante :

```
MSBACKUP
```

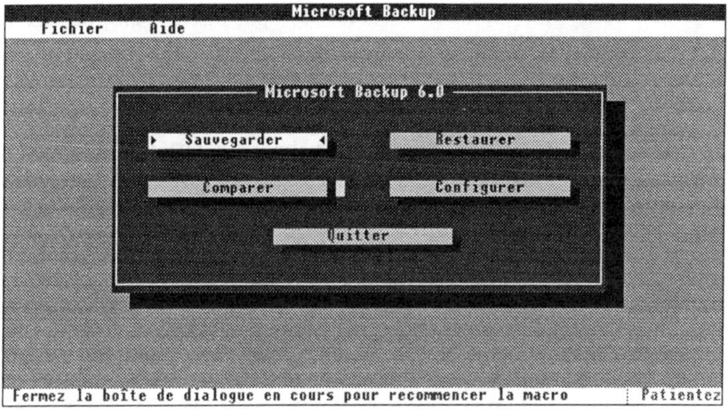

Le programme MS-Backup

Cliquez sur le bouton **Sauvegarder**, puis placez le sélecteur sur *A partir de.* Appuyez sur la barre d'espace ou double-cliquez sur la lettre du lecteur jusqu'à ce que "[-C-] complet" apparaisse. Sélectionnez ensuite le lecteur cible en cliquant sur *Vers.* Lancez finalement la sauvegarde du disque dur en activant le bouton **Démarrer**.

Veillez à disposer d'un nombre suffisant de disquettes vierges. Après la sélection du lecteur cible, MSBACKUP précise le nombre de disquettes nécessaires ainsi que la durée approximative de la procédure.

Il est important de coller des étiquettes sur les disquettes en respectant attentivement la numérotation !

Si vous utilisez des disquettes de 5,25", il est préférable de vous servir d'un feutre ou d'un crayon de papier. En aucun cas vous ne devez écrire sur la disquette à l'aide d'un stylo à bille.

Les disquettes de 3,5" étant caractérisées par une enveloppe rigide, vous pouvez utiliser un style à bille sans aucun problème.

Attribuez des noms explicites (tels que "BACKUP 01") à vos disquettes et ajoutez éventuellement la date. Le strict respect de la numérotation est important car vous devrez suivre un ordre précis lors d'une restauration ultérieure des données.

La restauration des données sur le disque dur s'effectue également à l'aide du programme MSBACKUP. Par ailleurs, le DOS sauvegarde les données sous une forme compacte qui ne vous permet plus de reconnaître les fichiers (comme vous pouvez facilement le faire à l'aide de la commande DIR). Le DOS regroupe tous les fichiers sauvegardés dans un fichier MSBACKUP, ce dernier étant caractérisé par un numéro.

Remarque s'adressant aux utilisateurs d'un AT avec lecteur 5,25" :

Lorsque vos disquettes sont neuves, l'ordinateur leur attribue automatiquement un format de 1,2 Mo. Toutefois, si vous possédez des disquettes "double densité", vous risquez de rencontrer de sérieuses difficultés ! Vous devez donc formater vos disquettes avec FORMAT /4 (ce qui signifie 360 Ko) avant d'appeler MSBACKUP. Utilisez également cette commande lorsque vous souhaitez restaurer des données MSBACKUP à partir d'un lecteur de 360 Ko, lequel n'accepte pas les disquettes "haute densité".

Quand doit-on effectuer une sauvegarde complète ?

Un BACKUP complet dure un certain temps et nécessite l'emploi de plusieurs disquettes. Vous ne devez donc pas recourir à MSBACKUP d'une manière quotidienne ou hebdomadaire, mais seulement lorsque vous avez installé de nouveaux programmes ou modifié considérablement la structure du disque dur. Lorsque la dernière sauvegarde remonte à plusieurs mois, songez à réaliser un "backup" du disque dur.

Sauvegarder le disque dur avec le DOS Shell

Pour sauvegarder l'intégralité ou une partie du disque dur, vous pouvez également utiliser le DOS Shell.

Activez le gestionnaire de programmes avec **TAB**, puis sélectionnez le groupe *Utilitaires disque* à l'aide des touches de direction. Appuyez ensuite sur **ENTREE** et placez le sélecteur sur le programme *MS-Backup*. Pressez une nouvelle fois **ENTREE**.

L'utilitaire MSBACKUP est immédiatement chargé et vous pouvez sauvegarder votre disque dur comme nous l'avons décrit précédemment.

La commande XCOPY

Outre MSBACKUP, il existe une commande MS-DOS appelée XCOPY qui vous permet de sauvegarder des répertoires particuliers.

La commande XCOPY représente un compromis entre COPY et MSBACKUP. Avec cette instruction, vous pouvez copier sur disquettes des répertoires (y compris leurs sous-répertoires et tous leurs fichiers) ou ajouter d'autres répertoires. Cela signifie que l'arborescence est conservée lors de la copie.

L'avantage de cette commande réside dans le fait que vous pouvez lire, copier ou restaurer des données à tout moment sans être contraint de faire appel à MSBACKUP. L'inconvénient majeur de cette instruction est le suivant : vous ne pouvez copier les données souhaitées qu'en une seule fois. Lorsque la disquette est pleine, la procédure est interrompue. Par conséquent, assurez-vous que les données peuvent être enregistrées sur une seule disquette.

Après le mot-clé XCOPY précisez le nom du lecteur/répertoire source, puis la zone cible (séparée par un espace). Celle-ci se compose du lecteur et éventuellement d'un répertoire.

Si vous souhaitez copier le répertoire TEXTES sur disquette et y ajouter les sous-répertoires LETTRES et ESSAIS, vous devez saisir la ligne de commande suivante :

```
XCOPY C:\TEXTES A: /S
```

Dans cet exemple un répertoire nommé TEXTES est créé sur la disquette insérée dans le lecteur A:. Tous les fichiers du répertoire C:\TEXTES sont ensuite copiés dans A:\TEXTES. Puis les sous-répertoires LETTRES et ESSAIS sont créés sur la disquette, et les fichiers de C:\TEXTES\LETTRES et de C:\TEXTES\ESSAIS sont respectivement copiés dans A:\TEXTES\LETTRES et A:\TEXTES\ESSAIS.

Nous avons également ajouté le paramètre /S. De fait, tous les sous-répertoires de TEXTES sont copiés. Si ce paramètre n'est pas précisé, seuls les fichiers du répertoire TEXTES sont sauvegardés.

Lorsque des fichiers sont effacés sur le disque dur, vous pouvez les récupérer à tout instant avec la commande COPY. Des répertoires entiers peuvent être également restaurés avec XCOPY. La procédure est identique à la sauvegarde du disque dur sur disquette, à la différence que cette fois-ci la copie est effectuée de la disquette vers le disque dur.

8.3. Ce qu'il faut faire après la perte de données

Imaginez que vous ayez rédigé des lettres il y a plusieurs semaines (voire plusieurs mois) et sauvegardé d'importants numéros de téléphone sur votre disque dur. En outre, vous avez structuré ce dernier d'une manière optimale. Et puis ce fut un choc très violent sur l'unité centrale - votre disque dur n'est plus lisible depuis ce jour. Abstraction faite du coût de la réparation ou de l'achat d'un nouveau disque dur - vous êtes le plus souvent contrarié par le temps perdu à réinstaller un système viable à partir de copies de sécurité (certains fichiers sont peut-être totalement détruits).

En règle générale, le problème de la perte des données ne se pose pas si vous avez régulièrement sauvegardé votre disque dur avec MSBACKUP. En fait, la question est la suivante : comment restaurer vos données sur le disque dur ? Comme nous l'avons déjà mentionné, vous ne pouvez pas lire les données enregistrées sur les disquettes de sauvegarde. C'est la raison pour laquelle vous devez réutiliser le programme MSBACKUP.

La restauration des données

Avec la commande MSBACKUP vous pouvez, si besoin est, restaurer sur votre disque dur les données stockées sur les copies de sécurité (en cliquant sur le bouton "Restaurer" après le chargement du programme). Vous pouvez même recréer sur le disque dur une structure identique (avec tous les fichiers) à celle présente lors du backup.

Lors de la restauration, des données peuvent être perdues lorsque des fichiers présents sur le disque sont écrasés. Par conséquent, vous devez être très vigilant au cours de cette procédure. Fort heureusement vous pouvez éviter l'écrasement des fichiers encore présents en cliquant sur le bouton **Options**, puis en cochant la case *Indicateur d'écrasement de fichiers.*

Restaurer recopie les données dans leurs répertoires originaux. La précédente structure arborescente est donc rétablie, les répertoires détruits étant automatiquement recréés. Vous pouvez préciser avec *Options/Restaurer les répertoires vides* si les répertoires inoccupés doivent être également pris en compte.

Déroulement de la procédure de restauration

Une fois la saisie enregistrée, **Restaurer** vous demande d'insérer la première disquette.

Vous constatez par conséquent qu'il est important de numéroter correctement les disquettes. Si vous avez inséré une mauvaise disquette, le programme vous le signale aussitôt et vous demande d'introduire la disquette appropriée. Par ailleurs, si vous glissez dans le lecteur une disquette qui n'est pas une disquette MS-Backup, l'ordinateur s'en aperçoit également.

Résumé

Dans la pratique la procédure suivante s'avère très utile et en plus elle a déjà fait ses preuves :

- En premier lieu, effectuez une sauvegarde intégrale du disque dur. Cela prend du temps, mais vous n'avez besoin de l'exécuter que très rarement. Les programmes occupent très souvent beaucoup de place sur le disque dur et ils ne sont pas modifiés après leur installation. Vous devez procéder à cette sauvegarde principale tous les six mois environ.
- Sauvegardez ensuite régulièrement les répertoires dans lesquels sont traitées de nombreuses données. Il peut s'agir du répertoire contenant votre correspondance, du sous-répertoire dans lequel sont enregistrés vos graphiques, etc. Il est particulièrement conseillé de stocker tous les fichiers modifiés dans un unique répertoire (comprenant éventuellement des sous-répertoires).
- Il est préférable d'employer la commande COPY pour copier sur disquette les fichiers actuellement utilisés. Par conséquent, si vous élaborez un manuscrit avec un traitement de texte, vous devez le sauvegarder quotidiennement sur une disquette. C'est rapide, vous ne perdez pas de temps et vous n'êtes pas sujet aux appréhensions habituelles concernant la sauvegarde des données.

Lorsque les données sur lesquelles vous travaillez sont effacées, vous n'êtes pas obligé d'effectuer une sauvegarde intégrale. Il vous suffit simplement de recopier avec COPY les données enregistrées sur la disquette de sécurité. Lorsqu'un nombre plus important de données est perdu, vous devez dans la plupart des cas restaurer les répertoires sauvegardés régulièrement.

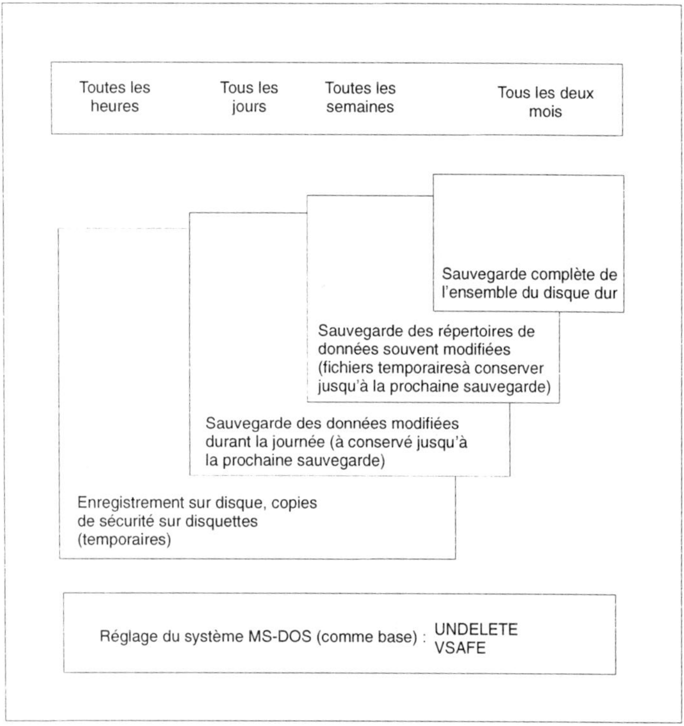

Différentes sauvegardes de données

Le schéma présente (dans un ordre décroissant en fonction de la durée) les trois types de sauvegarde les plus importants :

Tous les fichiers du disque dur doivent être sauvegardés lorsque la structure des répertoires est modifiée sur une grande échelle (par exemple plusieurs nouveaux programmes ou répertoires de données ayant été ajoutés). Cette sauvegarde nécessite beaucoup de temps ainsi qu'un grand nombre de disquettes.

Vous devriez sauvegarder à intervalles réguliers (toutes les deux semaines environ) un répertoire particulier contenant dans différents sous-répertoires toutes les données fréquemment modifiées. Cette sauvegarde est déjà plus rapide.

Vous devriez enfin sauvegarder sur disquette tout fichier considérablement remanié.

Nous souhaitons encore vous signaler d'autres types particuliers de sauvegarde :

- Il existe d'autres options de sauvegarde dans le MS-DOS. Toutefois elles exigent une bonne connaissance du système d'exploitation (fichiers et supports de données), si bien que nous devons vous renvoyer au "Grand livre de MS-DOS 6". Vous apprendrez par exemple à ne sauvegarder que les données modifiées du disque dur.

8.4. Comment récupérer des fichiers détruits

Jusqu'à présent nous avions toujours dit que vous deviez être très prudent lors de la suppression de fichiers, un fichier étant perdu après sa destruction. Ce n'était qu'une demi-vérité car MS-DOS propose des solutions pour récupérer des fichiers effacés.

Définir le niveau de protection

Des fichiers effacés peuvent être fréquemment récupérés, même si vous n'avez activé aucune protection particulière. Toutefois, la récupération de fichiers effacés est plus sûre lorsque certaines mesures sont prises.

MS-DOS peut stocker des informations déterminées, concernant des données supprimées, dans un fichier particulier. Ces informations peuvent être très importantes lorsque le fichier doit être récupéré.

La ligne de commande suivante active cette protection pour les lecteurs A et C :

```
UNDELETE /TC /TA
```

En ce qui concerne la seconde méthode, les fichiers ne sont pas réellement supprimés mais tout simplement stockés dans un répertoire caché.

Pour protéger les données du disque dur C: de cette manière, saisissez la commande :

```
UNDELETE /SC
```

Toutefois ne soyez pas étonné si la place disponible sur le disque n'augmente pas après la suppression des fichiers (ces derniers étant conservés dans le répertoire de sauvegarde).

Pour supprimer définitivement ces fichiers, vous devez appeler UNDELETE de la manière suivante :

```
UNDELETE /PURGE
```

Récupérer des fichiers détruits

Les ordinateurs peuvent considérablement accélérer les tâches quotidiennes de l'utilisateur. Non seulement la création ou l'édition de données sur un PC s'effectuent très rapidement, mais la suppression d'un ou plusieurs fichiers ne nécessite également qu'une fraction de seconde. Ce qui entraîne parfois la destruction accidentelle d'un fichier.

Lorsque le support de données n'est pas modifié après l'effacement d'un ou plusieurs fichiers, il est presque toujours possible d'annuler les effets de la suppression.

Si aucun fichier n'a encore été sauvegardé, vous pouvez récupérer le fichier détruit avec la commande UNDELETE. Pour cela, vous devez appeler la commande UNDELETE en précisant le nom du fichier effacé. Si vous ne déclarez aucun nom de fichier, la commande s'applique à l'ensemble des fichiers du répertoire courant.

Si vous avez effacé par mégarde plusieurs fichiers dans un répertoire, vous pouvez annuler la suppression en appelant la commande UNDELETE et en confirmant individuellement chaque restauration. Lorsqu'un fichier doit être récupéré, vous devez entrer l'initiale de son nom. Une fois cette opération effectuée, l'ordinateur vous signale que le fichier a été ou n'a pas été récupéré.

La saisie de la première lettre du nom de fichier est indispensable. Vous pouvez entrer une "mauvaise" lettre, cela entraînera simplement la modification du nom du fichier après sa récupération.

8.5. Comment se protéger des virus informatiques

Si vous travaillez sur ordinateur depuis un certain temps, le terme de virus informatique ne vous est sûrement plus inconnu.

Pour vous protéger efficacement, vous devez savoir ce qu'est un virus, pourquoi il peut être si dangereux, comment il peut s'introduire dans un système informatique et quels sont les moyens de protection principaux.

Qu'est-ce qu'un virus informatique ?

Les virus informatiques désignent des programmes qui sont capables de se multiplier dans un système, à l'instar des virus biologiques. Lorsque les virus ont infiltré un système, ils peuvent se propager sur les supports de données ainsi qu'en mémoire comme une traînée de poudre. C'est la raison pour laquelle les virus informatiques sont si dangereux et redoutés.

D'autre part il est très difficile de découvrir et de détruire un virus (son "géniteur" voulant logiquement éviter que cela ne se produise).

Vous ne pouvez pas détecter un virus sans utilitaires particuliers. Etant donné que de nouveaux virus voient le jour constamment, ces programmes doivent se limiter à des caractéristiques déterminées lors de la recherche de virus inconnus et il peut être parfois difficile d'identifier de nouveaux virus comme tels.

Vous pouvez ainsi utiliser votre traitement de texte sans vous douter qu'il est infecté depuis fort longtemps.

C'est la raison pour laquelle des virus particulièrement intelligents peuvent détruire les données d'un disque dur avant que vous puissiez vous en rendre compte. Les programmes infectés pouvant transmettre des virus, l'ordinateur d'un ami avec lequel vous avez échangé des données peut être envahi par le même virus.

Comment les virus s'introduisent-ils dans un système ?

Comme nous l'avons déjà mentionné, les virus sont des programmes. Vous devez donc les charger pour qu'ils puissent commencer leur oeuvre destructrice. Le lancement d'un programme implique que ce dernier soit copié sur un ordinateur ou directement chargé à partir d'un support de données. Il s'agit d'une procédure classique et inévitable avec un ordinateur, mais c'est la seule possibilité pour un virus de s'introduire dans votre système.

Par conséquent, dès que vous copiez des données sur votre PC, vous prenez également le risque d'introduire un virus. Cela semble épouvantable, mais les disquettes ne sont pas toutes contaminées. Demandez constamment la provenance des supports d'information.

Comme vous ne pouvez pas renoncer à la copie de programmes et de données sur votre ordinateur, essayez de trouver les supports qui pourraient être infectés. Si vous utilisez constamment des programmes originaux protégés en écriture, il n'y a aucun risque d'infection des disquettes.

Par contre, si un ami vous a donné un programme qu'il a lui-même obtenu auprès d'une autre personne, le risque de copier un virus sur l'ordinateur est important. Vous pouvez ainsi propager un virus à votre insu avant qu'il ne se déclare.

Bien entendu, quelqu'un peut introduire un virus sur votre ordinateur en votre absence. Tout dépend naturellement de l'importance que revêt à ses yeux la destruction de vos données. Mais une telle situation n'est pas courante.

Pour protéger vos données à cent pour cent, vous devez les sauvegarder à intervalles réguliers. Apposez ensuite une languette autocollante sur ces disquettes et ne les modifiez plus. Si vous employez régulièrement cette méthode, vous pouvez au moins restaurer les anciennes versions.

Quels sont les moyens de protection principaux ?

La meilleure protection contre les virus réside dans l'inviolabilité du système. Cela signifie que vous devez contrôler tout enregistrement de données sur l'ordinateur. C'est naturellement plus facile à dire qu'à faire.

Réalisez fréquemment des copies de sécurité. Mais ne les écrasez pas, prenez chaque fois de nouvelles disquettes. Les copies de sécurité ne vous protègent pas des virus, mais elles limitent leurs effets. N'utilisez que les copies des programmes originaux.

Vous pouvez acquérir des logiciels spéciaux qui empêchent l'intrusion de virus ou qui permettent leur détection. Lorsqu'un virus est découvert, vous pouvez le détruire à l'aide d'un logiciel adéquat. MS-DOS met à votre disposition deux programmes : MSAV pour la recherche, VSAFE pour la protection.

Détecter des virus avec MSAV

Le programme MSAV examine votre disque dur et supprime le cas échéant les virus éventuellement présents. MSAV dispose d'une liste de 1300 virus connus que vous pouvez mettre à jour régulièrement.

L'interface du programme MSAV est d'un maniement aisé. La procédure étant totalement automatique, vous pouvez la lancer sans problèmes.

Conservez à portée de main une disquette de démarrage protégée en écriture, au cas où votre ordinateur serait infecté.

Une fois l'utilitaire MSAV chargé, un menu piloté à l'aide de la souris ou du clavier apparaît.

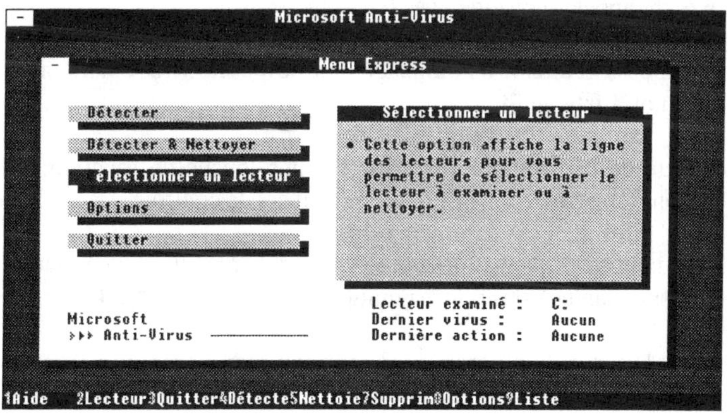

Le menu de MSAV

Vous pouvez activer cinq boutons dans MSAV. Leur fonction est décrite dans le champ de texte visible dans la partie droite de la fenêtre.

Vous pouvez sélectionner les boutons avec la souris ou le clavier (flèches de direction et **ENTREE**).

ECHAP interrompt à tout moment le lancement du programme (recherche et destruction de virus). Dans une boîte de dialogue vous devez ensuite confirmer l'interruption ou poursuivre la procédure.

Le lecteur sélectionné et la progression de la recherche sont précisés en-dessous des boutons du menu.

Des boutons ayant les mêmes fonctions que celles disponibles dans le menu sont visibles sur le bord inférieur de l'écran. Vous pouvez en outre appeler une aide avec **F1**.

Vous pouvez éditer la liste alphabétique de tous les virus connus avec le bouton **Liste** ou **F9**.

Chacun de ces boutons est associé à une touche de fonction. Le bouton **Supprimer** ou **F7** efface les fichiers de contrôle.

Vous pouvez cliquer sur les boutons ou activer la touche de fonction correspondante. Vous pouvez quitter MSAV avec **Alt** + **F4**.

Avant la sortie du programme, l'ordinateur vous propose de sauvegarder la configuration définie dans le menu **Options**.

Commencer la recherche

Avant de débuter la recherche, vous pouvez choisir un lecteur à l'aide du bouton **Sélectionner un lecteur**. Lorsque cette fonction est activée, une ligne de lecteurs apparaît sous la barre de titre. Cliquez sur l'unité souhaitée ou pressez **Ctrl** + Lettre du lecteur.

MSAV examine automatiquement la structure arborescente. Vous pouvez ensuite lancer la recherche avec **Détecter** ou **Détecter et Nettoyer**. Vous pouvez interrompre la procédure à tout moment avec **ECHAP**.

Si vous souhaitez uniquement rechercher des virus, cliquez sur **Détecter**. Vous aurez toujours la possibilité par la suite de supprimer les virus trouvés en répondant adéquatement dans une boîte de dialogue qui apparaîtra. Le déroulement de la procédure est représenté par deux barres de pourcentage. La première concerne le support de données, la seconde le répertoire actuellement examiné.

Lorsque MSAV trouve un fichier infecté non réçupérable en raison des dommages causés, le programme vous demande de l'effacer ou de poursuivre sans suppression.

Une fois la recherche terminée, des informations importantes (lecteurs examinés, fichiers éventuellement infectés et nettoyés, durée de la procédure) sont éditées dans une fenêtre.

Protection permanente avec VSAFE

Une autre méthode de protection consiste à ne pas laisser des virus pénétrer votre système. Pour cela vous pouvez installer le programme VSAFE.

Désormais toutes les tentatives d'infection de votre système pourront être repérées et évitées. Des opérations telles que le formatage, l'écriture sur un support de données et l'implantation de programmes en mémoire seront contrôlées et interrompues dans la plupart des cas.

De telles mesures peuvent vous protéger totalement contre l'intrusion d'un virus. Cependant, une utilisation rationnelle de l'ordinateur devient presque impossible. Imaginez que vous empêchiez un accès en écriture sur le disque dur. Vous ne pourriez plus ensuite sauvegarder aucun fichier.

Pour cette raison vous devez sélectionner les modes de protection en fonction de vos besoins, afin que vous puissiez travailler sans trop de gêne.

VSAFE est un programme qui signale toutes les modifications pouvant être éventuellement occasionnées par un virus.

Vous pouvez charger VSAFE en mémoire avec la commande suivante :

```
VSAFE
```

Si vous souhaitez lancer VSAFE lors de chaque initialisation de l'ordinateur, vous pouvez ajouter cette instruction dans AUTOEXEC.BAT. Insérez si possible cette ligne de commande en début de fichier car la protection doit être activée avant l'appel d'autres programmes.

```
VSAFE /U
```

supprime le programme de la mémoire (U = Uninstall).

9. Contrôles du système et optimisation

Dans ce chapitre, nous souhaitons vous présenter quelques commandes MS-DOS qui permettent de configurer votre ordinateur en fonction de vos besoins. D'autre part certaines tâches peuvent être optimisées, c'est-à-dire simplifiées et exécutées plus rapidement.

9.1. Le PC peut également apprendre

Dans cette section ainsi que dans la suivante, nous voulons étudier deux fichiers particulièrement importants pour votre PC. Ils configurent automatiquement (sans votre intervention) l'ordinateur lors de la mise sous tension, de manière à ce que vous puissiez immédiatement travailler avec lui. Lorsque ces deux fichiers sont absents, vous rencontrez un certain nombre de problèmes lors de l'initialisation du PC. Vous ne disposez pas par exemple d'un clavier français, le prompt n'est pas défini d'une manière optimale, etc.

Curieusement, vous pouvez apprendre quelque chose à l'ordinateur. Celui-ci mémorise de nouvelles informations dans deux fichiers particuliers que nous souhaitons maintenant étudier en détail. Nous vous expliquerons en outre comment modifier ces fichiers afin de les adapter à vos besoins.

Le fichier AUTOEXEC.BAT

Le premier fichier que nous souhaitons vous présenter s'appelle AUTOEXEC.BAT. Vous l'avez déjà rencontré au cours de différents exercices. Il se trouve dans le répertoire racine de votre disque dur ou sur votre disquette de démarrage.

Examinons ce fichier dans l'éditeur ou dans le DOS Shell (en activant la commande **Afficher le contenu** du menu **Fichier**). Vous pouvez également le visualiser dans l'interpréteur de commande en activant le répertoire principal et en entrant la commande suivante :

```
TYPE AUTOEXEC.BAT
```

Vous apercevez maintenant le contenu du fichier AUTOEXEC.BAT sur votre écran. Détaillons-le en nous appuyant sur un fichier type.

Le fichier AUTOEXEC.BAT pourrait par exemple se présenter de la façon suivante :

```
ECHO OFF
PATH C:\DOS;C:\WINDOWSRETOUR.C:\DOS\KEYB
FR,,C:\DOS\KEYBOARD.SYS
SET COMSPEC=C:\DOS\COMMAND.COM
PROMPT $P$G
ECHO ON
```

Nous voulons en premier lieu examiner les lignes du fichier. Celles-ci contiennent des commandes MS-DOS qui sont traitées les unes après les autres (dans l'ordre d'insertion). Vous pourriez également entrer toutes ces instructions après la mise sous tension de votre PC. Vous obtiendriez le même résultat, cependant, cela prendrait plus de temps. Il est donc préférable d'allumer l'ordinateur en ayant la certitude que les paramétrages indispensables seront effectués automatiquement. Abordons maintenant chaque commande MS-DOS.

La commande ECHO

Comme vous le constatez, la commande ECHO a été utilisée de deux manières différentes dans notre exemple. La première fois un OFF était placé à la suite de l'instruction, la seconde fois il s'agissait d'un ON.

Les commandes traitées après ECHO OFF ne sont pas affichées sur l'écran avant leur exécution. A l'inverse les commandes succédant à ECHO ON sont de nouveau affichées avant leur exécution.

La commande PATH

Si vous possédez un disque dur, les commandes MS-DOS sont en règle générale enregistrées dans un répertoire déterminé. C'est la raison pour laquelle la commande PATH est importante. Cette instruction vous permet de trouver toutes les commandes MS-DOS, quel que soit le répertoire actif. Nous vous l'avons déjà signalé dans le chapitre "L'appel de programmes".

Afin que MS-DOS puisse trouver les commandes du système d'exploitation, vous devez préciser à la suite de PATH le répertoire dans lequel elles sont enregistrées (dans notre cas le répertoire DOS).

La commande PATH est également appelée *chemin*. Elle représente en effet, un chemin d'accès vers le répertoire précisé.

Vous pouvez non seulement indiquer un chemin pour vos commandes MS-DOS, mais également pour d'autres répertoires. C'est utile par exemple lorsque vous vous servez d'un traitement de texte (ou d'une autre application). Si vous avez défini un chemin d'accès au répertoire contenant le programme, vous pouvez appeler ce dernier à tout moment (quel que soit le lecteur/répertoire actif).

Lorsque vous souhaitez déclarer plusieurs chemins, vous devez saisir les noms des répertoires en les séparant par des points-virgules. Par exemple, si vous voulez définir, outre le répertoire contenant les commandes MS-DOS, un chemin d'accès à votre traitement de texte (lequel est enregistré dans le répertoire C:\WORD), vous devez modifier la ligne suivante dans le fichier AUTOEXEC.BAT :

```
PATH C:\DOS;C:\WORD
```

Vous pouvez ainsi préciser un chemin pour chaque programme. Il est conseillé d'entrer en premier lieu les répertoires fréquemment activés. En effet, MS-DOS examine les chemins dans l'ordre de saisie de la commande PATH.

La commande KEYB

La ligne de commande

```
C:\KEYB FR,,C:\DOS\KEYBOARD.SYS
```

vous permet de configurer le clavier en fonction de la nationalité de l'utilisateur. Si vous allumez votre PC sans réglage particulier, votre clavier adopte la disposition américaine. Vous pouvez le constater en appuyant sur la touche **A** : un **Q** est affiché sur l'écran. D'autres caractères ont également été permutés.

Afin de pouvoir travailler comme à l'accoutumée, vous devez déclarer un clavier français.

La commande SET COMSPEC

La ligne de commande :

```
SET COMSPEC=C:\DOS\COMMAND.COM
```

permet à l'ordinateur, lors de l'interruption d'un programme volumineux, de retrouver l'interpréteur de commande (c'est le coeur du MS-DOS, il contient entre autres les commandes résidentes DIR, CLS, etc) sur le disque dur et de le charger en mémoire. Vous pouvez ainsi accélérer le travail avec MS-DOS.

La commande PROMPT

Cette ligne de commande définit le prompt dans AUTOEXEC.BAT.

La commande PROMPT précisée dans notre exemple affiche sur l'écran le lecteur et le répertoire actifs, ainsi que le signe >. Nous avons déjà insisté sur l'importance d'un tel affichage lors de notre introduction sur les sous-répertoires.

D'autres commandes dans AUTOEXEC.BAT - DATE et TIME

Si votre ordinateur ne possède pas d'horloge, vous devez entrer l'heure et la date exactes lors de chaque initialisation du PC. Afin que vous ne soyez pas obligé de les saisir à chaque fois, vous pouvez insérer les commandes DATE et TIME à la fin du fichier AUTOEXEC.BAT. Lors de chaque mise sous tension de l'ordinateur, vous devrez entrer la date et l'heure actives.

Le PC peut donc apprendre une multitude de choses par l'intermédiaire du fichier AUTOEXEC.BAT.

Attention

Lors de la modification de CONFIG.SYS et AUTOEXEC.BAT, vous devez être très rigoureux. Si une erreur devait se glisser dans ces fichiers, il se pourrait que votre PC ne fonctionne plus correctement (qu'il refuse même toute collaboration). Toutefois il ne serait pas "détérioré", mais simplement "désorganisé".

Afin que vous ne soyez pas obligé de vous rendre dans un atelier à l'instar d'une automobile à l'allumage déréglé, vous devez créer une disquette de démarrage avant la modification des fichiers système AUTOEXEC.BAT et CONFIG.SYS. A cet effet, vous devez procéder de la manière suivante :

- Formatez une disquette avec le paramètre /S, afin que le PC puisse être lancé à partir de ce support de données :

```
FORMAT A: /S
```

Sur cette disquette est enregistré, outre les deux fichiers cachés (qui sont invisibles en temps normal), le fichier COMMAND.COM.

Il est préférable de copier les fichiers originaux AUTOEXEC.BAT et CONFIG.SYS sur cette disquette en leur attribuant d'autres noms. En effet, si vous utilisez les deux noms habituellement réservés, le PC essaiera de traiter ces deux fichiers lors d'un lancement à partir de la disquette et vous pourriez alors rencontrer des problèmes.

- Copiez les deux fichiers KEYB.COM et KEYBOARD.SYS sur la disquette, afin que vous puissiez définir un clavier français à l'aide de la commande suivante :

```
KEYB FR
```

Si votre situation s'avère "sans issue" lors de la modification des fichiers système, insérez la disquette de démarrage et initialisez le PC. A la suite du prompt, entrez KEYB FR (éventuellement PROMPT PG). Vous pouvez ensuite copier dans le répertoire racine du disque dur les fichiers système sauvegardés sur la disquette.

9.2. Configuration de l'ordinateur

Intéressons-nous maintenant au fichier CONFIG.SYS, lequel joue un rôle très important lors du démarrage de votre PC. Ce fichier est enregistré, comme AUTOEXEC.BAT, dans le répertoire principal du disque dur ou sur la disquette de démarrage. Pour examiner ce fichier, vous pouvez procéder de différentes manières :

❶ Vous pouvez charger l'éditeur EDIT.

❷ Vous pouvez visualiser le fichier dans le DOS Shell en sélectionnant CONFIG.SYS et en appelant la commande **Afficher le contenu** du menu **Fichier**.

❸ Dans l'interpréteur de commande, vous pouvez examiner le fichier en activant le répertoire principal et en entrant la commande suivante :

```
TYPE CONFIG.SYS
```

Vous apercevez ensuite le fichier CONFIG.SYS sur votre écran. Nous souhaitons à présent vous expliquer certaines commandes du fichier en nous appuyant sur un exemple.

Le fichier CONFIG.SYS

Prenons l'exemple suivant :

```
DEVICE=HIMEM.SYS
DEVICE=C:\DOS\SETVER.EXE
FILES=20
BUFFERS=20
SHELL=C:\DOS\COMMAND.COM /P /E:500
```

```
COUNTRY=033,,C:\DOS\COUNTRY.SYS
DOS=HIGH
```

Ce fichier veille à ce que le PC s'organise de lui-même. Les paramètres définis dans CONFIG.SYS sont pris en considération avant le traitement du fichier AUTOEXEC.BAT. Par conséquent retenons : contrairement à AUTOEXEC.BAT, le fichier CONFIG.SYS n'est pas exécuté (les paramètres précisés étant simplement validés). De plus les lignes enregistrées dans CONFIG.SYS ne peuvent pas être saisies manuellement comme des commandes. Il s'agit de directives de paramétrage qui ne sont prises en compte qu'une seule fois, lors de la mise sous tension du PC.

Examinons maintenant les commandes de CONFIG.SYS.

DEVICE=HIMEM.SYS

Cette ligne vous permet de lancer un utilitaire particulier qui gère la mémoire au-dessus de 640 Ko. Lors de l'apparition de MS-DOS il y a de nombreuses années, les informaticiens n'avaient pas prévu la gestion de la mémoire au-dessus de 640 Ko pour les programmes. C'est la raison pour laquelle vous devez maintenant charger des utilitaires supplémentaires. Cette ligne de commande est particulièrement importante lors de l'utilisation de Windows.

La commande SETVER

Cette commande permet l'adaptation de programmes déterminés au nouveau MS-DOS. Nous vous avons déjà signalé en début d'ouvrage qu'il existe différentes versions du DOS qui ne peuvent pas être mélangées. Certains programmes demandent le numéro de la version active et ils ne s'attendent pas, par exemple, à ce que MS-DOS indique 6.22 comme numéro de version. Avec le programme SET-

VER.EXE vous pouvez faire croire à un programme qu'il sera exploité par une autre version DOS (par exemple la 4.0). Toutefois l'utilisation de SETVER exigeant des connaissances approfondies sur le DOS et ses versions, nous n'entrerons pas ici dans les détails.

La commande FILES

Cette commande définit le nombre de fichiers (FILES = FICHIERS) auxquels vous pouvez accéder simultanément. Pour travailler avec un fichier, vous devez l'ouvrir préalablement. De nombreuses tâches effectuées par votre PC exigent à présent l'ouverture simultanée de plusieurs fichiers. Lorsque vous vous servez par exemple d'un traitement de texte, vos fichiers programme et le fichier de texte (sur lequel vous travaillez) doivent être ouverts.

Un nombre de vingt fichiers ouverts simultanément nous semble tout à fait raisonnable. Au demeurant, certains programmes posent des conditions qui sont signalées dans les manuels d'utilisation des logiciels.

La commande BUFFERS

MS-DOS stocke dans un tampon (buffer = tampon) des données qui sont échangées entre différents lecteurs. BUFFERS détermine la taille de ce tampon. Le travail avec MS-DOS s'en trouve ainsi accéléré.

Toutefois ne déclarez pas une trop grande valeur, sous peine de voir diminuer la mémoire de travail des programmes. Si votre PC possède un disque dur, entrez 20 comme valeur.

La commande SHELL

Cette commande est indispensable lorsque le fichier COMMAND.COM (permettant le chargement de l'interpréteur de commande) ne se trouve pas dans le répertoire racine, mais dans le répertoire contenant les commandes MS-DOS. La commande SHELL charge l'interpréteur de commande lors du démarrage. Vous devez préciser le répertoire dans lequel est enregistré le fichier COMMAND.COM (dans notre exemple, il est placé dans le répertoire DOS).

La commande COUNTRY

La ligne de commande

```
COUNTRY=033,,C:\DOS\COUNTRY.SYS
```

configure la version du MS-DOS en fonction de la nationalité de l'utilisateur. C'est important, par exemple, pour le format de la date et de l'heure.

Pour obtenir l'affichage de la date et de l'heure au format français, vous devez entrer à la suite de la commande le nombre 033 (séparé par un signe égal). Peut-être avez-vous reconnu l'indicatif téléphonique de la France (033). En fait, vous devez toujours saisir l'indicatif du pays souhaité pour obtenir la configuration nationale.

Vous devez en outre préciser le répertoire dans lequel est enregistré le fichier COUNTRY.SYS. La saisie de la seconde virgule dans la ligne de commande est importante.

DOS=HIGH

Si la mémoire de votre ordinateur excède 640 Ko, vous pouvez ordonner au DOS d'en utiliser une partie. A cet effet, insérez cette ligne dans CONFIG.SYS. Vous pouvez également entrer :

```
DOS=HIGH,UMB
```

Toutefois une connaissance approfondie du mode de fonctionnement du MS-DOS et de la gestion de la mémoire est indispensable pour parvenir à un résultat avec cette commande. Par ailleurs la ligne DEVICE=HIMEM.SYS doit toujours être placée avant DOS=HIGH, afin que la mémoire étendue soit également disponible.

La modification des fichiers AUTOEXEC.BAT et CONFIG.SYS

Peut-être souhaitez-vous maintenant modifier l'un ou l'autre des deux fichiers AUTOEXEC.BAT et CONFIG.SYS (pour ajouter par exemple un chemin d'accès à un autre répertoire).

Nous vous conseillons en premier lieu de sauvegarder ces deux fichiers au cas où des problèmes surviendraient après les modifications (ou tout simplement en vue d'une réutilisation ultérieure des anciennes versions).

La sauvegarde des anciens fichiers

Pour sauvegarder vos anciens fichiers, vous pouvez les copier. Nous vous recommandons de conserver les noms tout en leur attribuant l'extension OLD. Vous vous souvenez sûrement de la procédure permettant la copie de fichiers. Pour sauvegarder les deux fichiers, entrez les lignes de commande suivantes :

```
COPY AUTOEXEC.BAT AUTOEXEC.OLD
COPY CONFIG.SYS CONFIG.OLD
```

Les fichiers sont maintenant sauvegardés sous deux noms différents. Vous pourrez réutiliser à tout moment les anciennes versions en les renommant ou en les copiant une nouvelle fois.

En outre, vous devriez par précaution créer une disquette de démarrage particulière qui vous permettrait le cas échéant de relancer votre ordinateur. Par ailleurs, indépendamment de notre problème actuel, vous devriez conserver cette disquette à portée de main car il pourrait arriver, pour de nombreuses raisons, que l'initialisation du PC à partir du disque dur ne réussisse pas. Vous auriez ainsi la possibilité de lancer l'ordinateur avec la disquette et de supprimer l'erreur sur le disque dur. Nous avons déjà expliqué en détail la création d'une telle disquette de démarrage.

La modification des fichiers

Si vous voulez à présent modifier les fichiers, vous pouvez charger le fichier souhaité dans l'éditeur EDIT, procéder à sa modification, puis à sa sauvegarde. A cet effet, vous pouvez directement préciser le nom du fichier lors du lancement de l'éditeur :

```
EDIT C:\AUTOEXEC.BAT
```

Vous pouvez également charger l'éditeur à partir du DOS Shell et entrer le nom du fichier dans la fenêtre de paramètres.

Les nouveaux fichiers

Lorsqu'un nouveau fichier est créé, vous pouvez tester son efficacité en initialisant votre ordinateur.

A cet effet, éteignez le PC pendant quelques secondes et rallumez-le. Vous pouvez aussi procéder à une initialisation à chaud qui s'avère moins contraignante pour votre ordinateur. Pour cela appuyez sur le bouton RESET qui se trouve en règle général sur la face avant de votre PC. Il existe une autre possibilité de démarrage à chaud qui est certes quelque peu pénible, mais qui est recommandée lorsque votre PC ne possède pas de bouton RESET (ou lorsque ce dernier est difficile d'accès) : la combinaison de touches **CTRL + ALT + SUPPR**.

9.3. Disque virtuel, cache disque et compression du disque dur

Ce chapitre est consacré aux options MS-DOS qui peuvent apporter un "plus" à votre ordinateur.

Doubler la capacité du disque dur

Il n'y a pas si longtemps que cela, les AT étaient généralement équipés d'un disque dur de 20 Mo, et les ordinateurs disposant de 40 Mo semblaient prêts à affronter sereinement l'avenir. Ces critères ont sensiblement évolué avec Windows. Un ordinateur intégrant Windows et quelques applications nécessite au minimum 60 Mo. Ajoutez à cela la sauvegarde de données graphiques, les 20 Mo restants sont rapidement occupés. Vous pouvez souvent connecter un second disque dur, mais cela s'avère onéreux.

A l'heure actuelle il existe des programmes de compression avec lesquels vous pouvez approximativement doubler la capacité du disque dur. Pour compresser ce dernier, vous pouvez par exemple utiliser le programme DBLSPACE proposé par MS-DOS 6.2 ou DRVSPACE fourni avec MS-DOS 6.22.

Une importante remarque préalable

Soyez particulièrement prudent lors de l'exploitation d'un disque compressé. Le risque de perte de données est réel (il se fonde sur des expériences vécues).

Lorsque vous travaillez avec un disque dur compressé, vous devez absolument conserver à portée de main une disquette de démarrage contenant tous les programmes et gestionnaires nécessaires au bon fonctionnement de l'ordinateur. En outre, la sauvegarde des données essentielles est importante avant la compression du disque.

Hypothèses préalables à l'installation de DBLSPACE (DRVSPACE pour 6.22)

Avant d'installer DBLSPACE (DRVSPACE pour 6.22) sur le disque dur, vous devez tenir compte d'un certain nombre de remarques et conditions. Dans le cas contraire, vous risquez de connaître quelques désillusions.

La compression d'un disque dur est relativement rapide. Mais l'opération inverse s'avère complexe ! En effet, supposez que vous ayez compressé un disque dur de 100 Mo pour le transformer en 200 Mo. Si ce disque est rempli à 90 % (180 Mo occupés), vous pourrez difficilement revenir vers un disque de 100 Mo.

Conditions préalables pour la compression

- Il est important de réaliser une sauvegarde intégrale du disque dur. Vous pourriez ainsi supprimer le lecteur DBLSPACE (DRVSPACE pour 6.22) et restaurer les données sur le disque en cas de problèmes survenant au cours de la compression.

Dans la plupart des cas une compression interrompue peut être reprise ultérieurement sans perte de données.

- Lorsque vous utilisez des programmes qui ne peuvent être installés qu'une seule fois sur le disque dur, nous vous conseillons de les désinstaller avant la compression.
- Lorsque vous travaillez avec Windows, vous devez supprimer avant la compression le fichier d'échange permanent éventuellement créé. Si vous n'êtes pas certain de la présence d'un tel fichier, appelez le panneau de configuration dans le groupe principal de Windows. Cliquez sur l'icône *386 étendu*, puis sur le bouton *Mémoire virtuelle*.

Par ailleurs, réservez lors de la compression un espace suffisamment grand pour un fichier d'échange permanent. En effet, ce dernier ne doit pas être enregistré dans un bloc compressé.

- Avant la compression examinez le disque dur avec la commande SCANDISK. Seul un disque dur sans défauts est synonyme de compression réussie.
- Le lecteur, devant être compressé, doit disposer de 1,5 Mo inoccupés. Si besoin est, sauvegardez des données ou des programmes sur disquettes. Supprimez-les ensuite temporairement de manière à libérer de la place sur le disque. Après l'installation du lecteur DBLSPACE (DRVSPACE pour 6.22) vous aurez

suffisamment de place pour recopier ces fichiers. Bien évidemment ces derniers sont automatiquement compressés.

- Les interfaces Windows ou DOS Shell ne doivent pas être actives lors de l'appel du programme de compression.

Toutes les commandes du DOS 6 peuvent être utilisées sans restrictions sur un disque dur compressé avec DBLSPACE (DRVSPACE pour 6.22). Vous pouvez donc examiner le disque avec SCANDISK ou l'optimiser avec DEFRAG.

Lancer la compression

Une fois les conditions préalables remplies, la compression du lecteur peut commencer après l'appel de DBLSPACE (DRVSPACE pour 6.22). L'écran suivant apparaît :

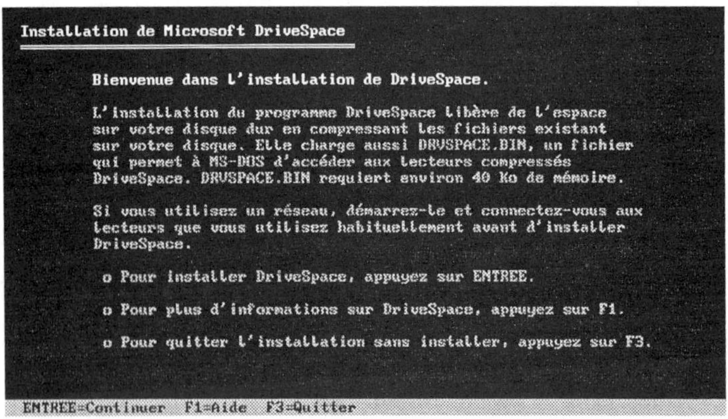

Bienvenue dans DBLSPACE (DRVSPACE pour 6.22)

Vous pouvez poursuivre l'installation avec **ENTREE** ou l'interrompre avec **F3**.

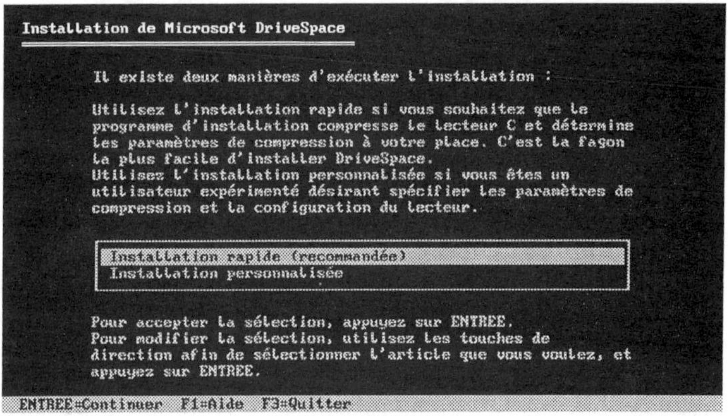

Deux installations différentes

Après validation par **ENTREE**, l'ordinateur vous propose une installation rapide ou personnalisée.

L'installation rapide comprime ensuite votre lecteur. Nous vous conseillons cette option car l'installation personnalisée nécessite des connaissances particulières.

DBLSPACE (DRVSPACE pour 6.22) effectue le paramétrage suivant :

- Compression du lecteur présent
- Affectation de 2 Mo au lecteur non compressé
- Attribution de la lettre H au lecteur non compressé

Puis DBLSPACE (DRVSPACE pour 6.22) est prêt pour la compression du lecteur :

DBLSPACE (DRVSPACE pour 6.22) estime la durée de la procédure. Ne prenez pas cette estimation à la lettre, car elle est actualisée et affinée au cours de la compression. Mais elle fournit tout de même une première approximation. Le programme signale ensuite que l'ordinateur sera réinitialisé pour permettre le chargement du nouveau gestionnaire DBLSPACE.BIN. Cette opération est bien évidemment automatique. Par ailleurs, en cas de coupure de courant accidentelle, un redémarrage automatique de DBLSPACE (DRVSPACE pour 6.22) et une poursuite de l'optimisation sont entrepris (aucune disquette ne doit se trouver dans le lecteur A:).

Pour lancer définitivement la compression, appuyez sur la touche **C**. Avec **ECHAP** vous pouvez procéder à des modifications. **F3** interrompt le programme.

La procédure de compression se décompose de la manière suivante :

- Examen du disque dur avec SCANDISK
- Examen du système, par exemple : recherche d'une disquette insérée dans le lecteur A: ou contrôle d'autres lecteurs compressés
- Installation de DBLSPACE.BIN et DBLSPACE.INI dans le répertoire principal
- Réinitialisation de l'ordinateur avec chargement automatique de DBLSPACE.BIN

Une fois CONFIG.SYS exécuté, un message signale la poursuite de la compression. Diverses informations (durée du processus, fichier actuellement exploité) sont éditées au cours de la compression proprement dite. Le programme DEFRAG est lancé le cas échéant après la compression pour défragmenter le nouveau lecteur.

Fin de la compression

Une fois la compression terminée, DBLSPACE (DRVSPACE pour 6.22) édite des informations sur le résultat obtenu, par exemple :

```
Capacité disponible avant la compression : 64,1
Capacité disponible après la compression : 142,5
Taux de compression : 1,6:1
Durée de la compression : 31 minutes
```

En outre DBLSPACE (DRVSPACE pour 6.22) signale par exemple que le nouveau lecteur H dispose de 9,8 Mo non compressés, dont 7,8 Mo sont utilisés par Windows. Les 2 Mo restants sont occupés par des fichiers qui ne peuvent pas être compressés.

Vous devez finalement presser **ENTREE** pour quitter DBLSPACE (DRVSPACE pour 6.22) et relancer l'ordinateur. Un message signale que DBLSPACE modifie AUTOEXEC.BAT et CONFIG.SYS, qu'il examine le système (vraisemblablement à la recherche d'une disquette dans le lecteur A:) et qu'il procède ensuite à une réinitialisation. La compression est terminée.

Manipuler un disque dur compressé

Lorsque vous travaillez sur un disque dur compressé par DBLSPACE (DRVSPACE pour 6.22), vous ne remarquez rien d'exceptionnel, excepté l'augmentation de sa capacité.

Le gain d'octets ne peut pas être précisément déterminé. Cela dépend du type de données qui est compressé.

Comment peut-on supprimer un lecteur compressé ?

Pour supprimer un fichier de compression créé par DBLSPACE (DRVSPACE pour 6.22), vous pouvez activer la commande **Lecteur/Supprimer** après l'appel du programme DBLSPACE (DRVSPACE pour 6.22). A cette occasion, toutes les données présentes sur ce lecteur sont perdues. Le transfert de données compressées sur un disque normal est malheureusement impossible. Bien entendu, vous pouvez sauvegarder sur disquettes les données compressées, puis restaurer ces dernières après la décompression.

Mais vous rencontrerez sans aucun doute des difficultés pour copier 60 Mo de données sur un disque de 40 Mo (à l'origine). Soit vous renoncez à une partie des fichiers, soit vous achetez un disque plus volumineux.

Création d'un disque virtuel

De nombreux ordinateurs disposent de plus en plus de mémoire que MS-DOS ne peut pas directement utiliser. Il existe en effet, une barrière fixée à 640 Ko.

L'actuelle version peut utiliser sous certaines conditions la mémoire située au-delà de cette limite. Toutefois, lorsqu'un ordinateur possède une RAM supérieure à 2 Mo, une partie de la mémoire demeure inutilisée si vous ne travaillez pas avec des programmes tels que Windows.

La mémoire située au-delà des 640 Ko vous permet d'entreprendre d'intéressantes transformations, par exemple de créer un nouveau lecteur (un disque virtuel) ou d'accélérer le travail avec un disque dur ayant un temps d'accès moyen.

Les deux exemples suivants s'adressent à l'utilisateur d'un PC caractérisé par une RAM de 2 Mo et sur lequel Windows n'est pas installé. Si votre ordinateur dispose de moins de 2 Mo de mémoire ou si vous possédez Windows, ne suivez pas directement les exemples, mais informez-vous en détail sur la répartition de la mémoire dans l'ordinateur (un ami pourrait peut-être vous aider ou consultez le chapitre concernant la gestion de la mémoire dans "Le grand livre de MS-DOS 6").

Un lecteur de disquette supplémentaire : le disque virtuel

Si vous faites partie de ceux qui ont récemment acheté un ordinateur disposant d'une mémoire supérieure à 640 Ko, vous serez peut-être étonné par le fait que votre ordinateur ne peut pas en pratique utiliser plus de mémoire que les PC équipés d'une RAM de 640 Ko.

Nous ne souhaitons pas entrer ici dans des détails techniques. Au lieu de cela nous voulons mettre à votre disposition un lecteur supplémentaire beaucoup plus rapide qu'un lecteur de disquettes ou même qu'un disque dur. Vous vous demandez peut-être quel serait l'intérêt de posséder un autre lecteur. Si vous ne disposez que d'un seul lecteur, vous pouvez utiliser la nouvelle unité pour la copie momentanée de plusieurs fichiers. Vous pouvez en outre stocker temporairement des fichiers qui peuvent être à nouveau effacés au bout de quelques instants. A cet effet, nous définissons une partie de la mémoire étendue comme disque virtuel. Nous pouvons ainsi vous proposer gratuitement un deuxième ou un troisième lecteur. Vous ne nous croyez pas ? Suivez nos directivesUn fichier particulier nommé VDISK.SYS, RAMDRIVE.SYS ou RAMDISK.SYS, devrait être enregistré dans votre répertoire MS-DOS. Le nom de ce fichier dépend du système d'exploitation utilisé : MS-DOS, IBM-DOS ou une autre version DOS proposée par des fabricants. Entrons dans le répertoire MS-DOS la ligne de commande :

```
DIR *.SYS
```

Dès que le fichier est trouvé, chargez CONFIG.SYS dans EDIT :

`EDIT C:\CONFIG.SYS` **ENTREE**

Ne modifiez pas les lignes présentes et ajoutez la ligne suivante en fin de fichier :

```
DEVICE=RAMDRIVE.SYS 512 /E
```

Sauvegardez ensuite le fichier CONFIG.SYS avec **ALT**, **F**, **E**.

Lorsque le fichier RAMDRIVE.SYS ne se trouve pas dans le répertoire racine, mais dans le sous-répertoire C:\DOS, vous devez préciser le chemin d'accès devant le nom du fichier :

```
DEVICE=C:\DOS\RAMDRIVE.SYS 512 /E
```

Si vous initialisez l'ordinateur avec **CTRL + ALT + SUPPR**, le message suivant apparaît sur l'écran (à condition que vous possédiez un PC avec un lecteur de disquettes et un disque dur, et que vous utilisiez le fichier RAMDRIVE.SYS) :

```
Microsoft RAMDrive Version 3.07 Disque virtuel D:
Taille du disque virtuel : 512 Ko
Taille d'un secteur : 512 octets
Unités d'allocation : 1 secteur(s)
Entrées de répertoire : 64
```

Cela signifie que votre PC a créé un disque virtuel. L'ordinateur considère à présent qu'il existe un second lecteur. Il a en fait réservé une partie déterminée de la RAM : dans notre exemple 512 Ko. Si votre PC possède deux lecteurs (sans disque dur), le disque virtuel est appelé C.

Pour les exemples suivants nous supposons que vous disposez d'un ordinateur avec un lecteur et un disque dur. Nous invitons par conséquent les possesseurs d'autres configurations à modifier la lettre du lecteur au fur et à mesure.

Vous pouvez rapidement découvrir les possibilités offertes par le nouveau lecteur en affichant son contenu :

`DIR D:` **ENTREE**

le message attendu apparaît :

```
Le volume dans l'unité D s'appelle MS-RAMDRIVE
Répertoire de D:\
```

Essayons maintenant de copier la commande FORMAT dans ce nouveau lecteur. Par conséquent :

```
COPY A:FORMAT.COM D:
```

Entrez ensuite DIR D:, vous obtenez le message suivant :

```
Le volume dans l'unité D s'appelle MS-RAMDRIVE
Répertoire de D:\
FORMAT    COM          11474    09/09/94    12:00
                     1 Fichier(s) 11474 octets
                                 189440 octets libres
```

Lorsque vous réinitialisez votre ordinateur, vous constatez que la totalité du contenu du nouveau lecteur D: a été effacée. En effet, le lecteur est virtuel, il utilise la mémoire vive de votre PC.

Vous vous demandez sûrement quel peut être l'intérêt de posséder un lecteur qui ne sauvegarde pas durablement les données ? Dans la pratique de multiples possibilités s'offrent à vous : par exemple, vous ne disposez que d'un seul lecteur et vous devez copier fréquemment un certain nombre de fichiers d'une disquette sur une autre. A cet effet, vous pouvez copier temporairement les données sur le disque virtuel et ainsi éviter de nombreux changements de disquettes. C'est particulièrement utile lorsque vous souhaitez copier plusieurs fichiers à l'aide d'un joker.

Supposons que vous vouliez copier tous les fichiers caractérisés par l'extension DOC d'une disquette sur une autre. Insérez la première disquette et copiez les fichiers sur le disque virtuel :

```
COPY A:*.DOC D:
```

Insérez la seconde disquette dans le lecteur A: et copiez les fichiers du disque virtuel sur cette disquette :

```
COPY D:*.DOC A:
```

Vous pouvez finalement supprimer les fichiers enregistrés sur le disque virtuel avec :

```
DEL D:*.DOC
```

ou en éteignant tout simplement l'ordinateur une fois la session de travail terminée.

Remarque : Si vous aviez essayé de copier directement tous les fichiers d'une disquette sur une autre sans utiliser le disque virtuel, vous auriez dû insérer la disquette source puis la disquette cible, et ce pour chaque fichier.

Un disque dur encore plus rapide : le cache disque

A l'instar des ordinateurs, les disques durs sont devenus plus rapides au fil des ans. Cette évolution s'est en particulier accélérée ces deux ou trois dernières années. Toutefois, les disques durs ne sont pas encore "suffisamment rapides", surtout lorsque vous devez échanger un grand nombre de données entre l'ordinateur et le disque dur. Si vous n'avez pas encore utilisé une partie de la mémoire additionnelle (lorsque votre RAM est supérieure à 640 Ko), vous pouvez "accélérer" le disque dur. Cela ne signifie pas que l'accès au disque dur devient moins long, mais en réalité les données sont partiellement stockées dans la RAM (plus rapide). De fait, le PC ne doit plus les rechercher sur le disque dur. Résultat : le disque dur "travaille" plus rapidement.

A cet effet, on fait appel à un cache disque. L'idée dominante d'un cache disque consiste à stocker dans la RAM des informations lues sur le disque dur. En cas de réutilisation, le PC ne les recherche plus sur le disque dur, mais dans la mémoire de travail plus rapide. Lorsqu'il n'y a plus de place en mémoire et qu'une information doit être stockée temporairement, un cache doit être créé d'après un schéma déterminé.

Contrairement à un disque virtuel, vous ne devez pas vous préoccuper des données (fichiers, programmes) qui doivent être enregistrées dans la RAM. En effet, l'ordinateur effectue cette opération d'après le principe suivant : les informations traitées en dernier et les données fréquemment utilisées demeurent stockées temporairement en vue d'un accès rapide.

Le cache disque, livré avec MS-DOS 6, s'appelle SMARTDRV.EXE. Cet utilitaire doit être lancé dans le fichier système AUTOEXEC.BAT. A cet effet, chargez le fichier dans l'éditeur EDIT et ajoutez en fin de fichier la ligne de commande suivante :

```
SMARTDRV 512
```

Si le fichier SMARTDRV.EXE n'est pas enregistré dans le répertoire racine, mais dans le sous-répertoire C:\DOS, vous devez préciser le chemin d'accès devant le nom du fichier :

```
C:\DOS\SMARTDRV 512
```

Si vous appuyez à présent sur **CTRL + ALT + SUPPR**, un message apparaît sur l'écran pendant l'initialisation. Il signale que votre PC utilise à présent 512 Ko de la mémoire étendue pour le stockage temporaire d'informations provenant d'un support de données. Les autres renseignements ne nous intéressent pas.

Vous constaterez bientôt que des programmes ou des données fréquemment utilisés sont disponibles 2 à 3 fois plus rapidement lorsqu'un cache disque est présent. Les deux outils proposés s'avèrent donc particulièrement intéressants pour votre travail avec MS-DOS.

Le "gestionnaire de mémoire" MEMMAKER

Le programme MEMMAKER livré avec MS-DOS peut optimiser la gestion de la mémoire. Les gestionnaires et les programmes déclarés dans CONFIG.SYS et AUTOEXEC.BAT sont répartis en mémoire d'une manière optimale.

Par contre, MEMMAKER ne peut pas automatiquement intégrer un gestionnaire non défini dans l'un de ces deux fichiers systèmes.

Une fois tous les programmes et gestionnaires souhaités enregistrés dans les fichiers systèmes, vous pouvez appeler MEMMAKER.

Pour lancer cet utilitaire, saisissez la commande suivante :

```
MEMMAKER
```

Un écran de bienvenue, affichant des informations sur MEMMAKER et décrivant les touches actives, apparaît après le lancement.

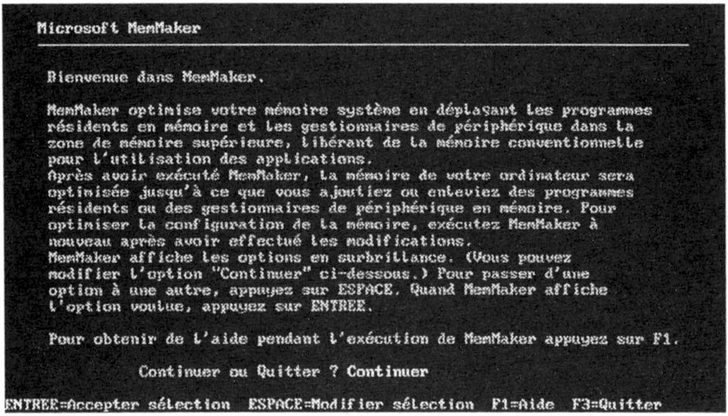

L'écran initial de MEMMAKER

Vous pouvez ensuite poursuivre la procédure en appuyant sur **ENTREE**.

Un nouvel écran, proposant une optimisation rapide ou personnalisée, est édité.

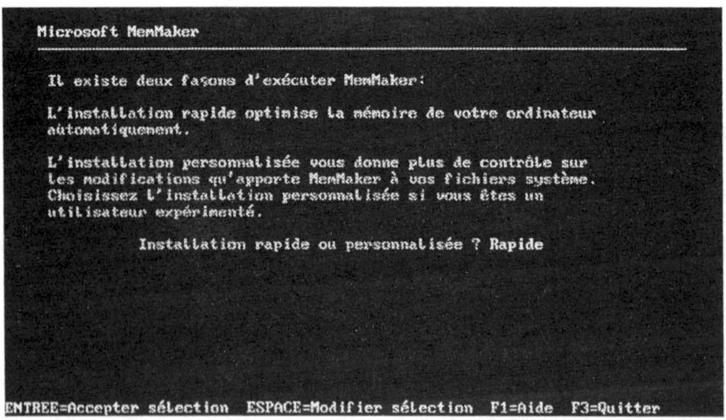

Optimisation rapide ou personnalisée

Nous vous conseillons d'opter pour l'optimisation automatique, car la seconde méthode nécessite des connaissances techniques. Ne choisissez la procédure personnalisée que si vous rencontrez des difficultés lors de l'optimisation automatique.

Pour lancer cette dernière, pressez simplement la touche **ENTREE**.

L'ordinateur vous demande à présent si vos programmes utilisent la mémoire paginée (EMS). Si vous n'êtes pas certain de la réponse, répondez par la négative car la présence de mémoire paginée réduit la quantité de mémoire conventionnelle disponible. S'il s'avère ultérieurement que certains programmes ont besoin de ce type de mémoire, vous pourrez toujours modifier le paramétrage avec MEMMAKER.

L'optimisation proprement dite

MEMMAKER commence ensuite l'optimisation proprement dite. Il vérifie en premier lieu la présence de Windows sur l'ordinateur. Si c'est le cas, il essaie d'optimiser la mémoire de manière à ce qu'il y ait plus de mémoire disponible pour les programmes DOS lancés sous Windows.

Puis MEMMAKER signale la réinitialisation de l'ordinateur. Pour cela, toutes les disquettes doivent être retirées des lecteurs.

MEMMAKER examine ensuite différentes configurations et choisit la plus performante. Pressez finalement **ENTREE** pour que MEMMAKER puisse relancer le PC avec les nouveaux fichiers systèmes.

Lors de cette opération, examinez attentivement les messages affichés sur l'écran. Si des messages d'erreur apparaissent, vous devez modifier le paramétrage à l'aide d'une optimisation personnalisée ou annuler les modifications entreprises par MEMMAKER.

Si le démarrage de l'ordinateur s'avère impossible, effectuez simplement une réinitialisation. Le programme MEMMAKER est ensuite réactivé, ce qui vous permet d'annuler les modifications réalisées par MEMMAKER et de restaurer les anciens fichiers systèmes.

Si aucune difficulté ne survient lors de la réinitialisation de l'ordinateur, vous pouvez le signaler à MEMMAKER après son chargement automatique.

9.4. Le programme DEFRAG

Si vous avez un jour le sentiment que votre disque dur devient plus lent, vous ne vous trompez pas. Plus les disques sont remplis de données elles-mêmes quotidiennement effacées, plus ils deviennent lents. Pour comprendre cette corrélation, vous devez connaître la méthode utilisée par MS-DOS pour enregistrer des informations sur un disque dur.

Lorsque le disque est encore vide, les données sont stockées les unes à la suite des autres. Par conséquent, les données volumineuses sont inscrites sur une piste du disque dur jusqu'à ce que celle-ci soit pleine. Puis la piste suivante est prise en compte. Etant donné qu'un disque dur se compose généralement de deux disques eux-mêmes caractérisés par deux têtes de lecture/écriture, quatre pistes peuvent être prises en considération avant tout déplacement des têtes de lecture/écriture. Ces pistes, qui peuvent être remaniées sans déplacement des têtes, sont appelées "cylindres".

Mais, dans la réalité, des fichiers sont constamment effacés et réenregistrés sur le disque dur. C'est le cas par exemple lorsque vous modifiez un texte. Lors de la suppression d'un fichier apparaissent des zones inoccupées qui peuvent être ultérieurement utilisées pour la sauvegarde de nouvelles données. Toutefois, lorsque le nouveau fichier ne peut pas être complètement stocké sur un bloc contigu et libre, il doit être divisé en plusieurs blocs sur le disque dur. Lors de la lecture et de l'écriture de tels fichiers, la tête doit toujours se déplacer vers de nouvelles pistes pour que les autres parties du fichier puissent être exploitées : le disque dur devient plus lent. Vous pouvez facilement reconnaître un changement de piste, car le disque fait du bruit.

Cette fragmentation est particulièrement gênante lorsqu'un disque dur est presque plein. La place inoccupée se compose alors de petits blocs sur lesquels doivent être répartis les fichiers. C'est la raison pour laquelle un disque dur ne doit être occupé de préférence qu'à 90 %.

Conditions préalables pour l'optimisation

Vous devez absolument sauvegarder les données avant une optimisation. Cela signifie : sauvegarde intégrale du disque dur. Des pertes de données peuvent en effet survenir en cas d'erreur logicielle ou matérielle.

En outre vous devez supprimer toutes les erreurs du support d'information avant l'emploi d'un programme d'optimisation. Il est préférable d'examiner préalablement le lecteur avec la commande SCANDISK.

MS-DOS 6 propose un programme de défragmentation nommé DEFRAG.

Lancement de DEFRAG

Après le lancement vous devez tout d'abord choisir le lecteur qui devra être défragmenté.

Sélectionnez un lecteur, puis cliquez sur OK. DEFRAG détermine la fragmentation de chaque fichier. Cette opération peut prendre un certain temps. En attendant, le programme précise le répertoire actuellement traité. Lorsque l'examen est terminé, le degré de fragmentation (en pourcentage) est indiqué. DEFRAG vous propose alors l'une des deux méthodes d'optimisation.

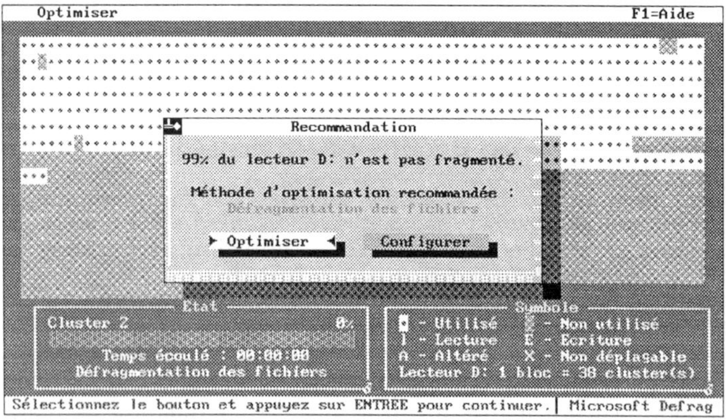

Le programme DEFRAG

Lorsque le disque dur n'a jamais été défragmenté (ou depuis fort longtemps), DEFRAG recommande une défragmentation complète.

Toutefois, seule l'optimisation des fichiers est nécessaire dans la plupart des cas.

Vous pouvez vous faire une certaine idée de la fragmentation du lecteur. En effet, DEFRAG représente graphiquement les informations. Toutefois, étant donné que l'écran n'est pas suffisamment vaste pour afficher tous les clusters (= une unité) d'un disque dur, plusieurs clusters sont regroupés sous une croix. Les différents symboles utilisés sont définis dans la partie inférieure droite de l'écran.

Déroulement de l'optimisation

Après la sélection de la méthode d'optimisation, lancez la procédure avec **Optimiser/Démarrer l'optimisation** (ou **Alt** + **D**). DEFRAG commence par l'optimisation des répertoires. Vous pouvez suivre toutes les opérations sur l'écran.

L'avancement de l'optimisation (en pourcentage) est représenté à l'aide d'une barre visible dans la partie inférieure gauche de l'écran. Si vous souhaitez interrompre la procédure, appuyez sur **ECHAP**. Une fenêtre, dans laquelle vous pouvez confirmer ou annuler l'interruption, apparaît.

Un bip sonore conclut l'optimisation. Vous pouvez ensuite choisir un autre lecteur, modifier les paramètres ou quitter DEFRAG. Vous pouvez à tout moment activer le point de menu **Optimiser/Quitter**.

9.5. Les fichiers batch

Nous souhaitons vous présenter une autre solution permettant d'optimiser le travail de votre ordinateur à l'aide du MS-DOS.

Le système d'exploitation vous offre la possibilité de créer des fichiers batch. Ces petits programmes sont tellement utiles que nous voulons les étudier dans cette section.

Mais expliquons tout d'abord ce qu'est un fichier batch.

Qu'est-ce qu'un fichier batch ?

MS-DOS n'est pas toujours simple à manipuler, du moins en ce qui concerne l'interpréteur de commande. Et même si le système d'exploitation met une multitude de commandes à notre disposition, nous ne pouvons pas nous contenter de les entrer les unes après les autres à l'aide du clavier et d'attendre leur exécution. C'est la raison pour laquelle nous pouvons, pour ainsi dire, stocker des commandes MS-DOS et les traiter en bloc. Un tel "lot" de commandes MS-DOS, appelé fichier batch, est caractérisé par l'extension BAT. Nous pouvons donc l'appeler comme un programme en entrant le nom du fichier sans l'extension BAT.

Le fichier AUTOEXEC.BAT

Vous avez sûrement déjà utilisé un fichier batch sans vous en rendre compte. Il s'agit du fichier AUTOEXEC.BAT dans lequel sont enregistrées des commandes que votre ordinateur doit exécuter après sa mise sous tension (par exemple DATE ou TIME si votre PC ne possède pas d'horloge interne). Vous pouvez vérifier qu'il s'agit bien d'un lot de commandes disponibles à tout moment en appelant le fichier à partir du répertoire principal :

```
AUTOEXEC
```

Des messages d'erreur risquent d'apparaître sur l'écran car le programme AUTOEXEC répète des procédures qui ont déjà été exécutées. Toutefois le principe des fichiers Batch est en tout cas clairement énoncé. Ces fichiers vont par conséquent simplifier considérablement notre travail.

Les fichiers batch accélèrent la saisie de commandes

Afin de vous familiariser avec ces fichiers, commençons par un exemple simple. Certaines commandes MS-DOS exigent un travail de saisie important. C'est la raison pour laquelle vous pouvez également enregistrer la même commande dans un fichier batch, auquel vous attribuerez un nom facilement mémorisable.

Supposons que vous utilisiez le traitement de texte WORD, lequel est présent dans le sous-répertoire WORD.

Si vous souhaitez activer WORD sans aide particulière, vous devez effectuer les opérations suivantes (à supposer que vous vous trouviez dans le répertoire racine du disque dur) :

```
CD WORD
WORD
```

Cependant vous pouvez également sauvegarder un fichier batch dans le répertoire principal du disque dur à l'aide de l'éditeur EDIT.

Par conséquent, chargez l'éditeur puis entrez les lignes suivantes :

```
CD WORD
WORD
```

Une fois la saisie réalisée, sauvegardez le fichier dans le répertoire racine sous le nom W.BAT. L'extension BAT est importante car elle indique au MS-DOS qu'il s'agit d'un fichier batch.

Quittez maintenant l'éditeur. Appuyez ensuite sur la touche **W** dans le répertoire racine du disque dur (valider naturellement par **ENTREE**). Les commandes sauvegardées sont simultanément affichées sur l'écran et exécutées - avec le résultat escompté.

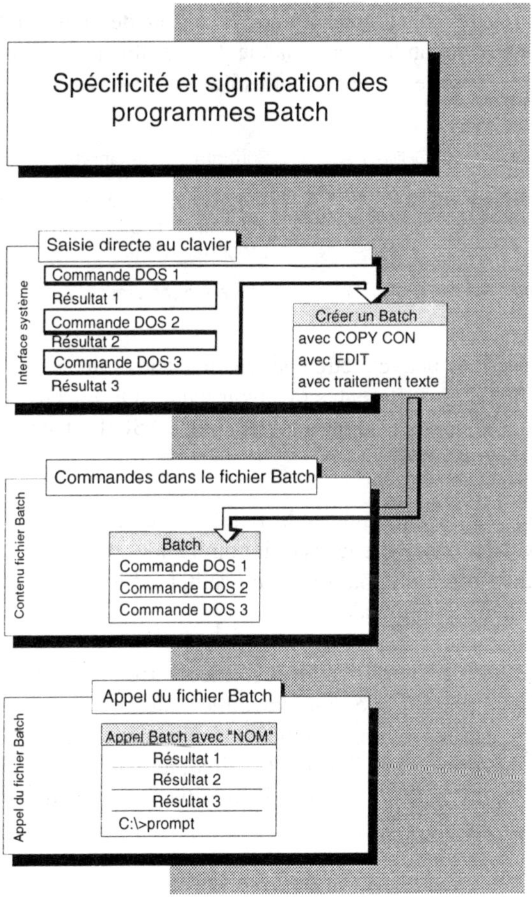

Particularité et importance des fichiers batch

Le dessin présente les fichiers batch et explique leur importance aux yeux de l'utilisateur MS-DOS.

Les commandes sont entrées les unes à la suite des autres à l'aide du clavier (ici commande 1, commande 2 et commande 3). Le résultat souhaité est ensuite obtenu. Prenons l'exemple suivant :

Commande 1 = FORMAT A:	Formate une disquette
Commande 2 = COPY *.* a:	Copie tous les fichiers du répertoire actif sur la disquette formatée précédemment.
Commande 3 = DIR A:	Affiche le résultat.

Ces instructions peuvent être également saisies sous forme de texte de trois manières différentes (à savoir avec COPY CON, EDIT ou un traitement de texte supportant le format ASCII) et sauvegardées avec l'extension BAT.

Vous pouvez ensuite appeler le fichier en entrant son nom (sans BAT). MS-DOS recherche les trois commandes dans le fichier et les traite dans l'ordre d'apparition. Le résultat est identique à la saisie commande par commande.

Cet exemple de simplification est encore très élémentaire, mais supposons à présent que vous travailliez sur un long projet et que vous sauvegardiez toujours les mêmes fichiers de texte. Vous pouvez élaborer un fichier SAUVE.BAT qui copie (sans faire appel à un joker) certains fichiers. "SAUVE" signifie "sauvegarde". Créez le fichier suivant dans l'éditeur :

```
CD C:\PROJET
COPY SOMMAIRE.DOC A:
COPY CHAP1.DOC A:
COPY CHAP2.DOC A:
COPY CHAP3.DOC A:
COPY INDEX.DOC A:
```

```
COPY IMAGE*.* A:
DIR A:
```

Sauvegardez ce fichier sous le nom SAUVE.BAT. Vous pouvez ensuite l'appeler à tout moment en entrant SAUVE. Vos ordres sont alors exécutés sans que vous ayez à lever le petit doigt.

Dans notre exemple, le sous-répertoire PROJET est tout d'abord activé, puis cinq textes sont copiés sur la disquette. Un joker est tout de même utilisé pour l'enregistrement des fichiers IMAGE*.* sur le support de données. Le contenu de la disquette est finalement affiché afin que vous puissiez vérifier le résultat.

Choisir directement des sous-répertoires avec un fichier batch

Dans ce nouvel exemple, nous partons du principe que vous avez correctement structuré votre disque dur et que vous avez déjà atteint le quatrième niveau de répertoire :

```
C:\TEXTES\PRIVE\SPORT\HANDBALL
```

La saisie de ce sous-répertoire s'avère pénible. C'est bien plus rapide de l'activer avec le fichier batch suivant nommé HANDBALL.BAT (ou HB.BAT) :

```
CD C:\TEXTES\PRIVE\SPORT\HANDBALL
```

A cet effet, vous devez simplement saisir cette ligne dans EDIT et la sauvegarder sous HB.BAT.

Par ailleurs : si vous souhaitez examiner tous les fichiers caractérisés par l'extension DOC, ajoutez la commande :

```
DIR *.DOC
```

dans votre fichier batch. Vous avez ainsi "empilé" plusieurs lignes de commande.

Qu'est-ce qu'un fichier batch

Récapitulons nos connaissances concernant les fichiers batch :

Les fichiers batch désignent des fichiers particuliers (extension : BAT) contenant des commandes DOS qui sont traitées, après l'appel du programme, les unes après les autres dans l'ordre d'apparition. Les commandes étant "empilées", on parle également de traitement par lots. AUTOEXEC.BAT est le fichier batch le plus utilisé. Il est immédiatement exécuté après la mise sous tension de l'ordinateur.

Comment créer des fichiers batch

Les fichiers batch peuvent être créés de différentes manières. Il est primordial qu'ils soient sauvegardés sous forme de textes ASCII. En outre, vous devez appuyer sur **ENTREE** lorsque vous avez terminé la saisie d'une commande.

L'éditeur EDIT représente assurément le moyen le plus simple pour créer des fichiers batch avec MS-DOS. Il permet la saisie de nombreuses commandes MS-DOS qui sont sauvegardées sous NOM.BAT et qui peuvent être appelées une fois que vous avez quitté l'éditeur.

L'ordre : COM/EXE/BAT

Les fichiers batch sont comparables aux programmes MS-DOS (des fichiers caractérisés par l'extension COM ou EXE) : ils peuvent être appelés et exécutés immédiatement. La hiérarchie est importante.

Imaginez qu'un fichier TEST.COM et un programme TEST.EXE soient enregistrés dans le répertoire actif. Créez à présent un fichier batch nommé TEST.BAT, puis essayez de l'appeler avec :

```
TEST
```

le fichier de commande TEST.COM est aussitôt exécuté. Si ce dernier est effacé, le fichier programme TEST.EXE sera ensuite lancé. Et si celui-ci n'existe pas, vous pourrez enfin appeler votre fichier batch TEST.BAT. La manière la plus simple de résoudre le problème consiste à ne pas attribuer aux fichiers batch des noms utilisés pour les fichiers de commande et les fichiers programmes. Vous pouvez également contourner le problème en sauvegardant tous vos fichiers batch dans un répertoire particulier, nommé BAT par exemple.

Afin que MS-DOS puisse trouver tous les fichiers enregistrés dans votre répertoire batch, vous devriez définir un chemin d'accès à ce répertoire. Il est préférable de le déclarer dans le fichier AUTO-EXEC.BAT. Vous serez de fait assuré qu'après chaque initialisation de l'ordinateur le chemin sera pris en compte.

Souvenez-vous de l'instruction permettant de préciser un chemin de recherche pour les programmes et les commandes. Vous pouvez définir un chemin en précisant à la suite de la commande PATH le lecteur et le répertoire, par exemple :

```
PATH C:\BAT
```

En outre, vous pouvez déclarer plusieurs chemins en les séparant par des points-virgules. Par exemple :

```
PATH C:\DOS;C:\BAT;C:\WORD
```

Dans un tel cas, la recherche se poursuivrait en premier lieu (une fois le répertoire actif examiné) dans le répertoire DOS, puis dans le répertoire batch et enfin dans le répertoire du traitement de texte.

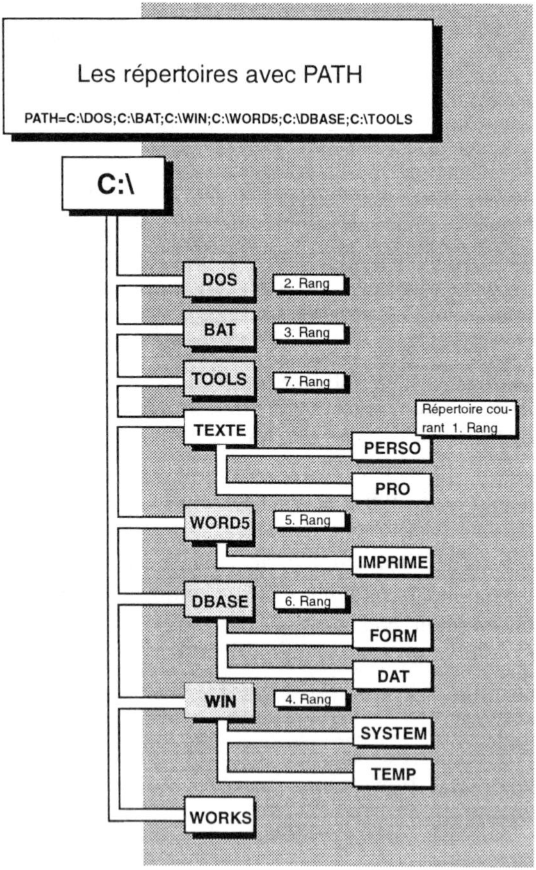

La commande PATH et son mode de fonctionnement

Le schéma décrit la procédure qui est exécutée lors de la saisie d'une commande lorsqu'un chemin est défini avec PATH.

Une commande (ou un fichier programme) est en premier lieu recherchée dans le répertoire actif (dans cet exemple : C:\TEXTES\PERSO). En outre, la recherche s'effectue dans l'ordre suivant : COM, EXE et BAT.

Le premier répertoire défini dans le chemin (ici : C:\DOS) est ensuite examiné. Puis c'est au tour des répertoires suivants dans l'ordre précisé par la commande PATH. Le répertoire C:\TOOLS est ainsi inspecté en dernier.

Plus le nombre de répertoires définis est important, plus longue sera la recherche de la commande saisie.

Par conséquent : si les fichiers batch ne sont pas exécutés, c'est peut-être dû au fait que MS-DOS ne les a pas trouvés.

Par ailleurs, la commande PATH vous permet d'afficher les chemins actifs.

Lorsque vous souhaitez ajouter un chemin, vous devez à nouveau saisir tous les répertoires. Cette opération peut prendre du temps (comme beaucoup d'autres choses dans MS-DOS). Certains utilitaires peuvent simplifier votre travail de multiples façons.

De plus, n'oubliez pas que MS-DOS respecte une hiérarchie lorsque des fichiers exécutables sont caractérisés par un nom identique et une extension différente. Les fichiers COM sont traités en premier, puis les programmes EXE et enfin les fichiers BAT.

Les commandes autorisées dans les fichiers batch

Nous souhaitons maintenant vous présenter les commandes les plus fréquemment utilisées dans les fichiers batch. Si vous voulez obtenir de plus amples informations, consultez le "grand livre MS-DOS" ou "Trucs et astuces MS-DOS".

ECHO

La commande ECHO exécute deux tâches différentes. Si vous entrez un texte à la suite de l'instruction, celui-ci est édité sur le périphérique actif (en règle générale le moniteur). Le paramètre ON (/OFF) active (/désactive) l'affichage des lignes de commande, enregistrées dans le fichier batch, sur l'écran. ECHO sans paramètre indique l'état momentanément actif (ON ou OFF).

Si vous ne souhaitez renoncer qu'à l'affichage de la commande batch active, vous devez placer le signe @ devant l'instruction correspondante. Vous obtenez ce caractère en maintenant la touche **ALT** enfoncée et en appuyant successivement sur **6** et **4** dans le pavé numérique. Relâchez la touche **ALT** pour afficher le caractère souhaité.

Cette option est intéressante par exemple lorsque vous commencez un fichier batch par la commande ECHO OFF. En effet, les commandes ne seront pas éditées, à l'exception de la première. Vous pouvez éviter cela en entrant la (première) ligne :

simplement le fichier batch par :

REM

Vous pouvez ajouter des commentaires à la suite de la commande REM. Ceux-ci ne sont pas exécutés par MS-DOS. Vous pouvez ainsi améliorer la lisibilité et la compréhension de vos programmes. Vous trouverez des exemples dans les programmes suivants.

Interruption

Vous pouvez interrompre l'exécution d'un fichier batch comme tout autre programme MS-DOS en appuyant sur **CTRL + C**. MS-DOS vous demande ensuite :

```
Terminer le fichier de commandes (O/N):
```

L'exécution du programme sera interrompue ou poursuivie en fonction de votre réponse.

Pause

Vous pouvez également suspendre le traitement de votre fichier batch d'une autre manière.

Supposons que votre fichier batch vous permette d'effacer tous les fichiers BAK du répertoire actif. Il est parfois utile de pouvoir revenir sur sa décision avant l'exécution définitive. Le programme suivant nommé DELBAK.BAT (pour DEL fichiers BAK) effectue par exemple cette opération :

```
@ECHO off
@ECHO Tous les fichiers BAK sont effacés
@ECHO Si vous souhaitez renoncer à la suppression:
@ECHO Appuyez sur CTRL + C!
```

```
PAUSE
DEL *.BAK
```

La commande PAUSE veille à ce que MS-DOS attende une pression sur une touche quelconque avant de poursuivre le traitement du fichier batch.

Eviter des erreurs : les caractères interdits

Peut-être avez-vous déjà constaté que des choses curieuses se produisaient lors de l'appel d'un fichier batch. Vous avez sans doute utilisé des caractères spéciaux interdits.

Vous ne pouvez pas utiliser (ou alors avec certaines précautions) dans des fichiers batch les caractères suivants :

% MS-DOS désigne à l'aide de ce signe les paramètres (%1 à %9) qui peuvent être déclarés à la suite du nom du fichier batch. Pour utiliser ce caractère dans un texte et l'afficher avec ECHO, vous devez le doubler (%%).

< Grâce à ce caractère, la saisie n'est plus réalisée par l'intermédiaire du clavier, mais à l'aide d'un nouveau périphérique ou d'un fichier. Vous ne pouvez pas utiliser ce signe dans un fichier batch ou l'éditer sur l'écran.

\> Ce caractère redéfinit les sorties vers un périphérique autre que l'écran ; il ne doit pas être employé dans les fichiers batch.

| Avec ce caractère (symbole *pipe*), vous pouvez transmettre une sortie de programme vers un autre programme (filtre). Ce caractère ne doit pas être employé dans un fichier batch.

10. Les opérations MS-DOS les plus importantes

Tout utilisateur PC se trouve confronté au système d'exploitation MS-DOS de diverses manières. Toutefois, cela ne doit pas signifier qu'il soit obligé de s'impliquer pendant des semaines dans son apprentissage.

C'est la raison pour laquelle nous souhaitons vous présenter rapidement les procédures essentielles disponibles dans l'interpréteur de commande.

Rappelons brièvement quelques règles fondamentales permettant le dialogue avec l'ordinateur :

❶ Vous pouvez saisir les commandes en minuscules (vous gagnez du temps). Il n'y a aucune distinction entre majuscules et minuscules.

❷ Les espaces séparent les différents éléments d'une commande. Exemple : la commande COPY est tout d'abord saisie. Vous entrez ensuite un espace, le nom du fichier qui doit être copié, un autre caractère blanc, et enfin la cible de la copie. La commande pourrait être la suivante :

```
COPY LETTRE.DOC A:
```

❸ Les caractères suivants sont interdits dans les noms de fichiers :

```
+ = : ; . , < > [ ] | * ? / \ espace
```

❹ Vous pouvez annuler une saisie erronée avec la touche **Retour arrière**.

❺ Une fois la saisie terminée, appuyez sur **ENTREE** pour exécuter la commande.

10.1. Termes fondamentaux

Mémoires de masse

Les différents supports permettant le stockage durable des données sont appelés *mémoires de masse*. Sont essentiellement utilisés : le lecteur de disquettes et le disque dur.

Fichier

Un fichier désigne un regroupement cohérent de données (programme, texte, graphique, etc) enregistré sur une disquette (ou sur un disque dur) et caractérisé par un nom, une extension, une taille et une date de sauvegarde.

Répertoire

Un répertoire représente une division d'un support de données. Avant l'apparition du disque dur, tous les fichiers étaient enregistrés dans un seul répertoire. En raison de la capacité de stockage des disques durs une division (structure arborescente) en répertoires fut indispensable. Le répertoire principal peut contenir des fichiers et des sous-répertoires, ces derniers pouvant à leur tour stocker d'autres fichiers et sous-répertoires. La plupart des commandes DOS n'agissent que dans le répertoire actif, lequel peut être défini avec CD.

Prompt

Par PROMPT on désigne le(s) caractère(s) avec le(s)quel(s) l'ordinateur signale qu'il attend la saisie d'une commande. Normalement le lecteur et le répertoire actifs, ainsi que le signe > sont précisés :

```
A>
```

Le curseur (un tiret clignotant), à partir duquel sont entrées les commandes, est visible à la suite du prompt. Lorsque vous installez MS-DOS avec le programme d'installation, le système d'exploitation choisit une autre forme de prompt, qui s'avère très utile pour la manipulation des sous-répertoires. MS-DOS affiche la lettre du lecteur, suivie d'un double point et du répertoire actif. Pour le lecteur A: l'invite aurait l'aspect suivant :

```
A:\>
```

Bien entendu le chemin peut être étendu. Par exemple, pour le disque dur :

```
C:\DOS>
```

Vous pouvez modifier l'invite système avec la commande PROMPT.

Ligne de commande

désigne l'interface qui apparaît après le chargement de MS-DOS et permet la saisie des instructions. Etant donné que cet aspect du DOS n'est pas toujours évident pour les débutants, des interfaces graphiques comme le DOS Shell ont été développées.

10.2. Quelques opérations importantes

1. Vous pouvez définir l'heure et la date

La date et l'heure de votre système sont importantes d'un point de vue pratique. Elles sont sauvegardées pour tout fichier. Vous pouvez ainsi déterminer à tout moment l'heure et la date de création/modification d'un texte. Actuellement tous les ordinateurs sont équipés d'une horloge interne.

La commande suivante permet l'affichage et la modification de la date système :

```
DATE
```

Un message apparaît sur l'écran :

```
La date du jour est : Mer 24/08/1994
Entrez la nouvelle date (jj.mm.aa) :
```

Vous pouvez ensuite appuyer sur **ENTREE** , pour conserver la date active. Si vous entrez une nouvelle date, respectez le format proposé par l'ordinateur :

(jj.mm.aa) jj représente un numéro de jour (composé de deux chiffres), mm le numéro du mois et aa les deux derniers chiffres de l'année. Par conséquent 01.06.94 et 1.6.1994 sont valides.

Vous pouvez afficher et modifier l'heure système avec la commande :

```
TIME
```

Le message suivant apparaît sur l'écran :

```
L'heure courante est : 15:02:06,93
Entrez la nouvelle heure :
```

Vous pouvez ensuite appuyer sur **ENTREE**, pour conserver l'heure active. Dans le cas contraire, saisissez une nouvelle valeur. Vous pouvez respecter la même présentation que le PC ou entrer simplement 17 pour 17 heures ou 17:1 pour 17 heures 1 minute.

2. Examiner le contenu d'un support d'informations

Pour examiner le contenu du disque dur ou d'une disquette, vous pouvez recourir à la commande DIR. Notez toutefois que seul le contenu du répertoire actif est affiché.

Après la saisie de

```
DIR
```

le résultat pourrait être le suivant :

```
C:\TEXTES\PRIVE\CONGES> dir

Le volume du lecteur C n'a pas de nom
Le numéro de série du volume est 1970-9D4F
Répertoire de C:\TEXTES\PRIVE\CONGES

.                <REP>     18/11/93  17:31
..               <REP>     18/11/93  17:31
DIN-A5    BAK     1536     04/02/94  18:02
CONGES    DOC    94720     04/01/94  14:36
CONGES    BAK    94208     04/01/94  14:33
DIN-A5    DOC     4608     20/04/94  22:20
CONGES    STY     3072     24/09/94  13:27
FRZ              <REP>     30/12/93  11:34

8 fichier(s)   198144 octets
184115200 octets libres
```

Le nom (8 caractères au maximum), l'extension (3 caractères au maximum), la taille (en octets), la date et l'heure de création/modification sont précisés pour chaque fichier. Puis le nombre de fichiers et d'octets occupés est mentionné. Pour conclure, vous apercevez le nombre d'octets encore disponibles. Ces informations sont particulièrement importantes pour les disquettes.

Lorsque le contenu du répertoire ne peut être entièrement édité sur l'écran, vous devez ajouter le paramètre /P.

```
DIR /P
```

L'affichage s'effectue page par page (appuyez sur une touche quelconque pour passer à la suivante).

3. Changer de lecteur

Il existe toujours un lecteur actif dans le DOS. Cela signifie par exemple que la commande DIR s'applique en premier lieu à ce lecteur. L'unité momentanément active est toujours indiquée dans le prompt :

```
C:\
```

Les différents lecteurs sont caractérisés par des lettres. Le disque dur est désigné par la lettre C. Le lecteur de disquettes est le plus souvent représenté par la lettre A. Si vous possédez deux lecteurs, le second est désigné par un B, etc.

Lorsque vous souhaitez changer de lecteur, vous devez saisir la lettre du lecteur suivie d'un double point. La commande

```
A:
```

active le lecteur A:. Pour retourner sur le disque dur, entrez

```
C:
```

Remarque :

Lors de la sélection d'un lecteur, le dernier répertoire actif est de nouveau affiché. Celui-ci demeure valide jusqu'à la prochaine modification ou l'arrêt de l'ordinateur. La racine est éditée lorsqu'aucun sous-répertoire n'est défini.

4. Changer de répertoire

Les répertoires sont très importants, car ils vous permettent de structurer le support de données. Vous obtenez ainsi une meilleure vue d'ensemble. En outre, tous les fichiers qui se trouvent dans un répertoire peuvent être instantanément pris en compte (pour la copie ou la suppression par exemple).

Le répertoire actif est toujours précisé dans le prompt :

```
C:\TEXTES\PRIVE
```

Vous vous trouvez par exemple dans le répertoire PRIVE. TEXTES désigne le répertoire immédiatement supérieur. D'autres répertoires peuvent être placés sur le même niveau que PRIVE (TRAVAIL par exemple).

L'ensemble fait penser à un arbre :

```
C:\
C:\DOS
C:\PROG
C:\PROG\WORD55
C:\TEXTES
C:\TEXTES\PRIVE
C:\TEXTES\TRAVAIL
```

Les sous-répertoires éventuellement présents, édités avec la commande DIR, sont caractérisés par <REP>. Tout répertoire de niveau immédiatement supérieur est représenté par deux points

```
..    <REP>  18/09/94  17:31
```

Pour retourner dans un tel répertoire, utilisez la commande

```
CD..
```

La commande CD signifie "Change Directory", c'est-à-dire "change de répertoire". Les deux points désignent le répertoire de niveau immédiatement supérieur.

Le prompt indique ensuite le nouveau répertoire courant :

```
C:\TEXTES
```

A partir de là vous pouvez avec

```
CD PRIVE
```

retourner dans le répertoire précédemment actif. Mais vous pouvez également vous rendre dans le répertoire TRAVAIL avec l'instruction suivante :

```
CD TRAVAIL
```

Pour retourner immédiatement dans le répertoire principal, entrez

```
CD \
```

Vous obtenez le "backslash" en maintenant **Alt** enfoncé et en appuyant simultanément sur les touches **9** et **2** du pavé numérique. Le caractère apparaît lorsque vous relâchez **Alt**.

5. Sélectionner des données en fonction de critères déterminés

Pour manipuler certains fichiers d'un répertoire (copie ou suppression par exemple), vous pouvez recourir à trois méthodes.

Lorsque vous connaissez précisément le nom du fichier, vous pouvez le saisir à la suite de la commande DIR. Si ce fichier existe, les informations le concernant (taille, date, etc) sont affichées.

```
DIR LETTRE01.DOC
```

provoque l'édition suivante :

```
LETTRE01  DOC   4096  16/02/94  12:06
```

Si vous souhaitez répertorier tous les fichiers dont le nom commence par LETTRE, vous pouvez utiliser un joker (l'astérisque "*"). Ce caractère remplace un nombre quelconque de signes dans MS-DOS. Par exemple, vous pourriez obtenir le résultat suivant :

```
C:\TEXTES> dir lettre*.doc

Le volume du lecteur C n'a pas de nom
Le numéro de série du volume est 1970-9D4F
Répertoire de C:\TEXTES

LETTRE01  DOC   4096   16/02/94  12:06
LETTRE02  DOC   4096   17/02/94  10:01
LETTRE03  DOC   4096   17/02/94  11:08
LETTRE25  DOC   4096   17/02/94  12:11

4 fichier(s)   16384 octets
184098816 octets libres
```

Si vous souhaitez uniquement remplacer un caractère, vous pouvez employer un point d'interrogation. Si vous voulez visualiser toutes les lettres de 01 à 0x, saisissez la commande suivante :

```
DIR LETTRE0?.DOC
```

Dans notre exemple les fichiers suivants seraient affichés :

```
C:\TEXTES> dir lettre0?.doc

Le volume du lecteur C n'a pas de nom
Le numéro de série du volume est 1970-9D4F
```

```
Répertoire de C:\TEXTES

LETTRE01  DOC   4096   16/02/94  12:06
LETTRE02  DOC   4096   17/02/94  10:01
LETTRE03  DOC   4096   17/02/94  11:08

3 fichier(s)   12288 octets
184090624 octets libres
```

Vous pouvez bien entendu remplacer DIR par COPY ou DEL. La commande

```
COPY LETTRE02.DOC A:
```

copie le fichier précisé sur la disquette insérée dans le lecteur A:.

```
DEL *.*
```

supprime tous les fichiers enregistrés dans le répertoire courant. Soyez prudent lorsque vous employez les jokers.

6. Lancer des programmes

Le système d'exploitation cède fréquemment le contrôle de l'ordinateur à un programme (un traitement de texte par exemple). Ces applications sont généralement enregistrées dans des répertoires particuliers qui ont été créés lors de l'installation.

Conformément à cela, vous devez en règle générale activer le répertoire adéquat (par exemple C:\WORD pour le traitement de texte WORD).

Le programme doit être ensuite appelé par l'intermédiaire de son fichier de démarrage. Le nom de ce dernier est souvent identique à celui du logiciel. Consultez le cas échéant votre manuel ou examinez les fichiers caractérisés par les extensions EXE, COM et BAT. Il est préférable de les afficher les uns après les autres :

```
DIR *.EXE
DIR *.COM
DIR *.BAT
```

Dès que l'application est lancée, le système d'exploitation demeure en tâche de fond. Les règles usuelles du DOS doivent être respectées (nom de fichier, etc).

Bien entendu, le mode de fonctionnement du programme est prioritaire. Vous ne pouvez pas activer les commandes DOS en les saisissant simplement sur l'écran.

Une application doit être fermée d'une manière régulière. WORD 6 propose par exemple la commande **Fichier/Quitter**. Le prompt réapparaît ensuite et vous pouvez aussitôt copier sur disquette les lettres précédemment saisies ou supprimer les fichiers inutiles avec DEL.

Remarque : Actuellement les programmes Windows ne peuvent pas être lancés directement à partir du DOS.

7. Copier un fichier

Vous pouvez utiliser la commande COPY pour sauvegarder un fichier sur disquette ou pour transmettre des données à un autre utilisateur.

Vous devez en premier lieu sélectionner le lecteur/répertoire source. Pour cela, activez par exemple le disque dur avec

```
C:
```

puis le répertoire souhaité avec CD. Pour activer le répertoire TEXTES à partir de la racine, vous devez saisir l'instruction suivante :

```
CD TEXTES
```

Pour copier ensuite le fichier LETTRE01.DOC sur la disquette insérée dans le lecteur A:, entrez :

```
COPY LETTRE01.DOC A:
```

Vous pouvez également renoncer à la sélection du répertoire source. Dans ce cas vous devez déclarer le chemin complet devant le nom du fichier. Dans notre exemple la commande serait la suivante :

```
COPY C:\TEXTES\LETTRE01.DOC A:
```

Lorsque vous activez le répertoire source, vous pouvez préalablement examiner le nom du fichier avec DIR.

L'emploi de jokers est intéressant lors de la copie. La commande suivante duplique tous les fichiers LETTRE sur une disquette :

```
COPY LETTRE*.* A:
```

De même, l'instruction

```
COPY *.* A:
```

copie tous les fichiers du répertoire courant sur une disquette.

Pour copier un fichier sur le disque dur à partir d'une disquette, vous devez tout d'abord sélectionner le répertoire adéquat. Puis saisissez par exemple la commande suivante (laquelle copie dans ce répertoire tous les fichiers enregistrés sur la disquette) :

```
COPY A:*.*
```

Si vous ne souhaitez pas activer de répertoire, vous devez préciser le chemin cible :

```
COPY FICHIER.DOC C:\TEXTES
```

8. Formater une disquette

Les disquettes doivent être "formatées" avant leur utilisation. En règle générale, l'utilisateur doit effectuer lui-même cette opération. Il peut à cet effet recourir à la commande FORMAT.

Insérez par exemple la disquette qui doit être formatée dans le lecteur A:. Cette disquette peut contenir des données, mais celles-ci seront détruites lors du formatage. Appelez ensuite la commande :

```
FORMAT A:
```

L'ordinateur vous demande alors d'introduire une disquette dans le lecteur correspondant, puis de presser **ENTREE**.

Le formatage commence, cela peut durer deux minutes. Le déroulement de la procédure est affiché.

Dès que l'opération est terminée, vous pouvez attribuer un nom (11 caractères au maximum) à la disquette. L'emploi des espaces est autorisé. Si vous souhaitez renoncer à ce nom, appuyez simplement sur **ENTREE**. Vous pouvez finalement interrompre la procédure ou formater une nouvelle disquette.

Remarque : Comme nous l'avons déjà mentionné, vous pouvez reformater des disquettes. Dans ce cas, toutes les données présentes seront effacées.

9. Dupliquer une disquette

Pour dupliquer une disquette, vous pouvez employer la commande DISKCOPY.

Insérez la disquette source dans le lecteur A: (ou B:), puis saisissez l'instruction suivante :

```
DISKCOPY A: A:
```

L'ordinateur vous demande alors d'introduire la disquette source dans le lecteur adéquat et d'appuyer sur **ENTREE**.

La copie commence, cela peut nécessiter une à deux minutes. Vous devez ensuite insérer la disquette cible et presser une touche quelconque.

Les données sont immédiatement enregistrées sur la disquette cible. Selon la quantité de mémoire disponible, vous devrez peut-être changer de disquette plusieurs fois.

Une fois la procédure terminée, DISKCOPY vous demande si vous souhaitez dupliquer une autre disquette. Répondez par (O)ui ou (N)on.

Remarque : DISKCOPY permet uniquement la copie de disquettes identiques (format et capacité). Pour copier le contenu d'une disquette de 360 Ko sur une disquette de 1,2 Mo, vous devez recourir à un répertoire vide qui servira de support de stockage intermédiaire sur le disque dur.

10. Sauvegarder quotidiennement des données

Si vous voulez éviter que les résultats de plusieurs heures (voire plusieurs semaines) de travail ne soient détruits par mégarde ou à cause d'un défaut technique, vous devez régulièrement sauvegarder les données de votre disque dur (il n'est pas encore question d'une sauvegarde intégrale). Il est important que vous puissiez accéder immédiatement aux données en cas de problèmes, sans recourir à une longue et ennuyeuse restauration.

La solution la plus simple consiste à enregistrer les fichiers importants sur disquette à l'aide de la commande COPY. Vous devez effectuer cette procédure dès qu'un document est achevé. Activez le répertoire adéquat, puis copiez le fichier sur une disquette prévue à cet effet :

```
CD TEXTES
COPY LETTRE11.DOC A:
```

Remarque : Pour plus de sécurité, vous devriez procéder à des sauvegardes intermédiaires lorsque les fichiers sont volumineux ou très importants. Pour cela, vous pouvez vous servir de l'application correspondante (par exemple le gestionnaire de fichiers de Word) ou quitter temporairement le programme pour sauvegarder le fichier au niveau du DOS.

Outre la sauvegarde du fichier actif, vous pouvez aisément sauvegarder des répertoires entiers ou des groupes de fichiers à l'aide des jokers. Voici deux exemples de commande :

```
COPY *.* A:
COPY *.DOC A:
```

11. Il faut en finir avec la saisie inutile : DOSKEY

L'interpréteur de commande vous permet de contrôler totalement votre PC, toutefois la saisie des instructions s'avère fastidieuse. Fort heureusement, le programme DOSKEY simplifie considérablement ces opérations.

Pour lancer cet utilitaire, entrez

```
DOSKEY
```

Le programme demeure actif jusqu'à l'arrêt de l'ordinateur. Il doit être ensuite relancé après la réinitialisation du PC.

Après l'exécution d'une commande DOS, il vous suffit d'appuyer sur ↑ pour que la dernière instruction soit affichée sur l'écran. Pressez simplement **ENTREE** pour la relancer.

Vous pouvez en outre éditer chaque ligne de commande. Vous avez par exemple commis une erreur de syntaxe :

```
DISCCOPY
```

Appuyez sur ↑ pour éditer la commande erronée, puis remplacez le premier C par un K. Pressez ensuite **ENTREE** pour commencer la copie de disquettes.

Remarque : Vous pouvez automatiquement lancer DOSKEY à l'aide du fichier AUTOEXEC.BAT.

12. Rechercher des programmes

Supposons que l'appel de votre programme d'échecs nécessite la sélection d'un répertoire particulier et l'exécution du fichier de démarrage adéquat. MS-DOS propose une solution qui permet le lancement d'un programme quel que soit le lecteur/répertoire courant : la commande PATH.

Vous pouvez en premier lieu afficher le chemin courant avec

```
PATH
```

Le résultat pourrait être le suivant :

```
PATH=C:\DOS;C:\WORD
```

MS-DOS recherche tout d'abord la commande appelée dans le lecteur/répertoire courant. Les répertoires C:\DOS (contenant les commandes FORMAT, DISKCOPY, etc) et C:\WORD (contenant un traitement de texte) sont ensuite examinés.

A présent, pour avoir constamment à disposition votre jeu d'échecs enregistré dans le répertoire C:\ECHECS, vous devez simplement étendre le chemin de recherche :

```
PATH=C:\DOS;C:\WORD;C:\ECHECS
```

La modification du chemin demeure valide jusqu'à l'arrêt de l'ordinateur. Pour éviter la saisie continuelle de cette commande, vous pouvez enregistrer cette dernière dans le fichier AUTOEXEC.BAT.

Par mesure de sécurité, sauvegardez tout d'abord le fichier AUTOEXEC.BAT présent. A cet effet, activez le répertoire principal et entrez la commande suivante :

```
COPY AUTOEXEC.BAT AUTOEXEC.OLD
```

Lancez ensuite l'éditeur MS-DOS avec

```
EDIT C:\AUTOEXEC.BAT
```

et modifiez le PATH (le maniement de l'éditeur sera présenté ultérieurement dans ce chapitre).

Si des problèmes survenaient lors de la prochaine initialisation, vous pourriez toujours renommer le fichier AUTOEXEC.OLD après avoir activé la racine (CD \) :

```
COPY AUTOEXEC.OLD AUTOEXEC.BAT
```

13. Modifier le prompt

Le prompt a un rôle important dans MS-DOS. Il signale toujours le début de la ligne de saisie. Généralement son aspect est le suivant :

```
C:\>
```

Mais il peut être modifié à l'aide de la commande PROMPT. L'instruction

```
PROMPT Vous êtes dans $p$g$_Entrez une commande :
```

est plus explicite. Nous avons associé un texte quelconque et un mot clé (pg$_). Ce dernier signale au DOS que des informations déterminées doivent être affichées et qu'un retour chariot doit être exécuté.

14. Recherche sélective de fichiers

Lorsque le disque dur est divisé en plusieurs répertoires, il est très difficile de retrouver un fichier déterminé (l'examen de tous les répertoires serait trop long). MS-DOS 6 propose une solution plus simple.

Au lieu de saisir la commande

```
DIR LETTRE11.DOC
```

dans le répertoire courant, exécutez la même instruction dans la racine (CD \ le cas échéant) en ajoutant un espace et le paramètre /S.

```
DIR LETTRE11.DOC /S
```

Le fichier précisé est recherché dans tous les sous-répertoires du répertoire actif (plusieurs fichiers homonymes pouvant être enregistrés dans différents répertoires).

Lorsque les informations ne peuvent être totalement affichées sur un écran, vous pouvez momentanément interrompre le défilement avec **Pause** et le reprendre en pressant une touche quelconque.

15. Afficher le contenu d'un fichier

MS-DOS 6 dispose d'une commande permettant la visualisation du contenu d'un fichier. Toutefois cette instruction demeure sans effets sur certains fichiers. Vous pouvez examiner sans problèmes CONFIG.SYS et AUTOEXEC.BAT, mais également tous les fichiers créés avec l'éditeur EDIT.

Pour afficher le contenu d'un fichier de texte quelconque, utilisez la commande suivante :

```
TYPE TEXTE.DOC
```

S'il s'agit d'un fichier ASCII, vous apercevez son contenu sur l'écran. En ce qui concerne certains fichiers, des caractères étranges sont visibles et vous pouvez entendre plusieurs bips. Ce sont les seuls effets de la commande TYPE.

Lorsque les informations ne peuvent être totalement affichées sur un écran, vous pouvez momentanément interrompre le défilement avec **Pause** et le reprendre en pressant une touche quelconque.

Si vous souhaitez modifier le fichier, vous devez recourir à l'éditeur fourni avec MS-DOS 6.

16. Modifier un fichier

Si vous désirez effectuer plus qu'un simple examen de fichier, vous devez utiliser un programme particulier : un traitement de texte. Pour créer de petits fichiers de texte, vous pouvez employer l'éditeur MS-DOS. Son fonctionnement est identique à celui d'un petit traitement de texte. Il vous permet surtout de modifier les fichiers système CONFIG.SYS et AUTOEXEC.BAT, ainsi que de créer des fichiers batch.

Entrez

```
EDIT
```

pour lancer l'éditeur. L'écran initial de ce dernier apparaît aussitôt. Vous pouvez obtenir un petit texte introductif en pressant **ENTREE** ou commencer la saisie en appuyant sur **ECHAP**.

Vous pouvez à présent saisir un texte. Celui-ci peut être effacé avec la touche **Retour arrière**. Pour modifier un fichier, vous pouvez vous déplacer à l'aide des flèches de direction. La touche **Ins** permet alternativement l'activation du mode "insertion" ou "refrappe". Si le curseur ressemble à un rectangle, les caractères sont insérés dans le texte. S'il s'agit d'un trait horizontal, les nouveaux caractères remplacent les précédents.

Pressez **ENTREE** pour terminer une ligne. Le curseur est placé sur la suivante. Vous obtenez des lignes vides de cette manière.

Pour sauvegarder un texte, appuyez sur **Alt**. La barre de menus est aussitôt activée. Appuyez sur **ENTREE** pour dérouler le menu **Fichier**. Placez le sélecteur sur **Enregistrer** et pressez **ENTREE**. Vous pouvez maintenant définir le répertoire et le nom du fichier dans une boîte de dialogue.

Appuyez sur **Alt + R** pour activer la liste des répertoires. Le répertoire courant est visible sous le champ *Nom du fichier*. S'il ne s'agit pas de la racine, vous pouvez sélectionner les deux points à l'aide des touches de direction et presser **ENTREE** pour activer le répertoire de niveau immédiatement supérieur. Vous pouvez activer l'un des sous-répertoires présents en le sélectionnant et en pressant **ENTREE**.

Une fois le répertoire choisi, vous devez préciser le nom du fichier (huit caractères pour le nom proprement dit et trois pour l'extension). Pour activer ce champ, appuyez sur **Alt + N**.

Validez la sauvegarde du texte avec **ENTREE**.

Une fois la session terminée, appelez la commande **Fichier/Quitter** avec **Alt + F + Q**.

Pour charger un fichier enregistré sur le disque dur, choisissez la commande **Fichier/Ouvrir**. Vous devez ensuite sélectionner le répertoire souhaité (la procédure étant identique à celle de la sauvegarde). Les fichiers disponibles sont aussitôt affichés. Vous pouvez éventuellement effectuer une présélection (*.TXT). Si vous voulez répertorier tous les fichiers, remplacez TXT par un astérisque.

Alt + F active la liste des fichiers. Vous pouvez alors sélectionner un fichier avec les flèches de direction et **ENTREE**.

17. Supprimer des fichiers

Au fil des semaines de nombreuses données s'accumulent sur le disque dur. Or, certaines informations deviennent peu à peu inutiles. MS-DOS propose plusieurs solutions pour supprimer les fichiers et les répertoires devenus superflus.

Si vous souhaitez effacer un seul fichier dans le répertoire courant, entrez la commande

```
DEL FICHIER.EXT
```

Pour détruire simultanément plusieurs fichiers, employez les jokers. L'instruction suivante supprime par exemple tous les fichiers commençant par LETTRE et qui sont caractérisés par l'extension DOC :

```
DEL LETTRE*.DOC
```

La commande

```
DEL *.*
```

détruit tous les fichiers du répertoire actif. Par conséquent elle doit être employée avec précaution. Mais ne vous inquiétez pas outre mesure, MS-DOS demande confirmation avant d'exécuter la commande.

Pour supprimer un répertoire, appelez la commande suivante à partir du répertoire immédiatement supérieur :

```
RD Répertoire
```

Notez que les fichiers présents doivent être préalablement effacés.

Pour détruire instantanément un répertoire y compris les éventuels sous-répertoires et fichiers, vous pouvez appeler la commande

```
DELTREE Répertoire
```

à partir du répertoire immédiatement supérieur.

18. Création de répertoires

Nous avons déjà évoqué l'importance des répertoires dans l'organisation du disque dur. Il est question à présent de la création de tels répertoires.

Pour créer un répertoire, saisissez la commande

```
MD Répertoire
```

Par exemple, la création du répertoire TEXTES dans la racine du disque dur est obtenue de la manière suivante :

```
C:
CD\
MD TEXTES
```

Un petit conseil pour réaliser une arborescence fonctionnelle : la création d'un tel sous-répertoire TEXTES placé directement sous la racine est très judicieuse. En effet, vous pouvez sauvegarder très simplement toute une arborescence. A partir de TEXTES vous pourriez par exemple créer les répertoires BUREAU et PRIVE, puis IMPOTS et LETTRES à partir de PRIVE, et ainsi de suite.

Pour vos programmes, créez un répertoire PROG qui se ramifiera en plusieurs sous-répertoires. WORD serait stocké dans le répertoire C:\PROG\WORD et WORKS dans C:\PROG\WORKS. Vous évitez ainsi l'encombrement du répertoire principal.

19. Ne pas se perdre dans le "labyrinthe" - visualiser tous les répertoires

MS-DOS propose deux solutions à l'utilisateur qui ne souhaite pas s'égarer dans le labyrinthe des répertoires.

La commande suivante affiche toute l'arborescence (vous devez préalablement activer le répertoire racine avec CD\).

```
TREE
```

Si les informations ne peuvent être totalement éditées sur une page d'écran, vous pouvez suspendre le défilement en appuyant sur **Pause** et le reprendre en pressant une touche quelconque.

Il est toutefois préférable de rediriger le résultat dans un fichier de texte.

A cet effet, appelez l'instruction TREE suivante à partir de la racine :

```
TREE > TREE.DOC
```

Le fichier ainsi créé peut être aisément examiné avec la commande

```
EDIT C:\TREE.DOC
```

Vous pouvez ensuite imprimer le fichier à l'aide de la commande **Fichier/Imprimer**. Accrochez le listing à côté de votre ordinateur et actualisez-le si besoin est.

Par ailleurs, n'oubliez pas que des utilitaires tels que PCTOOLS ou Norton Utilities mettent à disposition des utilisateurs des outils plus performants dans le domaine des répertoires (affichage et sélection).

20. Supprimer des répertoires

Au bout de quelques temps, il est parfois nécessaire de supprimer un répertoire dont les fichiers ne sont plus utilisés.

Remarque : Le cas échéant, sauvegardez auparavant tous les fichiers sur disquette avec la commande COPY *.* (si le nombre de fichiers est important, appelez le programme MSBACKUP).

En premier lieu, activez le répertoire immédiatement supérieur à celui qui doit être effacé (par exemple C:\PROG si vous souhaitez supprimer C:\PROG\JEUX). Détruisez tout d'abord les fichiers enregistrés dans le répertoire JEUX :

```
DEL JEUX
```

Vous pouvez ensuite supprimer le répertoire avec l'instruction :

```
RD JEUX
```

Lorsqu'un répertoire contient d'autres sous-répertoires que vous voulez détruire simultanément, vous pouvez employer la commande

DELTREE. A l'instar de RD, il est préférable de se trouver dans le répertoire immédiatement supérieur à celui qui doit être effacé.

Par conséquent, activez le répertoire C:\PROG. Puis supprimez le répertoire JEUX (y compris ses sous-répertoires) avec la commande suivante :

```
DELTREE JEUX
```

Les répertoires sont effacés (fichiers inclus) après une demande de confirmation.

Remarque : La commande DELTREE doit être employée avec la plus extrême prudence, car elle peut supprimer instantanément une grande quantité de données.

21. Renommer des fichiers

Il est parfois nécessaire de modifier le nom d'un fichier. A cet effet, vous pouvez utiliser la commande REN ou RENAME.

Pour renommer le fichier LETTRE.DOC en LETTRE.001, vous devez en premier lieu activer le répertoire adéquat. Puis saisissez la ligne de commande suivante :

```
REN LETTRE.DOC LETTRE.001
```

Veillez toutefois à ce que le nom cible ne soit pas déjà attribué. Un message d'erreur serait édité dans un tel cas (et le fichier ne serait pas écrasé).

Si vous souhaitez renommer tous les fichiers .TXT en .DOC, entrez :

```
REN *.TXT *.DOC
```

22. Installer des programmes

Pour utiliser un nouveau programme, vous devez préalablement l'installer. Cela signifie que les fichiers programmes enregistrés sur les disquettes sont copiés sur le disque dur. En outre, le logiciel est configuré en fonction du système.

En règle générale, une telle installation est réalisée par un programme convivial fréquemment nommé SETUP ou INSTALL.

Par exemple, en ce qui concerne le traitement de texte WORD, vous devez en premier lieu appeler le programme d'installation :

```
INIT
```

Répondez ensuite aux questions posées. A l'heure actuelle les programmes d'installation sont très conviviaux. Votre tâche essentielle consiste à préciser le répertoire dans lequel seront enregistrés les fichiers programmes.

Les paramétrages concernant l'imprimante, la souris, etc, n'ont pas de rapport direct avec MS-DOS. Toutefois les fichiers adéquats sont sélectionnés le cas échéant.

23. Différents formats de disquettes

Deux types de disquettes (5,25" et 3,5") se sont imposés dans l'univers PC. Cela ne pose guère de problèmes car, depuis l'apparition des 386, les systèmes acceptent généralement tous les formats.

Notez que chaque format autorise différentes capacités de stockage. Par exemple, si vous disposez d'un lecteur de 1,2 Mo, vous pouvez également utiliser des disquettes de 360 Ko. Un lecteur de 1,44 Mo supporte également des disquettes de 720 Ko. Les différents formats et capacités sont répertoriés dans le tableau suivant :

```
5,25"     360 Ko   1,2 Mo
3,5"      720 Ko   1,44 Mo   2,88 Mo
```

Encore une remarque importante : vous pouvez uniquement dupliquer des disquettes identiques avec la commande DISKCOPY. Il est ainsi impossible de copier une disquette de 360 Ko sur une disquette de 1,2 Mo ! A moins de renoncer à DISKCOPY.

24. MSBACKUP : configuration

Si vous voulez éviter que les résultats de plusieurs heures (voire plusieurs semaines) de travail ne soient détruits par mégarde ou à cause d'un défaut technique, vous devez régulièrement sauvegarder les données de votre disque dur. La solution la plus simple consiste à enregistrer les fichiers sur disquette à l'aide de la commande COPY. Toutefois, lorsque la quantité de données est importante, employez le programme MSBACKUP.

Lors du premier appel de MSBACKUP, il vous suffit de presser **ENTREE** pour déterminer la configuration. Cette procédure est automatique. Plusieurs tests sont ensuite réalisés. Votre seule tâche consiste à sélectionner un lecteur (A: par exemple).

Deux disquettes sont nécessaires pour le test de sauvegarde. Elles peuvent être déjà formatées. Si des fichiers sont présents sur ces disquettes, une demande d'écrasement apparaît.

Une fois le backup terminé, des informations (nombre de fichiers sélectionnés, octets occupés et durée de la procédure) sont affichées dans une boîte de dialogue.

Le programme MSBACKUP effectue ensuite une comparaison de fichiers. La procédure est automatique. Vous devez simplement insérer successivement dans le lecteur les deux disquettes utilisées précédemment. Le résultat de la comparaison est finalement édité dans une boîte de dialogue. Les éventuelles erreurs sont signalées.

A présent, avant d'exécuter un véritable backup, vous devez sauvegarder les paramètres en cliquant sur le bouton **Enregistrer** dans la boîte de dialogue Configuration. Si vous cliquez simplement sur OK, la configuration n'est pas sauvegardée.

25. MSBACKUP : la sauvegarde de données

Une fois le programme MSBACKUP configuré (voir précédemment), vous pouvez aisément sauvegarder les données de votre disque dur.

Appelez cet utilitaire avec

```
MSBACKUP
```

Cliquez sur le bouton **Sauvegarder** dans le menu principal. Sélectionnez ensuite le lecteur souhaité (le disque C: dans notre exemple). Pressez la barre d'espace pour activer le paramètre "Complet".

Le nombre de fichiers sélectionnés, le nombre de disquettes nécessaires et la durée de la procédure sont ensuite précisés.

Le cas échéant vous pouvez choisir un autre lecteur et un autre format de disquette.

Cliquez sur **Démarrer** pour lancer la sauvegarde. Vous devez insérer les disquettes lorsque le programme vous y invite.

Après le backup, conservez les disquettes dans un endroit sûr. La restauration des données nécessite également l'exécution du programme MSBACKUP.

Encore une petite astuce : lors de la prochaine sauvegarde intégrale (dans 8 semaines environ) utilisez un nouveau jeu de disquettes. N'écrasez pas l'ancien backup. En effet, si un problème devait survenir lors de la seconde sauvegarde, vous ne pourriez plus utiliser aucune disquette.

26. Programmes batch

Les tâches répétitives (par exemple la saisie quotidienne de CD WORD et WORD) peuvent être effectuées par un programme batch. Ce dernier peut être facilement créé avec l'éditeur DOS. Il se compose de lignes de commande que vous pouvez sauvegarder sous la forme d'un fichier particulier. Ces fichiers batch fonctionnent comme des commandes DOS : vous pouvez les exécuter.

Il est préférable de lancer l'éditeur en précisant directement un nom de fichier (même si celui-ci n'existe pas encore). Choisissons W.BAT par exemple. L'extension BAT caractérise de tels fichiers. Par mesure de précaution, créons le fichier batch dans le répertoire DOS. En effet, ce dernier est automatiquement examiné par MS-DOS. L'appel de l'éditeur pourrait être le suivant :

```
EDIT C:\DOS\W.BAT
```

Saisissez ensuite les quatre lignes suivantes :

```
C:
CD\
CD WORD
WORD
```

Ces lignes seront exécutées les unes après les autres lors de l'appel du fichier batch. Le lecteur C: est tout d'abord activé (si c'est déjà le cas, il ne se passe rien), puis vient le tour de la racine et du répertoire WORD. Le programme WORD est finalement appelé.

Appuyez ensuite sur **Alt + F + Q** pour **Fichier/Quitter**. L'ordinateur vous demande si vous souhaitez enregistrer les modifications. Pressez **ENTREE** pour confirmer, le prompt réapparaît. Entrez W et validez par **ENTREE**, les quatre lignes de programme sont exécutées.

27. Etiquette électronique

Si vous avez déjà formaté une disquette, vous savez qu'un nom peut lui être attribué au cours de cette procédure. Dans la pratique quotidienne il est d'usage non seulement d'apposer une étiquette autocollante sur la disquette, mais également de définir un nom électronique. Par conséquent, si vous souhaitez modifier ultérieurement un nom de disquette, employez la commande LABEL.

Insérez la disquette que vous désirez renommer, puis saisissez la commande suivante :

```
LABEL A: (ou B:)
```

Le nom courant est affiché. Vous pouvez alors entrer un nouveau nom (11 caractères au maximum, les espaces sont autorisés), par exemple :

```
Disquette 1
```

Si vous ne voulez pas attribuer de nom, appuyez simplement sur **ENTREE**.

Pour éditer le nom électronique d'une disquette, vous pouvez employer les commandes DIR ou VOL. La ligne de commande

```
VOL A:
```

afficherait par exemple :

```
Le volume dans le lecteur A s'appelle DISQUETTE 1
```

28. Contrôler un support de données

Pour contrôler l'état d'un support de données (disque dur ou disquette), vous pouvez recourir à la commande SCANDISK. Cet examen est important, par exemple avant l'optimisation du disque avec DEFRAG. L'appel de la commande s'effectue comme suit :

```
SCANDISK
```

29. L'aide intégrée

Si vous souhaitez obtenir des informations précises sur une commande, vous pouvez appeler l'aide du DOS. A cet effet, saisissez l'instruction

```
HELP
```

Les commandes DOS sont ensuite répertoriées par ordre alphabétique. Vous pouvez sélectionner le mot-clé souhaité à l'aide des touches de direction et **ENTREE**. Des informations concernant la syntaxe de la commande sont aussitôt affichées.

Le cas échéant vous pouvez apercevoir les boutons "Remarques" et "Exemples" sur le bord supérieur de l'écran. Vous pouvez les sélectionner par l'intermédiaire du clavier ou de la souris. Vous obtenez alors des renseignements supplémentaires.

Vous pouvez feuilleter les pages avec **PgPréc** et **PgSuiv**. Vous pouvez également afficher la liste des commandes avec **Alt** + **C**.

Pour rechercher un terme, appuyez sur **Alt** + **R** + **C**. Puis entrez le mot souhaité. Pressez **ENTREE** pour afficher la première occurrence contenant l'élément recherché. **F3** poursuit la recherche.

Pour quitter l'aide, appuyez sur **Alt** + **F** + **Q**.

30. Trier des fichiers

MS-DOS n'emploie aucun critère convaincant pour lister les fichiers d'un répertoire. L'édition dans l'ordre alphabétique serait donc très utile. Pour cela, vous pouvez assigner un paramètre particulier à la commande DIR. Lorsque vous exécutez l'instruction

```
DIR /O:N
```

les fichiers sont affichés par ordre alphabétique. O pourrait signifier "ordre" et N "nom". Pour obtenir une liste alphabétique décroissante, placez un signe "-" devant N.

```
DIR /O:-N
```

Nous souhaitons simplement vous présenter quelques variantes intéressantes. La syntaxe à respecter est toujours la suivante : DIR /O:paramètre.

E	les fichiers sont triés en fonction de leurs extensions.
D	les fichiers sont triés en fonction de la date et de l'heure.
S	les fichiers sont triés en fonction de leurs tailles.
G	les répertoires sont affichés avant les fichiers.

Remarque : Si la saisie de ces paramètres vous semble compliquée, vous pouvez créer un petit fichier batch.

11. Informations complémentaires

Si vous avez étudié cet ouvrage en détail, MS-DOS devait déjà être installé sur votre ordinateur. Par conséquent le lexique regroupant les termes MS-DOS les plus importants représente assurément le centre d'intérêt à présent.

Mais si vous commencez à peine la lecture de ce livre, MS-DOS 6 n'est sûrement pas encore installé. Par ailleurs vous serez vraisemblablement confronté à des problèmes auxquels vous devrez trouver des solutions. Ce chapitre vous propose donc un grand nombre de renseignements. Commençons en premier lieu par l'installation de MS-DOS 6.

11.1. Installation de MS-DOS 6

Afin de pouvoir travailler avec MS-DOS, le système d'exploitation doit être copié sur le disque dur de votre ordinateur. Cette opération est appelée "installation". En ce qui concerne MS-DOS 6, cette installation est effectuée par le programme INSTALL. Il se peut également que le revendeur ait déjà installé MS-DOS sur votre PC. Si c'est le cas, vous pouvez renoncer à la lecture de cette section.

Nous souhaitons naturellement aider tous ceux qui n'ont pas acquis un système sur lequel est déjà installée la nouvelle version du DOS.

MS-DOS est proposé sous deux formes :

- La première permet l'actualisation d'une version MS-DOS déjà présente (à partir de la 2.11). Elle est appelée version Mise à jour. Par conséquent, si vous possédez déjà MS-DOS, vous pouvez mettre à jour votre système d'exploitation avec cette version particulière. Seule l'installation de cette version est traitée dans cet ouvrage.
- Une seconde version est destinée aux ordinateurs livrés avec un système d'exploitation (version OEM). Elle est déjà installée par le revendeur lors de l'achat du PC.

L'installation de la version Mise A Jour

L'installation de MS-DOS 6 comprend essentiellement trois opérations :

- Tous les fichiers se trouvant sur les disquettes sont copiés sur le disque dur.
- Ces fichiers ne peuvent pas être directement utilisés car ils sont compressés. Lors de la copie sur le disque dur ils sont automatiquement décompressés.
- MS-DOS 6 détecte la configuration particulière de votre PC. Cette procédure est très importante pour une utilisation optimale du système d'exploitation et de l'ordinateur, car il existe un grand nombre de configurations. Vous pouvez en effet posséder un PC/XT (équipé d'un lecteur de disquettes, d'une RAM de 512 Ko et d'un écran Hercules monochrome) ou un 80486 caractérisé par une RAM de plusieurs Mo, un disque dur d'une capacité supérieure à 100 Mo et un moniteur couleur.

Lors de l'installation, le programme INSTALL reconnaît automatiquement une partie de la configuration. L'utilisateur doit le cas échéant modifier certaines informations. Mais dans l'ensemble, le programme d'installation est simple et très convivial (il vous fournit de nombreux renseignements concernant les différentes déclarations).

En outre, avant de modifier les données de votre disque dur, INSTALL sauvegarde sur disquette(s) la version actuelle du système d'exploitation. MSDOS 6 n'est installé qu'après cette opération. Si un problème devait survenir, par exemple en raison d'une coupure de courant, vous seriez en mesure de restaurer l'ancien système d'exploitation avec INSTALL.

Conditions préalables pour l'installation

Avant de lancer le programme INSTALL, certaines conditions importantes doivent être remplies. Nous vous les présentons ci-dessous.

Le démarrage de l'ordinateur

L'ordinateur doit être initialisé par MS-DOS, PC-DOS ou DR-DOS. Cela signifie qu'une version DOS doit être présente sur le disque dur ou que l'ordinateur doit être lancé avec une disquette système d'une version DOS quelconque. Les disquettes d'installation de MS-DOS 6 ne peuvent pas être utilisées pour l'initialisation !

Le disque dur doit être préparé

Lors de l'installation de MS-DOS 6 sur le disque dur, ce dernier doit être préparé pour l'enregistrement des données. Cela signifie

❶ Le disque dur doit être "préformaté". Une division du disque dur en pistes et en secteurs, fréquemment appelée *formatage bas niveau*, est réalisée. La plupart du temps cette opération a été effectuée à l'usine ou plus tard chez le revendeur (des informations techniques très précises concernant le disque dur étant en effet indispensables).

❷ Le disque dur doit être divisé en une ou plusieurs zones (appelées partitions). Ceci est dû au fait que les versions DOS inférieures à la 4.0 ne pouvaient gérer que des disques durs d'une capacité maximale de 32 Mo. Les disques durs plus volumineux étaient alors subdivisés en plusieurs zones (pour ainsi dire "plusieurs disques durs individuels").

❸ Le disque dur doit être préparé (formaté) pour l'enregistrement de données. Le système d'exploitation examine l'intégralité du disque dur, puis il définit toutes les instructions de gestion nécessaires à l'enregistrement de données. Les fichiers présents sont détruits.

Lors de l'installation automatique de MS-DOS avec INSTALL, le disque dur est examiné, et si ces conditions préalables font défaut, le programme se charge le cas échéant de réaliser ces conditions.

Protection des disquettes originales

Avant le lancement de INSTALL, protégez les disquettes originales contre toute suppression de données. Vous pouvez ainsi minimiser le risque de destruction lors de l'installation de MS-DOS. Les disquettes ne sont pas toutes protégées de la même manière :

En ce qui concerne les disquettes 5,25", vous pouvez coller une petite languette de protection sur l'encoche située sur le coté droit de la disquette. Lorsque l'encoche n'est plus visible, la disquette est protégée.

Si vous possédez un lecteur de 3,5", vous pouvez déplacer le petit curseur en plastique visible sur la face inférieure de la disquette pour protéger cette dernière contre l'écriture. Vous ne pouvez plus ensuite écrire sur cette disquette. Si vous connaissez la commande DISKCOPY, vous pouvez effectuer des copies des disquettes originales et réaliser l'installation à l'aide de ces copies.

Une ou deux disquettes vides

Conservez à vos côtés une disquette de 1,2 Mo (ou de 1,44 Mo) ou deux disquettes de 360 Ko (ou une de 720 Ko) afin que INSTALL y stocke des données. Pendant l'installation le programme vous demandera de les insérer impérativement dans le lecteur A:. Utilisez donc des disquettes correspondant au format exigé par ce lecteur. Vous n'êtes pas obligé de les formater. Ce sera automatiquement effectué pendant l'installation. Vous devez ensuite apposer un autocollant sur ces disquettes appelées UNINSTALL #1 et (si nécessaire) UNINSTALL #2 par INSTALL.

Votre ancienne version du DOS

Le programme INSTALL installe MS-DOS 6 dans le répertoire réservé à la version précédente. Toutefois INSTALL sauvegarde les fichiers enregistrés dans ce répertoire dans un autre répertoire, appelé OLD_DOS.1, qu'il a préalablement créé. Par conséquent, vous devez disposer de suffisamment de place sur le disque dur pour la création de ces répertoires et la sauvegarde des données.

Sauvegarde des données du disque dur

Lorsque votre disque dur n'est pas complètement vide, vous devez à chaque fois effectuer une sauvegarde des données présentes.

Les touches importantes pendant l'installation

Au cours de l'installation, vous devez répondre à des questions et procéder à des modifications. A cet effet, vous pouvez utiliser les touches suivantes :

F1	Lorsque le message "F1=aide" est visible sur le bord inférieur de l'écran, vous pouvez obtenir un texte d'aide (concernant le contenu actif de l'écran) en appuyant sur **F1**. Lorsque les informations proposées ne peuvent pas être affichées intégralement dans la fenêtre, vous pouvez les faire défiler avec ↑ et **↓.** Quittez l'aide en appuyant sur **ECHAP** pour continuer l'installation.
↑ / ↓	Ces deux touches de direction vous permettent de sélectionner les différents paramètres et options. Le paramètre choisi est affiché en vidéo inverse.
TAB	active les différentes zones de saisie.
ENTREE	Lorsque le message "ENTREE=continuer" est visible sur le bord inférieur de l'écran, vous pouvez accepter les paramètres de la page d'écran active en appuyant sur **ENTREE**. L'installation se poursuit aussitôt.
ECHAP	Lorsque le message "Esc=Ecran précédent" est visible sur le bord inférieur de l'écran, vous pouvez afficher la page d'écran précédente en appuyant sur **ECHAP**. C'est toujours le cas lorsque vous avez par exemple examiné une page d'aide.

F3	interrompt l'installation après une demande de confirmation. Le message "F3=Quitter" est visible sur le bord inférieur de l'écran.
F5	Si vous possédez un moniteur couleur, le programme d'installation est automatiquement affiché en couleur. Sur le bord inférieur de l'écran vous apercevez le message "F5=Noir et Blanc". Cela signifie qu'une pression sur **F5** active l'affichage noir et blanc (et ce jusqu'à la fin de l'installation).

Préparatifs

Assurez-vous de la présence de la disquette UNINSTALL #1 (et éventuellement #2) à côté de votre ordinateur. Le programme INSTALL vous demandera pendant l'installation de l'insérer dans le lecteur A:. Les données de votre ancienne version MS-DOS sont copiées sur cette disquette.

Vous n'avez pas besoin de cette disquette de restauration si vous souhaitez installer MS-DOS sur disquettes.

Vous pouvez à présent commencer l'installation.

Installation avec le programme INSTALL

La version 6 de MS-DOS dispose d'un programme particulier qui effectue automatiquement l'installation sur votre disque dur. Vous devez absolument utiliser ce programme, car les fichiers enregistrés sur les disquettes sont compactés. Insérez la disquette 1 dans le lecteur A: et activez ce dernier :

`A:` **ENTREE**

Lorsque le lecteur A: est actif, le prompt a l'aspect suivant :

```
A:\>
```

Le lancement de INSTALL

Vous pouvez maintenant charger le programme d'installation en entrant la commande INSTALL :

`INSTALL` **ENTREE**

Une fois la configuration de votre PC détectée par INSTALL, ce dernier vous souhaite la bienvenue.

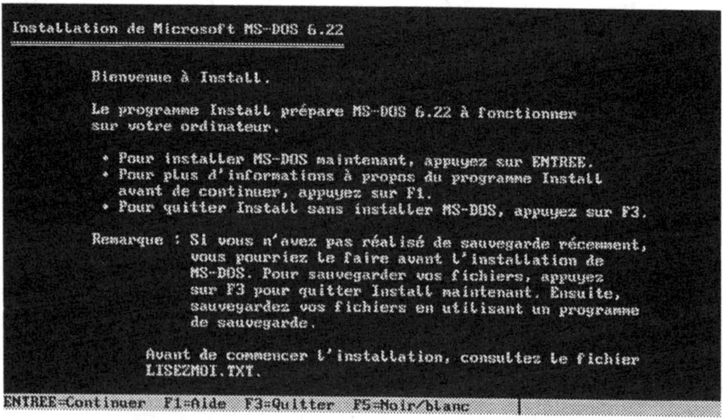

L'écran initial de l'installation sur le disque dur

Dans cet écran de bienvenue INSTALL vous signale que vous devez conserver à portée de main une ou deux disquettes, que le répertoire OLD_DOS est créé et que vous êtes en mesure de restaurer l'ancien système d'exploitation si vous le souhaitez. Sur le bord inférieur de l'écran vous apercevez trois informations différentes : "EN-

TREE=Continuer", "F1=Aide" et "F3=Quitter". Cela signifie que vous pouvez poursuivre l'installation en appuyant sur **ENTREE**, obtenir une aide détaillée avec **F1** et quitter INSTALL avec **F3**.

Si vous possédez un moniteur couleur, le programme d'installation est automatiquement représenté en couleur. Le message "F5=Noir et Blanc" est également visible sur le bord inférieur de l'écran. Cela signifie qu'une pression sur **F5** active l'affichage noir et blanc (et ce jusqu'à la fin de l'installation).

L'aide de INSTALL

Appuyez sur **F1** pour appeler l'aide. Pressez **ECHAP** pour désactiver l'aide. Continuez l'installation avec **ENTREE**.

Les données que vous pouvez modifier

INSTALL signale la configuration détectée :

```
Version du DOS : MS-DOS
Chemin du DOS : C:\DOS
Moniteur : VGA

Continuer l'installation : l'information ci-dessus
est correcte
```

Si vous souhaitez modifier les valeurs précisées, vous pouvez sélectionner l'enregistrement adéquat avec **FLECHE HAUT** et **FLECHE BAS**. Examinez ensuite avec **ENTREE** les différentes propositions. Une fois les modifications effectuées, positionnez le sélecteur sur la ligne "Les paramètres sont corrects :" et appuyez sur **ENTREE**.

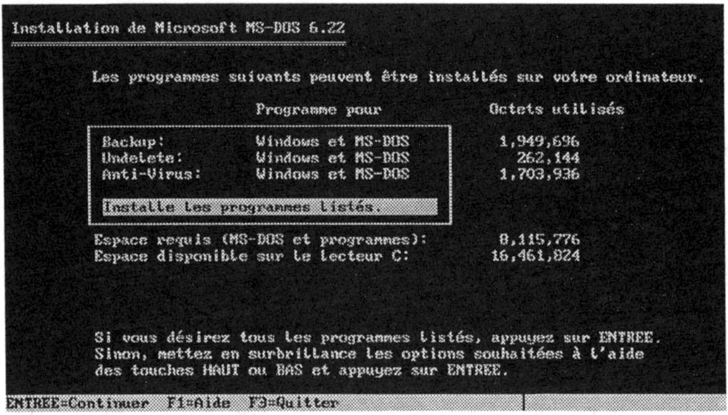

Les nouveaux utilitaires

L'ordinateur vous demande ensuite si les programmes MSBACKUP, UNDELETE et anti-virus doivent être installés (version DOS et/ou Windows). Vous pouvez sélectionner l'enregistrement adéquat à l'aide des touches de direction et **ENTREE**. Positionnez le sélecteur sur la ligne "Installer les programmes mentionnés" et appuyez sur **ENTREE**. Si les programmes Windows doivent être également installés, vous devez préciser le chemin de Windows.

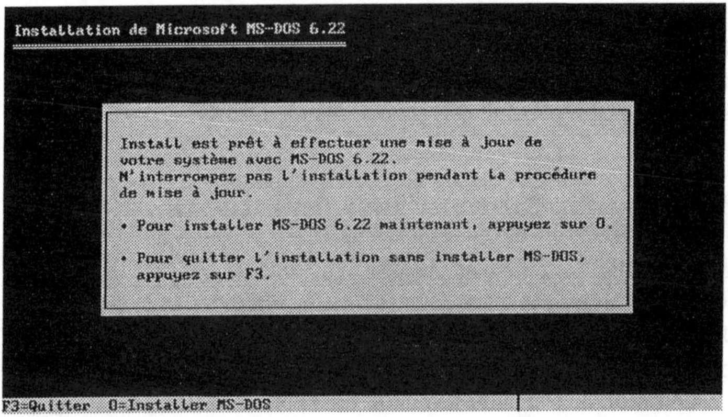

Lancer l'installation

Appuyez finalement sur **O** pour lancer l'installation (aucune interruption n'est possible pendant cette procédure) ou sur **F3** pour quitter le programme. Une fois l'installation confirmée, le programme commence le décompactage des premiers fichiers et les copie sur le disque dur. L'ordinateur vous demande ensuite d'insérer la disquette UNINSTALL #1 dans le lecteur A: et d'appuyer sur **ENTREE**.

Puis INSTALL vous invite à introduire la "disquette 1". Une fois le contenu de la première disquette copié sur le disque dur, vous êtes invité à insérer les autres disquettes (leur nombre dépend de leur capacité). Lorsque tous les fichiers sont copiés sur le disque dur, INSTALL vous demande de retirer la dernière disquette du lecteur et d'appuyer sur **ENTREE**. Le PC effectue ensuite une initialisation à chaud afin de charger la version 6 de MS-DOS à partir du disque dur.

Votre ancienne version DOS est sauvegardée dans le répertoire OLD_DOS.1 au cours de l'installation. Si vous n'envisagez pas de désinstaller MS-DOS 6 (ce qui est rarement le cas), vous pouvez supprimer ce répertoire avec la commande DELOLDOS.

En cas de problème lors de l'installation

Si l'installation échoue et entraîne une nouvelle initialisation du PC, vous êtes convié à insérer la disquette UNINSTALL #1 dans le lecteur et à presser **ENTREE**. Vous devez ensuite choisir entre la poursuite de l'installation de MS-DOS 6 (une pression sur **C**) et la restauration de l'ancienne version (une pression sur **R**).

Essayez en premier lieu de poursuivre l'installation. Si le résultat escompté n'est pas obtenu, restaurez l'ancienne version DOS et adressez-vous à votre revendeur.

Créer une disquette de démarrage

Nous vous conseillons vivement de créer une disquette de démarrage. En effet, si MS-DOS ne pouvait plus être lancé à partir du disque dur (pour diverses raisons), cette disquette représenterait la dernière solution pour initialiser l'ordinateur et éliminer les erreurs. Une modification incorrecte du fichier CONFIG.SYS peut entraîner un dysfonctionnement de l'ordinateur.

Formatez une disquette en ajoutant le paramètre /S (pour le transfert des fichiers systèmes sur ce support de données) :

```
FORMAT A: /S
```

Vous pouvez également copier sur cette disquette les fichiers AUTO-EXEC.BAT et CONFIG.SYS, ainsi que certaines commandes DOS et des fichiers d'aide (KEYB.COM, KEYBOARD.SYS, etc) afin de pouvoir définir un clavier français. Nous vous recommandons en tout cas d'enregistrer sur cette disquette les commandes les plus importantes (SYS, FORMAT, DISKCOPY, UNDELETE, UNFORMAT et SCANDISK).

11.2. En cas de problèmes

Le PC représente un outil de travail irremplaçable. Toutefois il est très pointilleux et il ne pardonne aucune erreur. Ces dernières sont dues le plus souvent à l'inexpérience d'utilisateurs qui ne sont pas encore familiarisés avec le système d'exploitation.

Pour surmonter plus facilement ces sources d'erreur (si ce n'est les exclure), nous les avons répertoriées dans ce chapitre en prenant soin de vous proposer également des solutions.

Panne 1 : problèmes lors de la mise en route de l'ordinateur

Problème

Dès la mise sous tension du PC vous rencontrez des difficultés. Il se peut également que vous n'ayez pas reçu de disquettes lors de l'acquisition de votre ordinateur.

Vous avez allumé le PC, mais les messages présentés dans cet ouvrage n'apparaissent pas sur l'écran. Au lieu de cela vous obtenez l'information suivante :

```
Disque non-système/erreur disque
Remplacez et pressez une touche
```

Solution

Dans un tel cas vérifiez les sources d'erreur suivantes :

1. Avez-vous inséré l'une des disquettes livrées avec le système (par exemple INSTALL) ou bien la disquette de démarrage créée en début d'ouvrage ?

2. Si vous avez installé MS-DOS 6 sur votre disque dur, vous ne devez pas insérer de disquette dans le lecteur lors de l'initialisation.

3. Avez-vous fermé la porte du lecteur ?

4. Avez-vous acheté un PC équipé d'un disque dur ? Si oui, il se peut que le revendeur ne vous ait pas donné de disquettes. Dans ce cas le contenu des disquettes est sans doute enregistré sur le disque dur. N'introduisez pas de disquette et rallumez l'ordinateur. Des messages identiques à ceux présentés dans ce livre devraient apparaître. Par ailleurs, vous n'êtes plus obligé de procéder à l'installation.

Remarque

Votre PC et notre ordinateur peuvent se comporter différemment. Pour cette raison, recherchez le répertoire du disque dur contenant les commandes DOS. Vérifiez ensuite si un chemin a été défini vers ce répertoire.

Panne 2 : *vous êtes perdu dans le DOS Shell*

Problème

Vous vous trouvez dans le DOS Shell, toutefois ce dernier ne réagit pas correctement aux commandes. Vous ne savez donc pas précisément quelle procédure est réellement activée.

Solution

En principe vous pouvez déplacer le sélecteur à l'intérieur du DOS Shell avec **TAB**. Les zones sont activées dans l'ordre suivant : ligne des lecteurs, arborescence des répertoires, liste des fichiers, gestionnaire de programmes. Le titre de la fenêtre activée est affiché en vidéo inverse. Malheureusement les couleurs choisies ne permettent pas toujours de distinguer correctement les différentes zones.

Cependant, en déplaçant un certain nombre de fois le sélecteur avec **TAB**, vous pouvez reconnaître la zone active à quelques détails qui ont été modifiés. Il est toutefois conseillé de choisir un autre affichage d'écran avec la commande **Ecran** du menu **Options** ou de sélectionner une autre combinaison de couleurs avec le point de menu **Couleurs**.

Panne 3 : *apparition d'un message d'erreur lors de la saisie d'une commande*

Problème

Vous souhaitez exécuter une commande, mais le PC affiche invariablement le message suivant :

```
Non prêt : lecture sur unité A
Abandon, Reprise, Echec ?
```

Solution

La disquette insérée dans le lecteur A: ne peut pas être lue. Est-elle déjà formatée ? Si ce n'est pas le cas, insérez une disquette formatée (par exemple votre disquette de démarrage) et appuyez sur **R**. Le cas échéant consultez notre lexique à la fin de cet ouvrage et procédez au formatage de la disquette.

Il se peut également que vous ayez oublié de fermer la porte du lecteur. Verrouillez le loquet et appuyez sur **R** (pour "recommencer").

Panne 4 : *commande inopérante*

Problème

Vous avez saisi une commande, mais le PC ne réagit pas.

Solution

Avez-vous appuyé sur **ENTREE** ? Dans de nombreux cas, cette touche doit être pressée afin que le PC puisse exécuter une commande. C'est également valable lorsque vous créez un fichier avec COPY CON. Après une pression sur **CTRL + Z**, vous devez appuyer sur **ENTREE** pour fermer le fichier.

Toutefois, si le PC ne réagit toujours pas, vous avez peut-être appuyé par inadvertance sur la touche PrtSc (ou ImpEcran), ce qui provoque l'impression d'une page d'écran. La mise sous tension de l'imprimante peut éventuellement résoudre le problème. En cas d'échec insérez une disquette DOS dans le lecteur (si vous n'avez pas installé MS-DOS 6 sur le disque dur) et initialisez le PC en appuyant sur **CTRL + ALT + SUPPR**.

Panne 5 : *Nom de commande ou de fichier incorrect*

Problème

Vous saisissez une commande proposée dans ce livre, mais le message d'erreur suivant apparaît systématiquement :

```
Nom de commande ou de fichier incorrect
```

Solution

Vous devez dans ce cas envisager un certain nombre d'erreurs.

➊ S'il s'agit d'une commande DOS externe enregistrée sur une disquette, vous avez peut-être inséré une mauvaise disquette. Introduisez une disquette DOS dans le lecteur A:, verrouillez le loquet et entrez A:. Saisissez la commande une nouvelle fois.

Si vous avez installé MS-DOS 6 sur disquettes, la commande se trouve sur l'une des disquettes créées. Pour cette raison, examinez avec DIR le contenu de chaque disquette.

➋ La commande souhaitée ne désigne pas une commande DOS, mais un nom de programme. Avez-vous inséré la bonne disquette ? Vous trouvez-vous dans le répertoire adéquat ? Avez-vous introduit la disquette dans le lecteur actif ? Le prompt du PC précise normalement la lettre du lecteur. A:\> désigne le lecteur gauche (ou celui du haut), B:\> le lecteur droit (ou celui du bas).

➌ La syntaxe de la commande est incorrecte. Comparez la commande saisie avec la ligne imprimée dans le livre. Tenez compte des espaces. Si vous souhaitez par exemple afficher le contenu d'un répertoire sur l'écran, vous devez saisir la commande :

```
DIR A:
```

et non

```
DIRA:
```

➍ Peut-être avez-vous modifié le chemin de recherche à l'aide de la commande PATH. Lors de chaque modification vous devez à nouveau saisir le chemin complet. Si PATH=C:\DOS;C:\WORD représente le chemin actif, vous ne devez pas entrer :

```
PATH C:\WORKS
```

afin d'ajouter le chemin C:\WORKS, car seul ce répertoire (outre celui qui est actif) serait examiné par MS-DOS lors de la recherche de programmes et de commandes. Vous pouvez visualiser le chemin actif avec PATH (sans paramètres). Le répertoire contenant les commandes MS-DOS devrait être déclaré.

Panne 6 : *la saisie accidentelle d'une commande*

Problème

Vous avez entré par inadvertance FORMAT A:. Or la disquette DOS (que vous ne souhaitez pas formater) est insérée dans le lecteur A:. Malheureusement vous ne disposez pas de disquette vierge que vous pourriez introduire à la place de la disquette système.

Solution

Retirez la disquette et appuyez sur **CTRL + C**. Un accent circonflexe suivi de la lettre C (^C) devrait à présent apparaître sur l'écran. La commande FORMAT est interrompue.

Vous pouvez par ailleurs interrompre presque toutes les commandes DOS de cette manière.

Panne 7 : *permutation des caractères A et Q*

Problème

Vous essayez d'entrer les commandes présentées dans cet ouvrage, mais lors d'une pression sur la lettre A un Q apparaît. Insérez la disquette DOS "SYSTEME" dans le lecteur et entrez :

```
KEYB FR
```

Appuyez sur **ENTREE**. Le témoin du lecteur s'allume brièvement, cette erreur ne devrait plus se produire. Cette ligne a signalé au PC que vous souhaitiez travailler avec un clavier français. Ajoutez le cas échéant la commande dans votre fichier AUTOEXEC.BAT.

Remarque : Lors de l'installation de MS-DOS cette commande est automatiquement enregistrée dans AUTOEXEC.BAT.

Parfois l'erreur est due au fait que le fichier KEYBOARD.SYS ne peut être trouvé alors que la commande KEYB est exécutée dans AUTOEXEC.BAT. A cet effet, KEYBOARD.SYS doit être enregistré dans le répertoire actif ou un chemin d'accès doit être défini. Si KEYB.COM et KEYBOARD.SYS sont présents dans le répertoire racine, la ligne de commande suivante doit normalement suffire :

```
KEYB FR
```

Mais si les deux fichiers sont enregistrés dans le sous-répertoire C:\DOS, vous devez entrer :

```
C:\DOS\KEYB FR,,C:\DOS\KEYBOARD.SYS
```

Panne 8 : *notre guide est incomplet*

Problème

Les nombreuses saisies d'une commande consignée dans le livre provoquent invariablement l'apparition du même message d'erreur. Vous avez examiné notre guide mais l'erreur demeure.

Solution

Consultez le lexique, car les procédures les plus importantes y sont répertoriées. Si la commande est décrite sous une autre forme, essayez de la saisir une nouvelle fois.

Panne 9 : *vous ne parvenez pas à interrompre l'exécution d'une commande*

Problème

Vous ne pouvez pas interrompre les commandes DOS en appuyant sur **CTRL + C**. Prenons un exemple : vous avez rédigé un long document et vous souhaitez l'examiner avec :

```
COPY texte CON
```

Cela fonctionne remarquablement, toutefois vous ne pouvez pas suspendre l'édition du texte sur l'écran. Vous savez que de nombreuses opérations peuvent être interrompues avec **CTRL + C**. Or cette combinaison de touches ne produit aucun effet. Bien au contraire, au bout de quelques instants le PC commence à émettre de curieux bruits et l'affichage est perturbé.

Solution

Attendez la fin de l'édition du fichier ou effectuez un redémarrage à chaud. Entrez ensuite BREAK ON et examinez une nouvelle fois le document sur l'écran. Vous pouvez à présent interrompre l'affichage sans aucun problème avec **CTRL + C**. Le cas échéant ajoutez cette commande dans votre fichier AUTOEXEC.BAT.

Panne 10 : *les fichiers ne sont pas copiés dans le répertoire souhaité*

Problème

Vous avez créé plusieurs sous-répertoires. Vous copiez à présent un fichier du lecteur A: vers le lecteur C:. Mais par la suite vous ne le retrouvez pas ou vous constatez que le PC a copié le fichier dans un autre répertoire.

Solution

Vous avez vraisemblablement choisi un sous-répertoire comme répertoire actif alors que vous vouliez effectuer la copie dans le répertoire principal. Si vous entrez la commande :

```
COPY A:fichier C:
```

le PC ne copie pas obligatoirement le fichier dans le répertoire racine. Pour définir ce dernier comme répertoire cible, vous devez entrer :

```
COPY A:\fichier C:\
```

Vérifiez quels sont les répertoires actifs (pour chaque lecteur). A cet effet utilisez CD ou

```
PROMPT $P$G
```

Le DOS affiche ainsi constamment le répertoire et le lecteur actifs. Si vous précisez simplement la lettre du lecteur (par exemple A:), le DOS prend en considération le répertoire actif de ce lecteur.

Panne 11 : *vous ne trouvez pas un programme ou un fichier*

Problème

Vous savez qu'un fichier déterminé (ou un programme) est enregistré sur le disque dur. Toutefois, vous ne le trouvez pas en raison de la structure complexe des répertoires.

Solution pour le DOS Shell

Activez la commande **Rechercher** du menu **Fichier**. Entrez ensuite le nom du fichier ou du programme. Si vous ne vous souvenez plus du nom, vous pouvez remplacer la partie inconnue par un astérisque "*". Veillez à ce que le champ *Rechercher dans tout le disque* soit activé. Après une pression sur **ENTREE**, le DOS Shell affiche la liste de tous les fichiers adéquats (en précisant le chemin complet).

Solution pour l'interpréteur de commande

Pour trouver un fichier à partir de l'interpréteur de commande, vous n'avez pas besoin d'appeler le DOS Shell. Activez le répertoire racine du support de données souhaité avec CD\. Entrez ensuite la commande DIR en ajoutant le paramètre /S. Par conséquent, si vous désirez rechercher le fichier LIVRE.DOC, saisissez la ligne de commande :

```
DIR LIVRE.DOC /S
```

Si vous ne vous souvenez plus du nom, vous pouvez utiliser un astérisque "*" :

```
DIR LI*.DOC /S
```

La commande DIR affiche ensuite tous les répertoires contenant les fichiers recherchés.

Panne 12 : *le gestionnaire de fichiers ne crée pas de nouveau répertoire*

Problème

Vous aimeriez créer un nouveau répertoire dans le DOS Shell à l'aide du point de menu **Fichier/Créer un répertoire**. Mais MS-DOS n'accepte pas le nom saisi et affiche :

```
Accès refusé
```

Solution

Vous avez essayé d'entrer un nom déjà réservé pour un autre répertoire. Par conséquent, avant de créer un nouveau répertoire, examinez les répertoires déjà présents. Il peut également exister un fichier ayant un nom identique au répertoire souhaité. Vous devez donc consulter la liste des fichiers.

Panne 13 : la simulation d'un second lecteur est impossible

Problème

Vous souhaitez copier le contenu d'une disquette sur une autre, mais vous ne possédez qu'un seul lecteur. A cet effet, vous avez sélectionné le groupe de programme "Utilitaires disque" dans le DOS Shell et vous chargez le programme "Copie de disquette". Dans la boîte de dialogue, vous acceptez la valeur par défaut "A: B:" en appuyant sur **ENTREE** et vous vous trouvez maintenant dans l'interpréteur de commande.

Vous êtes invité à insérer la disquette source dans le lecteur A et la disquette cible dans le lecteur B. Vous supposez que votre ordinateur peut simuler un second lecteur bien qu'il n'en dispose que d'un seul. Vous insérez donc la disquette source dans le lecteur, puis vous appuyez sur **ENTREE**. Jusqu'à cet instant, il ne se produit rien d'exceptionnel. Mais dès que le PC essaie d'écrire sur la disquette cible, un message d'erreur apparaît. Cela signifie que votre ordinateur n'est pas en mesure de simuler un second lecteur.

Solution

Retournez sous le DOS Shell et lancez une nouvelle fois le programme *Copie de disquette*. Modifiez ensuite le paramètre par défaut : "A: B:" est remplacé par "A: A:". Vous ne devriez plus à présent rencontrer de difficultés.

Panne 14 : *le lancement d'un programme à partir du DOS Shell est impossible*

Problème

Vous vous trouvez dans le DOS Shell et vous lancez un programme personnel. Toutefois le message *Nom de commande ou de fichier incorrect* apparaît dans l'interpréteur de commande à la place du programme souhaité.

Solution

Lors de l'élaboration du programme, vous avez sans doute commis une erreur en saisissant la commande. Sélectionnez votre programme dans le DOS Shell et activez l'option **Propriétés** du menu **Fichier**. Dans une boîte de dialogue, vous pouvez maintenant modifier le programme. Vous devez également veiller à ce que, dans la ligne **Commande**, n'apparaissent que des commandes DOS présentées dans les quatre premiers chapitres de cet ouvrage. Vous devez en outre fréquemment préciser le chemin d'accès au programme souhaité (à moins que vous ne l'ayez effectué auparavant avec la commande PATH).

Panne 15 : *après le lancement de programmes à partir du DOS Shell des problèmes apparaissent*

Problème

Vous lancez des programmes à partir du DOS Shell en les activant dans le gestionnaire de fichiers ou dans le gestionnaire de programmes (à l'aide de la ligne de commande **Ouvrir**).. Mais une curieuse image apparaît ensuite et le PC ne réagit plus partiellement à vos ordres.

Solution

Certains programmes ne doivent pas être chargés à partir du DOS Shell car ils ne se comportent pas comme vous l'escomptiez. En fait, il s'agit surtout de programmes résidant en mémoire après leur interruption (DOSKEY, APPEND, FASTOPEN, PRINT, etc). Lancez de tels programmes dans le fichier AUTOEXEC.BAT avant l'appel du DOS Shell.

Panne 16 : *l'écran est effacé trop rapidement*

Problème

Vous avez créé un fichier batch. Lors de son traitement des informations sont affichées sur l'écran. Cependant, lorsque vous lancez ce fichier à partir du DOS Shell, le PC n'attend pas que vous ayez examiné toutes les données éditées. En effet, il efface immédiatement l'écran et retourne dans le DOS Shell.

Solution

Insérez la commande PAUSE dans la dernière ligne de votre fichier. Cette commande ne peut être utilisée que dans un fichier batch. Elle provoque l'apparition du message suivant :

```
Appuyez sur une touche pour continuer ...
```

Le PC attend à présent que vous appuyiez sur une touche avant de retourner dans le DOS Shell. Lorsque vous ajoutez de nouveaux programmes dans le DOS Shell, vous pouvez activer l'option *Pause après sortie*. Le DOS Shell devra attendre, après la fin du programme, qu'une touche soit pressée avant d'effacer l'écran.

11.3. Lexique

Le lexique suivant doit vous apporter de l'aide lorsque vous recherchez une solution rapide à un problème. Il est organisé de manière à répondre à de nombreuses questions. Les renvois vous conduisent au coeur de l'information.

Le lexique a été en premier lieu conçu pour quelqu'un qui a parcouru cet ouvrage pas à pas. Vous pouvez rapidement le consulter lorsque vous êtes "bloqué".

D'autre part, il est censé permettre à ce livre de demeurer une source d'informations lorsque vous serez familiarisé avec l'univers du DOS. Vous pourrez le consulter sens reprendre l'étude détaillée des chapitres.

Ce lexique se veut également explicite. Par conséquent, les concepts seront parfois présentés plus simplement qu'ils ne le sont en réalité. Ceux d'entre vous qui désirent approfondir le sujet pourront consulter des ouvrages plus techniques.

ALT

La touche **ALT** est une touche spéciale du clavier PC. Elle est située le plus souvent à gauche de la barre d'espacement. Elle permet, par exemple, l'affichage de caractères particuliers : le backslash (**ENTREE = ALT + 9 2**), le symbole "Pipe" (**ENTREE = ALT + 1 2 4**), etc. A cet effet, vous devez appuyer successivement sur les touches adéquates du pavé numérique, tout en maintenant **ALT** enfoncée. Le pavé numérique doit être en outre activé avec **Num** (caractérisé par un petit voyant lumineux).

Arborescence

L'image d'un arbre est utilisée pour expliquer l'enregistrement de fichiers sur des disquettes ou sur le disque dur. Le répertoire principal représente les racines, les sous-répertoires les branches et les fichiers les feuilles. D'autres branches peuvent croître : dans les sous-répertoires peuvent être enregistrés d'autres sous-répertoires ou d'autres fichiers.

ASCII (fichiers)

Par "fichiers ASCII" on désigne le plus souvent des fichiers de texte immédiatement "déchiffrables". De nombreux traitements de texte sauvegardent, outre le texte, des informations supplémentaires (mise en forme, etc). Lorsque vous essayez d'examiner un tel fichier avec TYPE, vous apercevez de curieux caractères sur l'écran (c'est également le cas en ce qui concerne les fichiers programmes).

Les fichiers ASCII ne se composent que de lettres, de chiffres et de signes de ponctuation. Lorsque vous saisissez par exemple un petit texte avec l'éditeur, celui-ci est automatiquement sauvegardé au format ASCII.

ASCII (caractères)

ASCII est l'abréviation de "American Standard Code for Information Interchange". Définie les conventions associant un nombre à un caractère. En effet, notre PC ne manipule que des nombres et il doit donc convertir en nombre tout caractère qui lui est transmis à partir du clavier ou d'un autre périphérique. Les chiffres par exemple commencent à partir du nombre 49 (**ALT + 4 + 9**=1), les lettres à partir du nombre 65 (**ALT + 6 + 5**=A).

AT

AT est l'abréviation de "Advanced Technology". Il s'agit pour ainsi dire du grand frère du PC. Il est équipé d'un processeur plus puissant (80286), sa vitesse de traitement est plus élevée. Il est également caractérisé par une RAM plus importante et un lecteur "haute densité".

A l'exception de quelques particularités les procédures décrites dans cet ouvrage sont également valables pour un AT. Il peut y avoir des différences lors de l'affichage des messages sur l'écran (par exemple après la mise sous tension) et lors du formatage des disquettes. Ces dernières ont une capacité de stockage beaucoup plus importante. Pour formater une disquette de 360 Ko, vous devez entrer :

```
FORMAT A: /4
```

L'AT est devenu un standard depuis longtemps.

AUTOEXEC.BAT

Fichier contenant une série d'instructions qui sont exécutées les unes après les autres. Lorsque vous allumez votre PC, le fichier AUTO-EXEC.BAT est automatiquement exécuté.

Ce fichier est en fait un "fichier batch" particulier. Comme ces derniers il peut être appelé directement, il sera alors exécuté une nouvelle fois.

Backslash ou antislash

Il s'agit d'un caractère particulier (\) qui n'apparaît pas en règle générale directement sur votre clavier. Maintenez la touche **ALT** enfoncée, puis appuyez successivement sur **9** et **2**. Lorsque vous relâchez la touche **ALT**, cette barre oblique apparaît sur l'écran. Le backslash est essentiellement utilisé pour séparer le répertoire et les sous-répertoires lors de la déclaration d'un nom de chemin.

Backspace

Désigne la touche située au-dessus de **ENTREE** et caractérisée par une flèche orientée vers la gauche. Elle permet l'effacement du caractère placé devant le curseur.

Barre de menus

La barre de menus de l'interface graphique de MS-DOS 6 est située sur le bord supérieur de l'écran. En règle générale les menus sont sélectionnés dans cette barre.

BASIC

Le BASIC est un langage de programmation. Contrairement aux programmes d'application qui n'apportent qu'une solution à un problème donné et qui ne peuvent pas être modifiés (par exemple un traitement de texte), les langages de programmation peuvent résoudre de nombreux problèmes. Pour cela ils disposent d'un grand nombre d'instructions. Le BASIC triomphe auprès de nombreux utilisateurs car il est d'un apprentissage très simple. Le programme QBasic est livré avec MS-DOS 6.

Baud

Unité de mesure de la vitesse de transmission de données par l'intermédiaire du téléphone : 1 bit par seconde.

Binaire

"Binaire" désigne un mode de représentation composé de deux chiffres (0,1), les bits. Contrairement au système décimal composé de dix chiffres (0-9), le système binaire est adapté à l'architecture interne d'un ordinateur. Les nombres en système binaire sont composés d'une grande quantité de chiffres (plus qu'en système décimal).

Voici quelques exemples de nombres binaires :

Décimal	binaire
0	00000000
1	00000001
2	00000010
10	00001010
100	01100100
255	11111111

BIOS

BIOS est l'abréviation de "Basic Input and Output System". Ce terme désigne le programme de base résidant dans la mémoire morte de l'ordinateur. Ce programme effectue par exemple l'examen interne de l'ordinateur (mémoire et périphériques connectés). Il veille en outre à ce que le système d'exploitation MS-DOS soit trouvé sur un support de données (disquette ou disque dur), puis chargé.

Bit

Un bit représente la plus petite unité en système binaire. Il ne peut prendre que deux états (0,1) et donc ne sauvegarder que deux informations différentes. Plusieurs bits doivent être regroupés en octet pour stocker un caractère.

Booter

"Booter" signifie charger un système d'exploitation. Afin que votre PC puisse être "booté" (=initialisé) à partir d'une disquette ou du disque dur, deux fichiers "cachés" et COMMAND.COM doivent être présents dans le répertoire racine.

BREAK

L'exécution d'un programme est interrompue par une pression simultanée sur **CTRL** et **C**. Maintenez la touche **CTRL** enfoncée, puis appuyez sur **C**. Vous pouvez par exemple interrompre le défilement du contenu d'un répertoire sur l'écran (DIR). Dans le cas de certains logiciels professionnels, cette possibilité d'interruption a été toutefois supprimée afin que le programme puisse s'achever sans perte de données.

MS-DOS ne contrôle pas constamment l'activation de cette combinaison de touches. Si vous le souhaitez, entrez à la suite du prompt la commande BREAK ON (qui ralentit le traitement). BREAK OFF désactive la vérification. Vous pouvez naturellement déclarer le paramètre correct dans AUTOEXEC.BAT.

Capacité de la mémoire

Désigne la quantité de données que l'ordinateur peut stocker et gérer d'une manière interne. 640000 à 1000000 caractères (1 Mo = 1024 Ko) représentent des valeurs usuelles pour un PC. Les ordinateurs équipés de processeurs particulièrement puissants sont également dotés d'une RAM de 2048 ou 4096 Ko.

En ce qui concerne les disques durs, on parle fréquemment de la capacité de stockage disponible (40 Mo au minimum, à l'heure actuelle entre 80 et 120 Mo, certaines applications particulières nécessitant même des capacités supérieures).

Cartes graphiques

Les possibilités graphiques d'un PC sont tributaires de la carte graphique et du moniteur utilisés. La plupart des PC disposent de connecteurs d'extension (slots). Les capacités graphiques d'un ordinateur peuvent donc être améliorées par l'achat ultérieur d'une carte graphique de meilleure qualité. Malheureusement dans la plupart des cas l'acquisition d'un nouveau moniteur est également indispensable. Les cartes graphiques les plus connues sont les suivantes : Hercules, CGA, EGA et VGA.

Cartes d'extension

Ce terme désigne les éléments amovibles d'un PC (composés d'un circuit imprimé et de composants électroniques). Les cartes d'extension sont actives dès qu'elles sont insérées dans les slots prévus à cet effet.

CD (=Change Directory)

La commande CD vous permet d'activer un répertoire. Le PC recherche les fichiers dans le répertoire actif, lorsqu'un chemin n'a pas été défini. Un répertoire actif peut être défini pour chaque lecteur. Si vous ne précisez que le lecteur, le DOS accède automatiquement au répertoire actif.

CD Nom

CD suivi d'un nom active le sous-répertoire "Nom". Ce dernier doit être enregistré dans le répertoire actif. Dans le cas contraire vous devez préciser le chemin complet.

CD..

CD.. vous permet de retourner dans le répertoire de niveau supérieur (lorsqu'il existe). Vous pouvez par conséquent vous déplacer immédiatement avec cette commande. Lorsque le répertoire racine est actif, la saisie de l'instruction CD.. provoque l'affichage du message "Répertoire non valide".

CD\

Vous retournez directement dans le répertoire principal.

CGA

La carte CGA (Color-Graphics-Adapter) est une carte graphique basse résolution (=nombre de points affichables). Elle ne se prête guère au traitement de texte. Toutefois elle est employée sur les ordinateurs portables à écran LCD. Le CGA représentant la solution bon marché pour afficher des graphiques en couleur, cette carte est donc utilisée pour les logiciels de jeu. Les écrans EGA et VGA sont caractérisés par une qualité d'affichage supérieure.

Changer de répertoire (CD)

Pour changer de répertoire dans l'interpréteur de commande, vous pouvez utiliser CD.. ou CD Nom. Vous pouvez également déclarer le chemin complet.

Dans le DOS Shell vous pouvez activer un répertoire en positionnant le sélecteur sur l'élément souhaité dans l'arbre des répertoires. Le cas échéant vous devez afficher l'arbre intégral en sélectionnant l'option "Afficher tous les niveaux" du menu "Arbre".

CHKDSK (=Check Disk)

La commande CHKDSK vérifie les disquettes ou le disque dur. Le nom du support de données, la date et l'heure du formatage sont indiqués. Vous obtenez en outre le type et le nombre de fichiers, la capacité totale ainsi que la place encore disponible. Les deux dernières informations précisent la RAM totale et la mémoire non utilisée. Notez que la commande SCANDISK est beaucoup plus performante que CHKDSK.

Clavier

A partir de la version 3.3 de MS-DOS, la commande KEYB FR définit le clavier français. La ligne suivante doit être en outre enregistrée dans CONFIG.SYS :

```
COUNTRY=033,,C:\DOS\COUNTRY.SYS
```

(en supposant que ce fichier soit présent dans le sous-répertoire \DOS). Si COUNTRY.SYS se trouve dans le répertoire racine, vous pouvez naturellement omettre la déclaration du chemin.

COM1

Désigne la première interface série du PC, à laquelle est connectée le plus souvent une souris (ou un modem).

COMMAND.COM

Le programme COMMAND.COM est habituellement enregistré dans le répertoire principal du disque dur. Il établit la communication entre l'utilisateur et l'ordinateur en acceptant les entrées clavier. Certaines commandes (comme DIR par exemple) sont immédiatement identifiées par COMMAND.COM et elles sont exécutées à l'aide des fonctions du système d'exploitation. Les autres instructions sont interprétées comme étant des noms de programmes. Les applications correspondantes sont alors chargées dans la mémoire de travail à partir de la disquette ou du disque dur. Après l'exécution du programme, COMMAND.COM reprend à nouveau le contrôle de l'ordinateur et attend une nouvelle saisie.

Commandes internes

Les commandes internes du DOS sont chargées en mémoire lors du lancement de MS-DOS. Elles sont donc disponibles à tout moment.

Les commandes internes abordées dans cet ouvrage sont les suivantes : CD, CLS, COPY, DATE, DEL, DIR, ECHO, MD, PATH, PROMPT, RENAME, RD, TIME et TYPE.

Commandes externes

Les commandes externes ne sont pas sauvegardées en mémoire. Elles sont en effet enregistrées sur la disquette DOS ou sur le disque dur. FORMAT et DISKCOPY sont les plus connues et les plus fréquemment utilisées. Les commandes suivantes sont également intéressantes : CHKDSK, LABEL, SORT, SYS et XCOPY.

Compatible IBM

Copie conforme du PC/XT/AT d'IBM (c'est devenu en fait un véritable standard industriel). Bien que les "Compatibles" ne soient pas compatibles à 100% (95% étant cependant le seuil minimum), l'univers PC connaît tout de même une harmonisation tant du point de vue du matériel que des logiciels.

Compatibilité

Ce terme désigne l'adéquation entre le matériel et les logiciels. Plus un ordinateur est compatible, plus il est vraisemblable que les programmes écrits pour l'IBM-PC pourront être utilisés par ce compatible.

CONFIG.SYS

A l'instar de AUTOEXEC.BAT, ce fichier joue un rôle important lors de l'initialisation du PC. CONFIG.SYS contient des instructions particulières qui permettent la configuration de l'ordinateur en fonction du travail souhaité. Par conséquent le système d'exploitation peut être adapté aux différents hardware. Lors de l'installation de MS-DOS un fichier CONFIG.SYS est automatiquement créé.

Configuration

Au sens strict cela représente le plus souvent une connexion de périphériques qui forment ainsi un système informatique complet (Hardware). Dans un sens plus large il est également question d'une adaptation logicielle des périphériques (par exemple la liaison entre un PC et une imprimante par l'intermédiaire d'une interface série).

COPY

Lorsque vous souhaitez copier des fichiers, vous pouvez procéder de trois manières :

❶ Vous copiez un fichier du disque dur sur une disquette. C est le lecteur actif et vous vous trouvez dans le répertoire dans lequel est enregistré le fichier qui doit être copié. La disquette cible est insérée dans le lecteur A:. La commande est donc la suivante :

```
COPY NomFichier A: (ENTREE)
```

ou :

```
COPY C:NomFichier A:
```

Le fichier conserve le nom d'origine.

❷ Vous copiez un fichier sous un nom différent (sans préciser de lecteur/répertoire cible). Vous disposez par conséquent de deux fichiers identiques, seuls les noms sont différents :

```
COPY AncienNom NouveauNom
```

❸ Vous pouvez combiner ces deux options. Un fichier est enregistré sur une disquette sous un autre nom. Par exemple

```
COPY C:LETTRE A:NOUVLETT
```

Lorsque vous utilisez COPY, l'heure et la date de création du fichier ne sont pas modifiées.

COPY avec le DOS Shell

Le DOS Shell vous propose également des procédures de copie de fichiers. A cet effet, le gestionnaire de fichiers doit être activé et le point de menu **Fichier/Copier** appelé. Vous devez auparavant sélectionner le fichier qui doit être copié.

COPY CON NomFichier

Avec COPY CON NomFichier vous pouvez créer un texte et le sauvegarder sous la forme d'un fichier. "NomFichier" désigne un nom de fichier quelconque (huit caractères au maximum). En outre, vous pouvez naturellement ajouter une extension (par exemple .DOC).

Après la saisie de la commande vous pouvez écrire ligne par ligne. Chaque ligne est terminée par **ENTREE**. Vous pouvez corriger des erreurs de saisie en effaçant le(s) caractère(s) avec **Backspace**. Vous ne pouvez pas vous déplacer dans le texte (vous ne pouvez pas revenir à la ligne précédente par exemple). Vous devez par conséquent renoncer à l'emploi des touches de direction avec COPY CON.

Lorsque la saisie est terminée, vous pouvez sauvegarder le texte en appuyant sur **CTRL + Z**, puis sur **ENTREE**. Vous pouvez procéder plus rapidement en pressant **F6**, puis **ENTREE**.

La commande TYPE NomFichier vous permet à tout moment d'examiner sur l'écran le texte sauvegardé.

Vous pouvez également interrompre la saisie en appuyant sur **CTRL + C**.

Le prompt apparaît ensuite sur l'écran et l'ordinateur n'a pas sauvegardé le fichier. Si votre PC n'accepte plus d'entrée clavier lors de l'utilisation de COPY CON, la ligne est trop longue. Dans un tel cas appuyez simplement sur **ENTREE**.

COPY CON PRN

Cette commande transforme votre ordinateur et son imprimante en machine à écrire. Vous saisissez une ou plusieurs lignes, séparées comme à l'accoutumée par une pression sur **ENTREE**. Dès que vous appuyez sur **CTRL + Z** (ou **F6**), puis sur **ENTREE**, toutes les lignes sont imprimées.

Vous pouvez également interrompre COPY CON PRN à tout moment avec **CTRL + C**.

COPY NomFichier PRN (ENTREE)

Cette commande vous permet d'imprimer directement tout fichier de texte sauvegardé. Toutefois le résultat n'est pas toujours satisfaisant. Lorsqu'un fichier est créé avec un programme particulier (traitement de texte, base de données), vous devez utiliser de préférence le point de menu "impression" proposé par cette application.

Correction

Lors d'une saisie sur l'écran vous pouvez effectuer des corrections avec (cette touche, caractérisée par une flèche orientée vers la gauche, est positionnée au-dessus de **ENTREE**). Le caractère placé devant le curseur est effacé. Si vous appuyez sur **SUPPR**, le caractère placé sous le curseur est supprimé.

Les touches de direction simplifient la correction des fautes de frappe. Vous pouvez également appeler l'utilitaire DOSKEY qui facilite considérablement la saisie de commandes.

Couleurs

Vous pouvez modifier la combinaison de couleurs de l'écran avec MS-DOS 6. Avec la commande "Couleurs" du menu "Options" différentes combinaisons de couleurs vous sont proposées dans le DOS Shell. Si vous possédez un moniteur monochrome, vous ne pouvez choisir que des nuances différentes. Vous pouvez sélectionner la combinaison de couleurs souhaitée à l'aide des touches de direction. Validez par **ENTREE**. Si vous ne souhaitez pas changer les couleurs, appuyez sur **ECHAP**.

CPU

Central Processing Unit : processeur

CTRL + C

Vous pouvez interrompre des procédures, par exemple l'édition sur l'écran du contenu d'une disquette.

CTRL + S

Cette combinaison de touches vous permet de suspendre l'édition. Vous pouvez tranquillement examiner les données sans craindre le défilement du contenu de l'écran. Une pression sur une touche quelconque annule **CTRL + S**.

CTRL + Z

Ferme le fichier créé avec COPY CON NomFichier ou COPY CON PRN (valider par **ENTREE**).

CTRL (touche)

Il s'agit d'une des touches les plus importantes de votre clavier. Elle est située à gauche de la touche **ALT**. Elle introduit, en relation avec d'autres touches, d'importants processus (CTRL - combinaisons de touches).

Curseur

Marque mobile (représentée par un trait horizontal) qui précise une position sur l'écran, à partir de laquelle vous pouvez afficher un caractère à l'aide du clavier. Vous pouvez déplacer le curseur à l'aide des quatre touches de direction. MS-DOS ne permet qu'un déplacement horizontal. Toutefois le curseur peut être déplacé dans toutes les directions dans le cas d'un programme BASIC.

Dans le DOS Shell vous pouvez sélectionner des objets à l'aide des touches de direction. Toutefois ce n'est possible qu'à l'intérieur d'une fenêtre. Pour choisir une autre zone, appuyez sur **TAB** ou sur **F10**.

Curseur (touches)

Il s'agit des quatre touches de direction qui permettent le déplacement du curseur. Ces quatre touches sont généralement regroupées sur le clavier (les flèches désignent la direction du déplacement).

DATE

Avec cette commande vous pouvez définir, examiner et modifier la date à tout moment. Cette donnée est importante car elle est enregistrée avec l'heure (TIME) lors de chaque sauvegarde d'un fichier. Grâce à cette date vous pouvez rechercher la version d'un texte (ou d'un programme personnel) la plus récente. Si vous ne disposez pas d'une horloge interne, il est conseillé d'enregistrer DATE et TIME dans le fichier AUTOEXEC.BAT. Lors de la saisie tenez compte du format précisé. Après une pression sur **ENTREE** l'ordinateur accepte la nouvelle date. Si vous appuyez simplement sur **ENTREE**, la date demeure inchangée.

Défilement

Par défilement (ou scrolling) on désigne le processus qui permet le déplacement des données sur l'écran lors de l'édition. Le défilement peut être horizontal ou vertical.

Lors de la saisie de plusieurs lignes de commande, un défilement se produit vers le haut de l'écran lorsque ce dernier est totalement rempli. Le scrolling dans une autre direction est impossible dans l'interpréteur de commande. Toutefois le défilement multidirectionnel est monnaie courante dans les traitements de texte.

DEL

DEL NOM efface le fichier NOM. Vous devez naturellement tenir compte de l'extension (lorsqu'elle existe). Vous pouvez également utiliser un joker : la commande DEL *.BAK supprime par exemple tous les fichiers du répertoire actif caractérisés par l'extension BAK. Il s'agit en règle générale des copies de sécurité de vos fichiers de texte, auxquelles vous pouvez renoncer afin de récupérer de la place sur une disquette.

La commande suivante doit être utilisée avec précaution :

```
DEL *.*
```

En effet, elle supprime tous les fichiers du répertoire actif de la disquette ou du disque dur. Afin que l'utilisateur ait tout le loisir de réfléchir à cette procédure, une demande de confirmation apparaît avant l'exécution de la commande. Une fois l'opération confirmée, tous les fichiers sont irrémédiablement perdus.

DEL dans le DOS Shell

Vous pouvez également employer la commande DEL à partir du DOS Shell. A cet effet, activez le gestionnaire de fichiers, puis appelez la commande "Effacer" du menu **Fichier**. Vous devez auparavant sélectionner le fichier que vous souhaitez supprimer.

Désignation du lecteur

Le lecteur se compose d'une lettre et de deux points. Pour définir le lecteur actif, entrez simplement la désignation de lecteur adéquate.

DIR (=Directory)

Le contenu du répertoire actif de la disquette ou du disque dur peut être visualisé avec DIR (**ENTREE**). Le nom du support de données (lorsqu'il existe) est tout d'abord affiché. Tous les fichiers sont ensuite répertoriés. Les informations les caractérisant apparaissent dans l'ordre suivant : nom du fichier (huit caractères au maximum), extension (trois caractères au maximum), taille (en octets), date et heure de la dernière sauvegarde. Vous devez naturellement définir correctement la date et l'heure (avec DATE et TIME) pour que cela ait une quelconque utilité.

Le nombre de fichiers, la place qu'ils occupent ainsi que les octets inoccupés sont finalement précisés en fin de liste.

Si la disquette (ou le répertoire) est vide, un message vous l'indique.

Lorsque les répertoires sont volumineux, le défilement des données sur l'écran est désagréable. Vous pouvez interrompre momentanément le flot des informations en appuyant sur **CTRL + S**. Pour poursuivre l'édition, appuyez sur une touche quelconque. Vous pouvez suspendre une nouvelle fois le défilement d'une manière identique. Si vous souhaitez mettre un terme définitif à l'affichage, appuyez sur **CTRL + C**.

Si un message d'erreur apparaît à la place d'un nom de disquette, vous avez peut-être oublié d'insérer une disquette ou de verrouiller le lecteur.

Dans ce cas fermez le loquet du lecteur ou introduisez une disquette formatée. Appuyez ensuite sur la touche souhaitée. La commande est alors correctement exécutée. Si vous entrez **A** pour Abandon, le prompt est de nouveau affiché.

L'erreur peut être également due au fait que le PC essaie de lire une disquette non formatée. Par conséquent appuyez sur **A**. Vous pouvez ensuite formater la disquette.

DIR/P

Si vous entrez cette commande ("P" = "Page") à la place du simple DIR, le contenu du répertoire est affiché page par page. Vous pouvez ainsi examiner tranquillement les informations éditées sur l'écran. Dès que vous appuyez sur **ENTREE**, la page d'écran suivante apparaît, etc.

DIR/W

Si vous entrez DIR/W ("W" = "Wide", c'est-à-dire "large") à la place de DIR, les noms de fichiers (y compris les extensions) sont édités sur cinq colonnes.

Directory

Mot anglais signifiant répertoire.

Disk Operating System

(abréviation DOS), littéralement Système de gestion de disque.

Disk Utilities

Utilitaires au sens le plus large ; les NORTON Utilities sont les utilitaires les plus connus. Ils vous permettent par exemple de récupérer des fichiers effacés.

DISKCOMP

Cette commande compare deux disquettes le plus souvent créées avec l'instruction DISKCOPY. Vous pouvez ainsi vérifier le résultat de la copie. Si des différences apparaissent, elles sont signalées.

DISKCOPY

Cette commande vous permet de copier des disquettes. Si vous ne possédez qu'un seul lecteur, entrez la commande DISKCOPY A: A:. Vous êtes ensuite invité à insérer les disquettes adéquates.

Si votre PC dispose de deux lecteurs, vous pouvez introduire la disquette source dans le lecteur A: et la disquette cible dans le lecteur B:. Dans ce cas vous devez saisir la commande DISKCOPY A: B:.

Le DOS Shell met à votre disposition l'utilitaire "Copier une disquette" dans le gestionnaire de programmes. Sa fonction est identique.

Disquette de démarrage

Afin que le PC puisse fonctionner, vous devez insérer une disquette de démarrage (lorsque l'initialisation s'effectue à partir du lecteur de disquettes). A cet effet, le système doit être installé sur la disquette lors du formatage (avec la commande FORMAT A: /S, si la disquette est insérée dans le lecteur A:). Il est en outre conseillé d'enregistrer les fichiers AUTOEXEC.BAT et CONFIG.SYS sur la disquette de démarrage.

Disquettes

Par disquettes on désigne de petits supports de données interchangeables. Le PC peut utiliser deux types de disquettes. Celle de 5,25" est encore la plus répandue. Si vous possédez un XT, une telle disquette peut contenir 360 Ko (ce qui correspond environ à 360000 caractères). Cela représente approximativement 180 pages. Vous devez vous procurer des disquettes "double face" et "double densité". Cela signifie tout d'abord que vous pouvez écrire sur les deux faces. La seconde information se rapporte à l'épaisseur de la couche magnétique.

Les AT, les 386, etc, utilisent des disquettes particulières HD (HD = "Haute densité"). Ces disquettes ont une capacité de stockage de 1,2 Mo.

Depuis 1987 sont également apparues les disquettes 3,5". Elles peuvent sauvegarder 720 Ko sur un XT et 1,44 Mo sur un AT. En outre, elles sont beaucoup moins fragiles que les disquettes 5,25".

Ces deux types de disquettes nécessitent un lecteur particulier.

Disquettes 5,25"

Ces disquettes sont très fragiles. Elles doivent toujours être conservées dans leur pochette lorsqu'elles ne sont pas utilisées. La protection de la surface magnétique est primordiale. Vous ne devez en aucun cas toucher cette dernière avec les doigts ou la souiller avec des cendres de cigarette ou du café.

Pour insérer la disquette dans le lecteur, retirez-la avec précaution de son enveloppe. Introduisez-la ensuite dans la fente du lecteur. La face supérieure est reconnaissable au fait que le petit trou rond (le trou d'index) est situé à gauche de l'ouverture centrale. La disquette doit être insérée jusqu'au butoir. Tournez ensuite le loquet de manière à ce que le lecteur soit verrouillé. L'ordinateur ne peut lire les données sauvegardées sur la disquette que si le loquet du lecteur est fermé. Veillez à ce que les disquettes ne soient jamais retournées.

Disquettes 3,5"

Les disquettes 3,5" sont de plus en plus utilisées. Elles ont une capacité de stockage beaucoup plus grande que celle des disquettes 5,25". De plus elles sont moins fragiles étant donné qu'elles sont protégées par une enveloppe en plastique. Les deux types de disquettes nécessitent un lecteur particulier.

La protection en écriture des disquettes 3,5" peut être facilement modifiée à l'aide d'un curseur. Vous pouvez écrire sur la disquette lorsque l'ouverture est obstruée par le petit curseur. Si vous pouvez voir à travers l'ouverture, la disquette est protégée en écriture.

Les disquettes peuvent être conservées dans des boîtes spéciales (que vous pouvez acheter dans le commerce). Les disquettes originales ou contenant des données importantes doivent être sauvegardées (DISKCOPY) et entreposées dans un endroit sûr.

Disque dur

En principe un disque dur ressemble à un lecteur de disquettes qui n'est pas interchangeable. En revanche ils sont dotés d'une capacité de stockage beaucoup plus importante (au moins 40 Mo, c'est-à-dire 40 millions de caractères). Les disques durs sont en règle générale installés dans le PC. Ils sont également très sensibles aux chocs. Par conséquent vous devez les manipuler avec précaution. Si le disque proprement dit est heurté par la tête de lecture, un "headcrash" provoque la perte des données. C'est la raison pour laquelle la sauvegarde des données sur disquettes est très importante (commande MSBACKUP).

La gestion de millions de données représente un véritable casse-tête. Le contenu d'un disque dur devient rapidement illisible si vous ne créez pas de sous-répertoires.

Disquette cible

Lorsque vous copiez des disquettes (COPY et DISKCOPY), la première est appelée disquette source, la seconde (sur laquelle sont transférées les données) disquette cible.

Disquette source

Ce terme est employé lors de la copie de disquettes. Lorsque vous activez la commande DISKCOPY dans l'interpréteur de commande, vous êtes en premier lieu convié à insérer la disquette source. Il s'agit de la disquette contenant les données qui doivent être copiées. La seconde disquette est appelée disquette cible.

Disque virtuel

Un programme vous permet de créer un disque virtuel dans la mémoire de l'ordinateur. En raison de l'absence de mécanisme un disque virtuel est plus rapide, mais il perd toutes ses données lorsque vous éteignez l'ordinateur. La création d'un disque virtuel est particulièrement importante si vous ne possédez qu'un seul lecteur, car vous pouvez y enregistrer les commandes externes du DOS. Si vous définissez un PATH vers le disque virtuel, le DOS pourra constamment y trouver ces commandes.

DOS (MS-DOS)

DOS Shell

Désigne l'interface graphique de MS-DOS 6. Il vous permet d'exécuter les procédures fondamentales inhérentes au PC par l'intermédiaire du système d'exploitation. Contrairement à l'interpréteur de commande vous n'êtes pas obligé de connaître les instructions DOS. En effet, vous disposez d'un écran particulier, à partir duquel vous pouvez sélectionner des éléments à l'aide de la souris ou du clavier. Le DOS Shell vous propose essentiellement une vue d'ensemble sur le contenu des répertoires et des fichiers. Vous pouvez ainsi activer des menus regroupant différentes commandes sélectionnables. Vous pouvez également utiliser un gestionnaire de programmes contenant un certain nombre d'utilitaires livrés avec le système (vous pouvez ajouter des programmes personnels que vous pourrez facilement appeler à tout moment).

Plusieurs solutions s'offrent à vous lorsque vous souhaitez retourner dans l'interpréteur de commande à partir du DOS ShellSélectionnez le programme "Lignc de commande" ou appuyez sur **MAJ + F9**. Vous pouvez ensuite rappeler le DOS Shell à l'aide de la commande EXIT (**ENTREE**).

Sélectionnez l'option "Quitter" du menu **Fichier** ou appuyez sur **ALT + F4**. Vous pouvez à nouveau charger le DOS Shell avec la commande DOSSHELL.

DOSKEY

DOSKEY est un utilitaire particulier qui peut considérablement simplifier la saisie et la modification de lignes de commande. Si vous travaillez fréquemment avec l'interpréteur de commande, il est préférable de lancer DOSKEY à partir du fichier AUTOEXEC.BAT.

Après le chargement de DOSKEY vous pouvez rechercher les lignes de commande déjà saisies avec **ENTREE** et **ENTREE**. Corrigez ensuite une ligne avec **ENTREE**, **ENTREE** et **SUPPR**.

Double densité

Les disquettes ainsi désignées sont caractérisées par une couche magnétique deux fois plus importante que celle des disquettes "simple densité". Vous devez utiliser des disquettes "double densité" avec le PC. L'AT (et suivants) accepte même des disquettes "haute densité" ayant une capacité de stockage beaucoup plus grande.

Double face

Les deux faces de ces disquettes peuvent être utilisées (vous n'avez pas besoin de les retourner) par un PC.

Driver

Un driver (ou pilote) de périphérique est un programme qui assure le fonctionnement d'un périphérique. Ce dernier désigne un objet physique (souris, disque dur, écran) ou virtuel (un disque virtuel par exemple).

En règle générale de tels programmes sont caractérisés par l'extension SYS (pour SYStème). Ils ne peuvent pas être chargés à partir du DOS Shell ou de l'interpréteur de commande. En fait des lignes de commande particulières se rapportant à ces programmes sont enregistrées dans CONFIG.SYS. Elles seront traitées immédiatement après la mise sous tension du PC. Pour plus de renseignements, reportez-vous au chapitre 9.2 "configuration de l'ordinateur".

ECHAP

La touche **ECHAP**, située fréquemment dans le coin supérieur gauche du clavier, est très importante dans le DOS Shell. Elle vous permet, à partir d'un groupe ou d'un programme, de retourner dans le niveau immédiatement supérieur (soit dans le groupe correspondant, soit directement dans le DOS Shell).

ECHO

Cette commande est surtout utilisée dans le fichier AUTOEXEC.BAT et les fichiers batch en général. Si vous entrez en début de fichier :

```
ECHO OFF
```

les autres commandes ne seront pas affichées sur l'écran avant leur exécution. Pour obtenir l'effet inverse entrez :

```
ECHO ON
```

Vous pouvez en outre éditer un texte quelconque sur l'écran avec @prog = ECHO texte

Par conséquent une ligne telle que (le plus souvent placée en fin de fichier) :

```
ECHO L'exécution du fichier est terminée !
```

affiche ce texte sur l'écran avant le prompt.

EDIT

L'éditeur pleine page livré avec MS-DOS s'avère d'une utilisation beaucoup plus aisée. En effet, vous pouvez vous déplacer dans le document à l'aide des touches de direction et modifier le texte à tout moment.

L'éditeur EDIT met à votre disposition des menus et des commandes dont les noms sont très explicites.

Editeur

L'éditeur est un programme qui permet l'élaboration de textes (EDIT par exemple).

Edition

Par "édition" on désigne la création ou la modification d'un texte (Editeur).

EGA

La carte graphique EGA (Enhanced-Graphics-Adapter) est le successeur de la carte CGA. Elle possède une meilleure résolution. Elle allie en effet, un affichage couleur et un mode texte acceptable. Toutefois la carte VGA s'impose de plus en plus à l'heure actuelle.

ERASE

A l'instar de DEL NomFichier, ERASE NomFichier efface un ou plusieurs fichiers (ERASE *.DOC). Comme il n'existe aucune différence entre ces deux commandes, nous avons renoncé à utiliser ERASE dans cet ouvrage en raison de la saisie supplémentaire que cette instruction occasionne.

Erreur générale

```
Non prêt : lecture sur unité A
Abandon, Reprise, Echec ?
```

Ce message apparaît lorsque votre PC ne peut accéder au lecteur de disquettes précisé. Avez-vous inséré une disquette dans le lecteur ? Ce dernier est-il verrouillé ? La disquette insérée est-elle formatée (formatage) ? La meilleure solution consiste à introduire une disquette formatée, à fermer la porte du lecteur et à appuyer sur **A**. Le prompt apparaît ensuite.

Erreur de lecture

Si un message d'erreur apparaît lors d'une demande d'accès à un lecteur, vous avez peut-être oublié d'insérer une disquette (formatée) ou de verrouiller le lecteur. La meilleure solution consiste à introduire une disquette formatée, à fermer la porte du lecteur et à appuyer sur **A**. Le prompt réapparaît ensuite.

Extension

Tout fichier peut être caractérisé par une extension, laquelle est séparée du nom proprement dit par un point. Vous pouvez choisir cette extension librement (abstraction faite de COM, EXE et BAT qui jouent un rôle particulier dans le DOS). Il existe toutefois certaines conventions qui sont entrées dans les usages (DOC désignant par exemple les fichiers de texte).

Les extensions suivantes sont fréquemment utilisées(la liste n'est pas exhaustive) :

BAK :	Copie de sécurité d'un fichier, par exemple dans le cas de EDLIN.
BAS :	Programme BASIC.
BAT :	Fichier batch.
COM :	Fichier programme.(COMmande)
EXE :	Fichier programme.
DOC :	Extension usuelle des fichiers de texte.

Fichier batch

Fichier contenant une série de commandes qui sont traitées après l'appel du fichier dans l'ordre d'insertion. Les fichiers batch peuvent être créés avec COPY CON fichier.BAT ou avec l'éditeur EDIT. Il est important d'attribuer l'extension ".BAT" à ces fichiers.

AUTOEXEC.BAT est le fichier batch le plus fréquemment utilisé. Il est immédiatement exécuté après la mise sous tension de l'ordinateur.

Fichier

Un fichier désigne un regroupement cohérent de données (programme, texte, graphique, etc) enregistré sur une disquette (ou sur un disque dur) et caractérisé par un nom, une extension, une taille et une date de sauvegarde.

Fichiers cachés

Les deux fichiers IBMBIO.SYS et IBMDOS.SYS (ou IO.SYS et MSDOS.SYS) sont des fichiers cachés. Ils sont invisibles, mais ils sont importants lors de l'initialisation (chargement du système et lancement du PC). La commande FORMAT A: /S les copie sur une disquette (ainsi que le fichier COMMAND.COM).

FILE

Mot anglais désignant les "fichiers".

Floppy

Ancien nom du lecteur de disquette. Il est encore répandu dans l'univers des ordinateurs familiaux.

Formatage

Les disquettes vierges doivent être "formatées" avant la première utilisation, c'est-à-dire préparées pour l'enregistrement des données.

Il existe à cet effet, la commande FORMAT A:. Après la saisie de la commande vous devez insérer une disquette dans le lecteur A: et appuyer sur une touche pour commencer le formatage (qui dure à peine une minute). Lorsque le formatage est terminé, vous pouvez attribuer un nom (11 caractères au maximum) à la disquette. Si vous ne souhaitez pas entrer de nom, appuyez sur **ENTREE**.

Un certain nombre d'informations concernant la capacité de stockage de la disquette sont ensuite affichées. Le DOS vous demande finalement si vous souhaitez formater une autre disquette.

Formatage sur un AT

Si vous possédez un AT, vous pouvez utiliser des disquettes "haute densité". Celles-ci peuvent enregistrer 1,2 Mo. Vous ne pouvez pas employer de telles disquettes sur un simple PC. Un AT peut également formater des disquettes de 360 Ko (elles peuvent donc être utilisées sur un PC). A cet effet vous devez ajouter le paramètre /4. Par conséquent, pour formater une disquette de 360 Ko insérée dans le lecteur A: d'un AT, vous devez entrer la commande suivante :

```
FORMAT A: /4
```

Formatage d'une disquette système (FORMAT/S)

Si vous souhaitez créer une disquette de démarrage, les fichiers systèmes doivent être enregistrés sur cette disquette. Ces fichiers "cachés" ne peuvent pas être visualisés avec DIR. Vous avez en outre besoin de COMMAND.COM. Afin que tous ces fichiers soient copiés sur la disquette vierge, vous devez formater cette dernière avec :

```
FORMAT A:/S
```

Vous pouvez naturellement remplacer A par B. Etant donné que la commande FORMAT est une commande externe, vous devez veiller à ce qu'elle soit enregistrée dans un répertoire du disque dur défini par PATH (ou sur la disquette DOS).

Fréquence d'horloge

Un des nombreux critères permettant de déterminer la puissance d'un processeur (et par conséquent d'un ordinateur). Le processeur a une cadence régulière. Celle de l'IBM-PC était de 4,77 MHz, mais aujourd'hui les compatibles utilisent des fréquences d'horloge beaucoup plus élevées (12-16 MHz pour un 80286, 16-33 MHz pour un 80386). Toutefois la vitesse entraîne parfois des problèmes de compatibilité. C'est la raison pour laquelle vous pouvez souvent réduire la vitesse des ordinateurs rapides.

Gestionnaire de fichiers

Le gestionnaire de fichiers est un programme intégré dans le DOS Shell. Il gère tous les fichiers qui sont sauvegardés sur disque dur et sur disquettes. Le contenu du répertoire actif est affiché. Vous pouvez le modifier à tout moment. Les points de menu proposés vous permettent d'obtenir des informations supplémentaires concernant les répertoires et fichiers présents. Vous pouvez ainsi examiner, effacer, renommer ou copier des fichiers.

Groupe

Par groupe on désigne dans le DOS Shell le regroupement de plusieurs programmes. Lorsque le gestionnaire de programmes du DOS Shell est activé, vous vous trouvez automatiquement au niveau du groupe principal. Ce dernier met différents programmes et groupes à votre disposition. Vous pouvez également ajouter d'autres groupes et programmes dans le gestionnaire de programmes.

Hardcopy

Une hardcopy consiste à imprimer à tout moment le contenu actif de l'écran en appuyant sur **ImprEcran** (sur les anciens claviers PC **MAJ**

+ **PRTSC**). Vous pouvez ensuite poursuivre normalement votre travail.

Hardware

Contrairement aux programmes (les Software), le Hardware désigne l'ordinateur proprement dit (unité centrale, clavier, moniteur, lecteurs de disquettes, disque dur).

Head crash

Détérioration du disque dur occasionnée par un contact entre le disque et la tête de lecture/écriture. Un choc (ou un corps étranger) peut en être la cause.

Hercules

Carte graphique monochrome bon marché. En raison de sa haute résolution (720 x 348 points) elle est particulièrement indiquée pour l'affichage de texte.

Horloge intégrée

Les PC-AT, les 80386, etc, possèdent une horloge intégrée. De fait vous n'êtes pas obligé de redéfinir l'heure et la date (avec DATE et TIME) après chaque mise en route du PC. En outre, ces ordinateurs mémorisent, dans leur mémoire alimentée par pile, d'importantes informations concernant les périphériques connectés.

Icône

Une icône désigne un élément caractéristique des interfaces graphiques. Il s'agit d'un petit symbole (placé sur le "bureau" électronique) représentant une fonction ou une chose déterminée. En mode graphique le DOS Shell fait appel à de telles icônes (par exemple dans la ligne des lecteurs).

Imprimer le contenu d'un support de données

Vous pouvez envoyer le contenu d'une disquette ou d'un disque dur vers l'imprimante à l'aide de l'indication >PRN" placée à la suite de la commande DIR. La ligne de commande suivante imprime par exemple le contenu de la disquette insérée dans le lecteur A:.

```
DIR A: >PRN
```

Imprimante

Périphérique indispensable. Toutes les données qui apparaissent sur l'écran peuvent être imprimées. On distingue essentiellement les imprimantes à marguerite, les imprimantes à aiguilles et les imprimantes laser. Une imprimante peut être connectée à une interface série (COM1) ou parallèle (LPT1 ou PRN).

Imprimante laser

Cette imprimante fait appel à un procédé d'impression particulier. Les imprimantes laser sont encore très coûteuses. Mais elles travaillent presque sans bruit et les documents imprimés sont d'une qualité remarquable. Ces imprimantes sont particulièrement employées dans le domaine de la PAO.

Imprimante matricielle

Contrairement aux imprimantes à marguerite qui impriment les caractères en une seule fois selon le principe de la machine à écrire, les imprimantes matricielles dessinent les caractères point par point. Le second procédé est plus rapide car la marguerite doit être tournée jusqu'à ce que la lettre souhaitée apparaisse. Alors que la valeur moyenne d'impression des imprimantes à marguerite est de 50 caractères par seconde, les imprimantes matricielles atteignent sans problèmes une vitesse de 300 caractères par seconde. De plus les imprimantes à aiguilles ont un autre avantage : elles peuvent dessiner des graphiques.

Initialisation à chaud

La manière la plus simple pour initialiser votre PC consiste assurément à couper le courant (initialisation à froid). Lors d'une initialisation à chaud le contenu de la mémoire est effacé et le système est relancé. Toutefois le BIOS n'est pas appelé. Cela signifie donc que l'ordinateur n'examine pas les périphériques connectés, etc. Par ailleurs, outre le gain de temps réalisé, les composants électroniques de l'ordinateur sont moins sollicités. Vous obtenez une initialisation à chaud en appuyant simultanément sur **CTRL + ALT + SUPPR**. Cette combinaison compliquée a été choisie afin d'éviter toute initialisation accidentelle. Mais aujourd'hui la plupart des PC possèdent un bouton RESET qui produit les mêmes effets.

Initialisation à froid

Contrairement à l'initialisation à chaud, l'ordinateur est éteint, puis il est aussitôt rallumé. Vous ne devez utiliser l'initialisation à froid qu'en dernier recours. En effet, cette manipulation peut endommager les composants électroniques de l'ordinateur. C'est la raison pour laquelle il est préférable d'employer la combinaison de touches **CTRL + ALT + SUPPR** en cas de problèmes.

INSTALL (programme)

Désigne un utilitaire qui permet l'installation d'un logiciel. Il s'assure tout d'abord que le programme exploitera d'une manière optimale le hardware (écran, souris ou imprimante). Il vous permet en outre de procéder à des réglages personnels.

En ce qui concerne les AT, un programme INSTALL particulier (détectant le hardware présent) est installé dans la ROM. Ce programme peut être appelé lors de la mise sous tension de l'ordinateur à l'aide d'une combinaison de touches dépendante du BIOS. Cette combinaison est fréquemment indiquée lors du démarrage : "Press Del to run Setup"...

Une réinitialisation peut entraîner la perte de données. De fait appuyez sur **CTRL + C** dans MS-DOS ou activez les options d'interruption proposées par les logiciels (le plus souvent ESC).

Installation

L'installation consiste à configurer un programme ou un système d'exploitation en tenant compte des besoins de l'utilisateur et des caractéristiques de l'ordinateur.

En ce qui concerne MS-DOS 6, vous pouvez l'installer sur disquettes ou sur disque dur. Cette installation est indispensable. En effet, dans le cas contraire le DOS Shell ne serait pas configuré en fonction de la carte graphique présente. En outre, les fichiers MS-DOS doivent être décompressés avant leur utilisation.

Interface graphique

Les interfaces graphiques représentent une forme particulière de saisie des commandes. Alors que dans le DOS (jusqu'à la version 3.3) toutes les instructions étaient entrées à l'aide du clavier, les interfaces graphiques essaient de reproduire une sorte de "bureau".

Les commandes souhaitées peuvent être le plus souvent activées par le déplacement d'icônes ou par la sélection d'une procédure dans un menu. Le DOS 6 met à votre disposition l'interface graphique DOS Shell. Celle-ci peut être appelée à partir de l'interpréteur de commande par l'instruction DOSSHELL. Vous pouvez contrôler l'interface par l'intermédiaire du clavier ou de la souris.

Interface Centronics

Les périphériques sont connectés à votre PC par l'intermédiaire d'interfaces. Ces dernières désignent des prises standard permettant le contact avec le monde extérieur. Il existe deux types d'interfaces : l'interface série (qui divise et transmet les données sous forme de bits) et l'interface parallèle (qui transmet des octets). Une norme unique a été développée pour les deux interfaces : l'interface parallèle Centronics et l'interface série RS-232. La plupart des imprimantes sont connectées à l'interface parallèle. Cette dernière est caractérisée par le terme LPT1 (pour LinePrinTer 1).

Interface parallèle

Point de jonction de l'ordinateur avec le monde extérieur ; la transmission de données vers les périphériques s'effectue en parallèle (8 bits à la fois). La plupart des imprimantes sont connectées à l'interface Centronics. La première interface parallèle est appelée LPT1 ou PRN (la seconde LPT2).

Interface RS-232

Interface série standard permettant la transmission de données bit par bit.

Interpréteur de commande

Dans MS-DOS ce programme s'appelle COMMAND.COM.

Joker

Un joker désigne un signe particulier qui peut remplacer un ou plusieurs caractères.

Il existe deux types de joker :

L'astérisque (*) remplace un nombre quelconque de caractères.

Si vous entrez la commande COPY *.DOC, tous les fichiers caractérisés par l'extension DOC sont copiés. L'astérisque peut être placé en début ou en fin de nom, ainsi que dans l'extension. Il est en fait possible de le placer n'importe où dans le nom du fichier. La commande COPY *.* copie tous les fichiers du répertoire actif.

Si vous ne souhaitez remplacer qu'un seul caractère, vous pouvez utiliser le point d'interrogation.

DIR DUPON? affiche indistinctement les fichiers "DUPOND" et "DUPONT" (lorsqu'ils existent).

Vous ne pouvez pas utiliser de jokers avec certaines commandes qui, par nature, exigent des paramètres précis.

TYPE DUPON?.DOC ou TYPE D*.DOC est impossible.

Joystick

Le déplacement à l'aide des touches de direction ne suffit pas toujours lorsque la rapidité est primordiale (jeux). Avec un joystick vous appuyez simplement sur la manette dans la direction souhaitée. En outre, le joystick autorise des mouvements en diagonale et il possède un "bouton de tir". En résumé l'utilisateur sérieux utilise de préférence la souris à la place du joystick.

KEYB.COM

Programme permettant la définition du clavier national. Pour le clavier français vous devez ajouter le paramètre FR, par conséquent :

KEYB FR

Keyboard

Mot anglais désignant le clavier.

KEYBOARD.SYS

Fichier de configuration du clavier. Le programme KEYB l'appelle pour obtenir par exemple les informations indispensables à la déclaration d'un clavier français. Si ce fichier n'est pas trouvé (parce qu'il ne se trouve pas dans le répertoire actif lors de l'appel de KEYB par exemple), la disposition française des touches est impossible.

Kilo-octet

1024 octets.

Ko

Abréviation de kilo-octet.

LABEL

Avec LABEL A: (ou LABEL C: pour le disque dur) vous pouvez attribuer un nouveau nom (11 caractères au maximum) à la disquette introduite dans le lecteur A:. Contrairement aux noms de fichiers vous pouvez insérer des espaces.

LCD

LCD (Liquid Cristal Display) est un mode d'affichage bon marché, caractérisant les ordinateurs portables. L'image n'est pas produite par un faisceau électronique, mais par des cristaux liquides. L'utilisation d'un écran LCD est limitée par la qualité de l'image et par la nécessité d'une source de lumière additionnelle. Les écrans plasma ont une meilleure résolution, mais ils sont plus onéreux.

Lecteur de disquettes

Le lecteur est un périphérique qui permet au PC de traiter les données sauvegardées sur disquettes. Il existe des lecteurs pour disquettes 5,25" et 3,5". Chaque PC est équipé d'un lecteur au minimum. Lorsqu'un ordinateur ne possède pas de disque dur, il dispose en règle générale d'un second lecteur.

Il existe une hiérarchie entre les deux lecteurs (si le second est présent). Lorsqu'un PC sans disque dur veut accéder au système d'exploitation, il fait appel en premier lieu au lecteur supérieur ou au lecteur gauche (selon l'architecture de l'unité centrale). Celui-ci est reconnaissable au petit témoin lumineux. Il est désigné par la lettre "A". Le second lecteur est appelé "lecteur B:". Le disque dur est caractérisé par la lettre "C". Lorsqu'un PC ne possède qu'un lecteur, ce dernier est également appelé "lecteur A:".

Ces désignations sont importantes car elles vous permettent d'adresser correctement commandes et fichiers. Un lecteur peut être également "actif". Dans ce cas sa lettre apparaît en règle générale dans le prompt affiché sur l'écran.

Lecteur actif

Désigne le lecteur concerné par l'exécution des commandes DOS. En règle générale (et en particulier dans le cas d'ordinateurs équipés d'un seul lecteur) il s'agit du lecteur A:. Si vous possédez deux lecteurs, vous pouvez activer le second avec B:. Si vous disposez d'un disque dur, vous pouvez le sélectionner avec C:. Le lecteur actif est précisé dans le prompt.

Ligne de commande

Par ligne de commande on désigne l'un des deux modes d'accès au système d'exploitation. A la suite du prompt (par exemple "C:\>") vous pouvez entrer des commandes. On différencie dans MS-DOS 6 la ligne de commande de l'interface graphique (le DOS Shell).

Vous pouvez à tout moment passer de l'une à l'autre. La commande DOSSHELL vous permet d'appeler le DOS Shell. Pour retourner dans l'interpréteur de commande, appuyez par exemple sur **F3**.

LPT1

LPT1 (LinePrinTer 1) désigne la première interface parallèle du PC (à laquelle une imprimante est le plus souvent connectée).

MD (=Make Directory)

Commande de l'interpréteur : MD crée un sous-répertoire dans le répertoire actif. Le nom (8 caractères + l'extension) est déclaré après MD. L'extension n'est pas précisée en règle générale.

Par exemple :

```
MD LETTRES
```

Mémoire de travail

La présence de la mémoire de travail (RAM) représente la condition "sine qua non" du fonctionnement d'un PC. Toutes les données (textes, images, programmes) sont traitées dans la mémoire. Les informations contenues dans cette dernière étant perdues lorsque vous éteignez votre ordinateur, les données doivent être auparavant sauvegardées sur disquettes ou sur disque dur (si besoin est).

Par mémoire de travail on désigne en règle générale la mémoire jusqu'à 640 Ko. Au-delà de cette limite la mémoire est dite "étendue".

Mémoires de masse

Les différents supports permettant le stockage durable des données sont appelés "mémoires de masse". Sont essentiellement utilisés : le lecteur de disquettes, le disque dur et le streamer (appareil à bande magnétique permettant l'enregistrement d'une plus grande quantité de données).

Menu

Un menu est composé d'un certain nombre de commandes regroupées sous un terme général. On parle d'un menu car les différentes options peuvent être sélectionnées à l'aide du curseur ou de la souris.

Les menus sont répertoriés dans une barre de menus. C'est le cas notamment dans le DOS Shell, dans EDIT ainsi que dans le programme QBASIC.

Par ailleurs la norme SAA (MS-DOS 6 en est un exemple) s'impose de plus en plus. De fait vous n'éprouverez aucune difficulté lorsque vous utiliserez des programmes tels que WORKS ou WORD 6.

Mode graphique

Contrairement au mode texte qui permet l'affichage d'un nombre déterminé de caractères, en mode graphique une image est représentée sous forme de points. Vous pouvez ainsi élaborer n'importe quel graphique. Toutefois la vitesse d'affichage est moindre. Pour cette raison de nombreuses cartes peuvent utiliser ces deux modes. Le DOS Shell peut également être représenté en mode texte ou en mode graphique. Vous pouvez sélectionner le mode souhaité à l'aide de la commande "mode d'affichage" du menu "Options".

Mode texte

Seuls 256 caractères (ASCII) sont représentés en mode texte. Outre les lettres et les chiffres vous disposez également de signes particuliers et de symboles graphiques.

Moniteur

Désigne l'écran de l'ordinateur.

Monochrome

Désigne un affichage bicolore (noir et blanc par ex.).

MSBACKUP

Avec ce programme vous pouvez réaliser des copies de sécurité de votre disque dur. Les données sont sauvegardées sous une forme compressée. La restauration est également effectuée par cette commande.

MS-DOS

Abréviation de MICROSOFT DISK OPERATING SYSTEM, le système d'exploitation de la société MICROSOFT pour compatibles IBM. Le nom n'est pas très explicite. En effet, MS-DOS gère les lecteurs de disquettes (chargement, sauvegarde, répertoire, etc), mais il se charge également des procédures internes. Le terme de système d'exploitation serait par conséquent plus exact.

Seul le BIOS (Basic Input and Output System) réside physiquement dans l'ordinateur. De fait un PC ne peut pas travailler tant que le système d'exploitation n'est pas chargé. Ce dernier se compose essentiellement d'une liste de commandes auxquelles vous pouvez faire appel si besoin est. Il existe des commandes internes et externes.

Les commandes internes sont chargées en mémoire lors de l'initialisation de l'ordinateur. Elles sont donc disponibles à tout moment. DATE, TIME, PROMPT, CLS, etc sont des instructions internes.

D'autres commandes, telles que FORMAT et DISKCOPY, doivent être chargées avant leur exécution. Il s'agit donc de commandes externes.

Lors de la saisie de commandes MS-DOS vous devez respecter la syntaxe exacte. Chaque instruction se compose de paramètres séparés par des espaces. La commande COPY CON NomFichier est par exemple constituée de trois éléments. C'est la raison pour laquelle le message d'erreur "Trop de paramètres" apparaît lors de la saisie de COPY CON REMARQUE 1. En effet, MS-DOS estime que cette commande se compose de quatre éléments. L'ordinateur ne sait pas que les deux derniers éléments ne représentent pour l'utilisateur qu'une seule et même chose.

Mais MS-DOS peut être également conciliant : il ne fait aucune distinction entre majuscules et minuscules lors de la saisie de commandes.

Depuis MS-DOS 4.0 l'utilisateur dispose d'une interface graphique (le DOS Shell) qui simplifie considérablement le travail (pour les débutants en particulier) avec le système d'exploitation.

Near-Letter-Quality (NLQ)

Procédé employé par les imprimantes matricielles pour améliorer la qualité de l'impression. La ligne est imprimée une seconde fois de manière à ce que les points, à partir desquels l'imprimante crée des caractères, ne soient plus discernables. Toutefois la vitesse d'impression diminue.

Nom de commande ou de fichier incorrect

Ce message signifie que l'ordinateur n'accepte pas la commande saisie à l'aide du clavier. Il ne connaît peut-être pas une telle commande (par exemple DIRE à la place de DIR) ou l'instruction n'est pas enregistrée sur le support de données actif (disquette ou disque dur). En effet, pour appeler la commande FORMAT, vous avez besoin de la disquette DOS (si votre PC ne possède pas de disque dur) ou vous devez définir un chemin vers le répertoire DOS du lecteur C: (PATH). Il se peut également que vous ayez saisi un nom de fichier incorrect.

Nom de fichier

Le nom, sous lequel un fichier est enregistré dans un répertoire, se compose de lettres et de chiffres. Le nom proprement dit contient au maximum huit caractères, l'extension trois caractères. Les caractères blancs sont interdits et sont sources d'erreurs.

Les lettres, les chiffres et certains caractères particuliers (!#$%()&-_) sont autorisés. Les minuscules sont automatiquement converties en majuscules.

+=:;.,<>/\ sont interdits au même titre que les espaces. Ces derniers sont utilisés comme caractère séparateur lors des saisies (et conformément à cela ils ne peuvent pas être insérés dans un nom de fichier).

Outre ces signes non autorisés, il existe d'autres catégories de caractères qui ont une signification particulière et qui par conséquent ne peuvent pas être utilisés comme nom de fichier : CON, AUX, COM1, COM2, PRN, LPT1, LPT2, LPT3, NUL.

Nom de chemin

Le nom de chemin précise la position d'un fichier ou d'un répertoire sur un support de données. Il se compose de la désignation du lecteur et des sous-répertoires (séparés par un backslash). Voici un exemple de nom de chemin se rapportant au fichier TEXTE.DOC:

```
A:\TEXTES\PRIVE\TEXTE.DOC
```

Octet

On appelle octet un ensemble de 8 bits. Alors qu'un bit ne peut prendre que deux états (0 et 1), un octet peut quant à lui sauvegarder 0-255 états. Un caractère est stocké la plupart du temps dans un octet de manière à ce que vous puissiez traduire les nombreuses informations en "nombre de caractères".

Paramètres

Par paramètres on désigne des informations (séparées par des espaces) qui sont déclarées à la suite d'une commande DOS. L'instruction COPY CON NomFichier est par exemple constituée, outre du nom de la commande, des deux paramètres CON et NomFichier. C'est la raison pour laquelle la saisie de COPY CON REMARQUE 1 génère le message d'erreur "Trop de paramètres". En effet, MS-DOS estime que la commande se compose de quatre paramètres.

PATH (=chemin)

Avec PATH vous précisez le répertoire dans lequel le DOS doit rechercher les commandes externes. Sans un tel chemin, seul le répertoire actif serait examiné. PATH sans paramètres affiche les chemins définis. Si vous possédez un disque dur, vous devriez déclarer un chemin vers le répertoire contenant les commandes DOS. Lors de l'installation le DOS 6 effectue automatiquement cette opération.

PC

Abréviation de PERSONAL COMPUTER. Il désignait à l'origine le nom d'un produit IBM créé en 1981. Ce nom indiquait que la nouvelle machine était destinée à un seul utilisateur (à l'inverse des grandes installations informatiques de l'Industrie). Il a ensuite désigné un type d'ordinateurs, les compatibles IBM (qui utilisaient le même système d'exploitation, MS-DOS). Le progrès technologique aidant, des ordinateurs non IBM (ayant les mêmes caractéristiques et parfois une puissance supérieure) ont vu le jour, avec pour point commun l'utilisation personnelle d'un outil informatique.

PC compatible AT

Depuis l'apparition de l'AT le progrès technique s'est poursuivi. Les nouveaux ordinateurs sont des compatibles AT, du moins en ce qui concerne le format des disquettes. Les processeurs sont en effet différents. Alors qu'un PC est équipé d'un processeur 8088 ou 8086, un AT dispose d'un 80286 qui leur confère une plus grande rapidité. Les 386SX et les 386DX sont encore plus puissants. Quant aux 486 ils sont à la pointe de la technologie tant au point de vue de la vitesse que des possibilités offertes.

En fait, seule la compatibilité est véritablement importante car elle permet l'emploi de nombreux programmes. De fait les "vieux" programmes tournent aussi bien sur les 80486 que sur les 8088.

PIPE

Des commandes DOS peuvent être reliées dans l'interpréteur de commande par le symbole PIPE (|). Pour obtenir ce caractère, appuyez sur les touches **1**, **2** et **4** du pavé numérique, tout en maintenant **ALT** enfoncée. Relâchez ensuite la touche **ALT** pour afficher le caractère souhaité.

Point d'interrogation (joker)

Outre l'astérisque qui représente un groupe de caractères, vous pouvez remplacer une lettre par le point d'interrogation.

DIR DUPON?.DOC affiche indistinctement "DUPOND" et "DUPONT" (lorsque les fichiers existent).

Point de menu

On désigne ainsi les sous-menus des menus (les commandes qui sont à la disposition de l'utilisateur).

Processeur

Le processeur est un élément essentiel de l'ordinateur. Il exécute les tâches internes les plus importantes (calculs, transmission et gestion de données). A l'instar des moteurs qui définissent la puissance du véhicule, il existe également plusieurs processeurs caractérisés par des vitesses de traitement différentes.

PROMPT

Par PROMPT on désigne le(s) caractère(s) avec le(s)quel(s) l'ordinateur signale qu'il attend la saisie d'une commande. C'est la raison pour laquelle on parle également "d'indicatif du DOS". Normalement le lecteur et le répertoire actifs, ainsi que le signe > sont précisés. Vous pouvez également modifier le prompt en ajoutant un message par exemple :

```
PROMPT J'ATTENDS UNE ENTREE.
```

Si vous souhaitez afficher l'heure, vous devez entrer : PROMPT $T. Vous obtenez la date avec PROMPT $D. Vous pouvez aussi combiner les deux avec la commande PROMPT $T $D.

Pour redéfinir le prompt initial, entrez PROMPT PG (cette commande est enregistrée dans AUTOEXEC.BAT lors de l'installation du DOS).

Protection en écriture

Vous pouvez protéger vos disquettes en écriture en posant une languette autocollante sur l'encoche des disquettes 5,25". En ce qui concerne les disquettes 3,5", cette protection est assurée par un petit curseur coulissant. Elle est active lorsque l'ouverture est visible. C'est l'inverse dans le cas des disquettes 5,25". Lorsque l'encoche est recouverte, vous ne pouvez pas modifier les données enregistrées sur la disquette. La languette autocollante doit être opaque.

PRTSC (=Print Screen)

La touche PRTSC est située en règle générale à droite sur votre clavier. Lorsque vous appuyez sur cette touche, le contenu de l'écran actif est envoyé vers l'imprimante. Le résultat est appelé hardcopy. Vous pouvez ensuite poursuivre normalement votre travail.

Puce

Une puce est un circuit électronique d'une grande complexité. Le progrès technique a permis la production de composants électroniques stockés sur des supports de quelques centimètres (ce qui explique la puissance de traitement des ordinateurs modernes). Le microprocesseur représente le circuit intégré le plus important de votre PC.

QBASIC

Ce BASIC est livré avec MS-DOS 6.

RAM

Abréviation de RANDOM ACCESS MEMORY, littéralement "mémoire adressable" (les données peuvent être sauvegardées en mémoire, puis à nouveau effacées). Contrairement à la ROM (READ

ONLY MEMORY), les données enregistrées dans la RAM sont perdues lorsque vous éteignez l'ordinateur.

La mémoire est subdivisée en fonction des possibilités d'utilisation (mémoire de travail, mémoire étendue, mémoire paginée, mémoire XMS, mémoire haute). Si vous ne comprenez pas ces termes, adressez-vous à votre revendeur ou à un ami (ou lisez un certain nombre d'ouvrages).

RD (=Remove Directory)

Avec RD vous pouvez supprimer des sous-répertoires dans l'interpréteur de commande. Si le répertoire souhaité n'est pas actif, vous devez préciser le nom de chemin complet, par exemple :

RD A:\TEXTES\PRIVE

RD ne fonctionne, pour des raisons de sécurité, que lorsque le répertoire est vide.

Rechercher et appeler des programmes

Les programmes exécutables (un traitement de texte ou une base de données par exemple) sont caractérisés par les extensions EXE ou COM. Dans l'interpréteur de commande vous pouvez procéder de la manière suivante. Si vous utilisez un joker (DIR *.EXE, etc), tous les fichiers exécutables sont affichés sur l'écran. Le cas échéant vous devez activer le répertoire adéquat. En règle générale le nom du répertoire est identique à celui du programme principal. Ainsi le traitement de texte WORD est vraisemblablement enregistré dans le sous-répertoire C:\WORD, etc. Un programme exécutable est simplement appelé par son nom (sans extension), par exemple WORD.

Dans le DOS Shell il est recommandé d'afficher le contenu du répertoire adéquat et de rechercher le nom du programme dans la liste des fichiers. Si vous ne vous souvenez plus du sous-répertoire contenant le programme, vous pouvez activer un point de menu particulier du DOS Shell : Fichier/Rechercher.

Pour trouver le programme WORD.EXE sur le disque dur, activez la commande **Rechercher** du menu **Fichier**, puis entrez WORD.EXE ou WORD.* comme élément de recherche. Appuyez ensuite sur **ENTREE** pour commencer la recherche. Le DOS Shell répertorie tous les fichiers/programmes trouvés (y compris le nom de chemin complet).

Redirection de l'édition

Avec le signe > vous pouvez envoyer vers un autre périphérique (un fichier ou une imprimante) des données initialement destinées au moniteur.

Redirection des données dans un fichier

A l'aide du signe > vous pouvez diriger des données dans un fichier.

La commande DIR > FICHIER sauvegarde le contenu du répertoire sur le support de données actif (dans le fichier nommé FICHIER). Vous pouvez ensuite examiner le résultat avec TYPE FICHIER ou avec un traitement de texte.

Redirection des données sur l'imprimante

A l'aide du signe > vous pouvez envoyer des données sur l'imprimante. La commande DIR > PRN imprime le contenu du répertoire.

Régler l'heure (TIME)

RENAME

Cette commande vous permet de renommer des fichiers. Déclarez à la suite de l'instruction l'ancien nom de fichier (séparé par un espace), puis le nouveau (RENAME AncienNom NouveauNom).

Si ce nom existe déjà, un message d'erreur apparaît afin d'éviter l'écrasement non intentionnel d'un fichier. En outre, le PC ne peut pas gérer deux fichiers caractérisés par le même nom.

La commande RENAME est également disponible dans le DOS Shell (point de menu **Renommer** du menu **Fichier**).

Renommer un fichier (RENAME)

Renommer une disquette (LABEL)

Répertoire actif

Par répertoire actif on désigne le répertoire auquel le PC se réfère en premier lieu lors de la saisie d'une commande. Entrez DIR, le contenu du répertoire actif est affiché. Lorsque vous utilisez la commande COPY en précisant simplement le nom du fichier, ce dernier est recherché dans le répertoire actif. Vous pouvez activer un répertoire en précisant sa position par rapport au répertoire momentanément actif ou en déclarant le nom de chemin complet. Dans le premier cas vous pouvez employer les commandes CD.. et CD Nom, dans le second cas vous devez définir le lecteur (lettre + deux points) et le chemin vers le répertoire souhaité (les sous-répertoires étant séparés les uns des autres par un backslash).

❶ CD.. sélectionne le répertoire de niveau supérieur.

❷ CD Nom active le sous-répertoire précisé.

❸ CD NomChemin vous permet de basculer entre les différents lecteurs ou répertoires. Si vous souhaitez par exemple sélectionner le répertoire A:\LETTRES\BUREAU à partir de C:\LETTRES\PRIVE, entrez la commande suivante :

```
CD A:\LETTRES\BUREAU
```

Dans le DOS Shell vous pouvez définir le répertoire actif dans l'arbre des répertoires. Le DOS Shell affiche le chemin au-dessus de la ligne des lecteurs, les fichiers correspondants dans la liste des fichiers à droite.

Remarque : Pour la saisie du backslash dans le nom du chemin le pavé numérique doit être activé avec **NumLock**, si l'on utilise **ALT + 9 2**.

Répertoire principal

Le répertoire principal représente le niveau le plus élevé (les racines de l'arbre) de la structure arborescente sur disquette ou sur disque dur. Vous pouvez accéder à ce répertoire racine en entrant la lettre du lecteur, un double point et un backslash. Vous pouvez ainsi afficher le contenu du répertoire principal du lecteur A: avec :

```
DIR A:\
```

Répertoire vide

Un répertoire est vide lorsqu'il ne contient plus aucun fichier ni sous-répertoires. Toutefois deux enregistrements (caractérisés respectivement par un point et deux points) utilisés d'une manière interne par le DOS sont encore visibles.

Répertoire

Un répertoire représente une division d'un support de données. Avant l'apparition du disque dur, tous les fichiers étaient enregistrés dans un seul répertoire. En raison de la capacité de stockage des disques durs une division (structure arborescente) en répertoires fut indispensable. Le répertoire principal peut contenir des fichiers et des sous-répertoires, ces derniers pouvant à leur tour stocker d'autres fichiers et sous-répertoires. La plupart des commandes DOS n'agissent que dans le répertoire actif, lequel peut être défini avec CD.

RESTORE

Avec cette commande vous pouvez restaurer les données sauvegardées auparavant avec BACKUP (version 2.0 à 5.0).

SAA (System Application Architecture)

SAA représente une ligne directrice se rapportant à l'aspect et au maniement des programmes. La création d'une interface utilisateur uniforme et conviviale est le but de cette norme. Cela réduirait sensiblement la période de prise en main d'un programme. Par ailleurs la norme SAA propose également des idées directrices concernant l'échange de données, de manière à ce qu'il y ait une véritable uniformisation entre les différentes applications.

Cette norme apparaît dans la structure du DOS Shell, de QBASIC et de l'éditeur EDIT (ce qui simplifie les premiers pas des débutants).

Sauvegarde de données

La sauvegarde de données est un thème important. Vous devriez sauvegarder sur disquettes tous les fichiers enregistrés sur le disque dur. En cas de perte de données, vous pourriez ainsi recourir à cette sauvegarde. MS-DOS vous propose la commande MSBACKUP pour la sauvegarde de fichiers et de répertoires. Pour restaurer les données, vous devez également utiliser cette instruction.

SHIFT

La touche SHIFT (caractérisée par une flèche pointée vers le haut) vous permet de saisir des lettres majuscules, comme sur une machine à écrire.

Slot

Désigne un connecteur d'extension. Vous pouvez insérer des cartes d'extension qui améliorent les performances de votre ordinateur. Toutefois certains PC ne possèdent pas de tels connecteurs, ce qui rend impossible tout ajout de périphériques supplémentaires.

Software

On désigne ainsi les programmes utilisés par l'ordinateur, par conséquent le système d'exploitation et les pilotes de périphériques. Les traitements de texte, les bases de données, etc, représentent les software (ou logiciels) les plus importants.

Souris

Outre le clavier, la souris représente l'outil de saisie le plus important. Le curseur n'est pas déplacé à l'aide des touches de direction, mais il suit le mouvement d'une petite flèche sur l'écran. Vous pouvez par conséquent vous déplacer beaucoup plus rapidement sur la surface de travail. Par ailleurs la souris possède le plus souvent un à trois boutons, à l'aide desquels vous pouvez déclencher des actions sur le "bureau". La souris est fréquemment utilisée dans les programmes de dessin et les interfaces graphiques. Par conséquent elle joue un rôle important dans MS-DOS 6 (DOS Shell).

Sous-répertoire

Ce terme n'est pas très précis. Il désigne le plus souvent un répertoire à l'intérieur d'un autre répertoire. S'il existe par exemple un nom de chemin C:\TEXTES\PRIVE\AFFAIRES, PRIVE est le sous-répertoire de TEXTES et AFFAIRES un sous-répertoire de PRIVE.

Supprimer des fichiers (DEL)

Suppression d'un répertoire (RD)

SYS

Avec la commande externe SYS vous pouvez transférer ultérieurement le système d'exploitation sur le disque dur ou sur une disquette. Toutefois il existe une condition préalable : la disquette doit être formatée et il faut qu'il y ait la place pour le système (formatage d'une disquette système). Le lecteur doit être déclaré à la suite de SYS.

SYS transfère deux fichiers cachés (IBMBIO.SYS et IBMDOS.SYS ou IO.SYS et MSDOS.SYS). Ceux-ci sont invisibles, mais ils sont importants lors de l'initialisation (chargement du système et lancement du PC). Outre ces deux fichiers, COMMAND.COM doit être également présent. La commande FORMAT A: /S effectue automatiquement cette opération.

Système d'exploitation

C'est le programme qui permet à l'utilisateur d'établir le contact avec l'ordinateur par l'intermédiaire du clavier. Le système d'exploitation peut être chargé à partir d'un support de données (disque dur ou disquette) ou être déjà installé dans l'ordinateur. Un système d'exploitation chargeable à partir d'un support de données a le grand avantage de pouvoir être perfectionné et enrichi.

TAB

La touche TAB est située le plus souvent sur le bord supérieur gauche du clavier. Elle est fréquemment caractérisée par deux flèches de sens contraire. Dans le DOS Shell on l'utilise pour activer les différentes zones.

Terminal

Un terminal se compose d'un clavier et d'un écran. Contrairement aux autres périphériques, le terminal (CON) dispose de deux éléments distincts pour les entrées et les sorties. Une sortie CON est envoyée vers l'écran, une entrée CON provient du clavier.

TIME

A l'aide de cette commande vous pouvez régler l'heure à tout moment. Cette donnée est importante car elle est enregistrée avec la date lors de la sauvegarde d'un fichier. Vous pouvez par conséquent retrouver, grâce à ces deux informations, la version la plus récente d'un texte ou d'un programme.

Lorsque vous entrez TIME, l'heure du système apparaît sur l'écran et vous êtes invité à saisir la nouvelle heure. L'ordre exact de la saisie est le suivant : heures, minutes, secondes. Vous pouvez cependant renoncer à une certaine précision (la partie négligée étant placée sur 0).

Après une pression sur **ENTREE** l'ordinateur accepte la valeur déclarée.

Touches de fonction (dans l'interpréteur de commande)

En règle générale les touches de fonction peuvent vous aider lors de la saisie. F1 affiche sur l'écran la dernière commande saisie, une lettre après l'autre.

F3 édite la dernière commande sur l'écran. Vous pouvez ainsi facilement corriger une erreur à l'aide des touches de direction.

Vous pouvez également combiner ces deux possibilités : appuyez sur F1 jusqu'à ce que la faute apparaisse. Remplacez ensuite le caractère incorrect, puis ajoutez les dernières lettres avec F3.

F6 affiche le caractère ^Z sur l'écran. Cela simplifie ainsi la fin de l'instruction COPY CON Fichier.

Touches de fonction (dans le DOS Shell)

Dans le DOS Shell vous pouvez également employer les touches de fonction :

Avec F1 vous pouvez afficher un texte d'aide.

Avec F3 vous pouvez activer l'interpréteur de commande. Pour retourner dans le DOS Shell, vous devez entrer la commande DOSSHELL.

L'interpréteur de commande est appelé par la combinaison de touches MAJ + F9. Dans ce cas vous devez saisir la commande EXIT pour retourner à nouveau dans le DOSSHELL.

La barre de menus est activée avec F10.

Touche ENTREE

La touche **ENTREE** est généralement située à droite sur le clavier (elle est plus grande que les autres touches). Appuyez sur cette touche pour signaler à l'ordinateur qu'il doit exécuter la commande saisie (par exemple DIR). Dans le DOS Shell elle vous permet d'activer les commandes et d'exécuter des procédures.

TYPE NomFichier

A l'aide de cette commande vous pouvez examiner sur l'écran un fichier sauvegardé sur un support de données. Vous ne pouvez pas utiliser de jokers avec cette instruction. Il existe la même option dans le DOS Shell. A cet effet, appelez la commande **Afficher le contenu** du menu **Fichier**.

Unité centrale

Par unité centrale on désigne en fonction du contexte soit le processeur, soit l'ordinateur sans les périphériques correspondants (moniteur, imprimante, clavier, etc).

Utilitaires (Disk Utilities)

Dans le DOS Shell vous pouvez immédiatement appeler des programmes qui sont regroupés sous le terme "Utilitaires disque". Ces applications vous permettent essentiellement de copier et de formater des disquettes.

Utilities (Disk Utilities)

Utilitaire au sens le plus large ; NORTON Utilities est l'utilitaire le plus connu. Il vous permet par exemple de récupérer des fichiers effacés. Cette restauration peut être maintenant réalisée à l'aide de la commande UNDELETE de MS-DOS 6 ou de l'option correspondante proposée dans le gestionnaire de programmes du DOS Shell.

Dans ce dernier un certain nombre d'utilitaires sont également à votre disposition (groupe "Utilitaires disque").

VGA

La carte VGA (Video-Graphics-Array) a succédé à la carte EGA. Elle possède les propriétés des cartes CGA et EGA. Elle est caractérisée par une haute résolution et de nombreuses couleurs. La norme VGA s'impose de plus en plus.

VOL

Avec VOL A: ou VOL C: vous pouvez à tout moment obtenir le nom d'une disquette ou du disque dur. Après une pression sur **ENTREE** le nom est affiché.

Si le support de données n'a pas de nom, vous pouvez en attribuer un avec LABEL. Par ailleurs le nom de la disquette apparaît également lorsque le contenu d'un répertoire est visualisé (DIR). Toutefois utilisez VOL de préférence, cela évitera le défilement des données inhérent à DIR.

Wild Card

L'autre dénomination des jokers.

XCOPY

Cette commande copie en une fois plusieurs fichiers sur une disquette. Pour sauvegarder des sous-répertoires, vous devez ajouter le paramètre /S dans la ligne de commande XCOPY.

XCOPY ne permet pas le changement du support de données. Avec MSBACKUP vous pouvez sauvegarder un nombre quelconque de données (le cas échéant sur plusieurs disquettes).

XT

Désigne un PC avec un disque dur.

Annexe : Table ASCII

Décimal	Hexadécimal	Caractère	Décimal	Hexadécimal	Caractère	Décimal	Hexadécimal	Caractère	Décimal	Hexadécimal	Caractère
0	00		32	20		64	40	@	96	60	`
1	01	☺	33	21	!	65	41	A	97	61	a
2	02	☻	34	22	"	66	42	B	98	62	b
3	03	♥	35	23	#	67	43	C	99	63	c
4	04	♦	36	24	$	68	44	D	100	64	d
5	05	♣	37	25	%	69	45	E	101	65	e
6	06	♠	38	26	&	70	46	F	102	66	f
7	07	•	39	27	'	71	47	G	103	67	g
8	08	◘	40	28	(	72	48	H	104	68	h
9	09	○	41	29	)	73	49	I	105	69	i
10	0A	◙	42	2A	*	74	4A	J	106	6A	j
11	0B	♂	43	2B	+	75	4B	K	107	6B	k
12	0C	♀	44	2C	,	76	4C	L	108	6C	l
13	0D	♪	45	2D	-	77	4D	M	109	6D	m
14	0E	♫	46	2E	.	78	4E	N	110	6E	n
15	0F	☼	47	2F	/	79	4F	O	111	6F	o
16	10	►	48	30	0	80	50	P	112	70	p
17	11	◄	49	31	1	81	51	Q	113	71	q
18	12	↕	50	32	2	82	52	R	114	72	r
19	13	‼	51	33	3	83	53	S	115	73	s
20	14	¶	52	34	4	84	54	T	116	74	t
21	15	§	53	35	5	85	55	U	117	75	u
22	16	▬	54	36	6	86	56	V	118	76	v
23	17	↨	55	37	7	87	57	W	119	77	w
24	18	↑	56	38	8	88	58	X	120	78	x
25	19	↓	57	39	9	89	59	Y	121	79	y
26	1A	→	58	3A	:	90	5A	Z	122	7A	z
27	1B	←	59	3B	;	91	5B	[	123	7B	{
28	1C	∟	60	3C	<	92	5C	\	124	7C	¦
29	1D	↔	61	3D	=	93	5D	]	125	7D	}
30	1E	▲	62	3E	>	94	5E	^	126	7E	~
31	1F	▼	63	3F	?	95	5F	_	127	7F	⌂

Décimal	Hexadécimal	Caractère	Décimal	Hexadécimal	Caractère	Décimal	Hexadécimal	Caractère	Décimal	Hexadécimal	Caractère
128	80	Ç	160	A0	á	192	C0	└	224	E0	α
129	81	ü	161	A1	í	193	C1	┴	225	E1	β
130	82	é	162	A2	ó	194	C2	┬	226	E2	Γ
131	83	â	163	A3	ú	195	C3	├	227	E3	π
132	84	ä	164	A4	ñ	196	C4	─	228	E4	Σ
133	85	à	165	A5	Ñ	197	C5	┼	229	E5	σ
134	86	å	166	A6	ª	198	C6	╞	230	E6	µ
135	87	ç	167	A7	º	199	C7	╟	231	E7	τ
136	88	ê	168	A8	¿	200	C8	╚	232	E8	Φ
137	89	ë	169	A9	⌐	201	C9	╔	233	E9	Θ
138	8A	è	170	AA	¬	202	CA	╩	234	EA	Ω
139	8B	ï	171	AB	½	203	CB	╦	235	EB	δ
140	8C	î	172	AC	¼	204	CC	╠	236	EC	∞
141	8D	ì	173	AD	¡	205	CD	═	237	ED	ø
142	8E	Ä	174	AE	«	206	CE	╬	238	EE	∈
143	8F	Å	175	AF	»	207	CF	╧	239	EF	∩
144	90	É	176	B0	░	208	D0	╨	240	F0	≡
145	91	æ	177	B1	▒	209	D1	╤	241	F1	±
146	92	Æ	178	B2	▓	210	D2	╥	242	F2	≥
147	93	ô	179	B3	│	211	D3	╙	243	F3	≤
148	94	ö	180	B4	┤	212	D4	╘	244	F4	⌠
149	95	ò	181	B5	╡	213	D5	╒	245	F5	⌡
150	96	û	182	B6	╢	214	D6	╓	246	F6	÷
151	97	ù	183	B7	╖	215	D7	╫	247	F7	≈
152	98	ÿ	184	B8	╕	216	D8	╪	248	F8	°
153	99	Ö	185	B9	╣	217	D9	┘	249	F9	•
154	9A	Ü	186	BA	║	218	DA	┌	250	FA	·
155	9B	¢	187	BB	╗	219	DB	█	251	FB	√
156	9C	£	188	BC	╝	220	DC	▄	252	FC	^{n}
157	9D	¥	189	BD	╜	221	DD	▌	253	FD	^{2}
158	9E	₧	190	BE	╛	222	DE	▐	254	FE	■
159	9F	ƒ	191	BF	┐	223	DF	▀	255	FF	

Index

!

A

B

C

D

E

F

G

H

I

J

K

L

M

N

O

P

Q

R

S

T

U

W

X

Z

Achevé d'imprimer
sur les presses de l'imprimerie SAGER
28240 La Loupe
Dépôt légal - Septembre 1994